肖 复 兴 文 集

# 聆听吟唱

肖复兴 著

**图书在版编目(CIP)数据**

聆听与吟唱/肖复兴著. —武汉：武汉大学出版社,2015.9
肖复兴文集
ISBN 978-7-307-16855-8

Ⅰ.聆…　Ⅱ.肖…　Ⅲ.随笔—作品集—中国—当代　Ⅳ.I267.1

中国版本图书馆 CIP 数据核字(2015)第 222656 号

责任编辑:张福臣　　责任校对:李孟潇　　版式设计：马　佳

---

出版发行：**武汉大学出版社**　(430072　武昌　珞珈山)
(电子邮件：cbs22@ whu. edu. cn　网址：www. wdp. com. cn)
印刷:北京世纪雨田印刷有限公司
开本：720×1000　1/16　　印张:20.25　字数:235 千字
版次:2015 年 9 月第 1 版　　2015 年 9 月第 1 次印刷
ISBN 978-7-307-16855-8　　定价:32.00 元

---

# 总　序

肖复兴

文集编好之后，想起放翁的一句诗：四海交情残梦里，一生心事断编中。似乎有些吻合此境此情。

想我交情远不足四海之阔，心事也远没有那样跌宕起伏，但交情和心事毕竟还有，而且，多写进了文字当中。文集给了我回过头来看看自己走过的路的一个机会，即便走路的姿势不那么漂亮，脚印却或深或浅地印在路上，所谓雪泥鸿爪的意思吧。

我的文字第一次变成铅字，是1963年的暑假过后。那时，我读高一。是北京市的一次少年作文比赛，叶圣陶老先生从中挑选出二十篇作文，逐字逐句修改，并在每篇作文后面写下评语，编成了一本书《我和姐姐争冠军》，我的文章《一幅画像》忝列其中。

我的文字第二次变成铅字，是在九年后的1972年。那时，我在北大荒一个生产队的猪号里喂猪。1971年的整个冬天，大雪封门时无处可去，又无事可干，趴在烀猪食的大锅旁，断断续续写了十篇散文。我想请别人看看我写得怎么样，想起了叶圣陶老先生。那时候，他已经被打倒，没敢

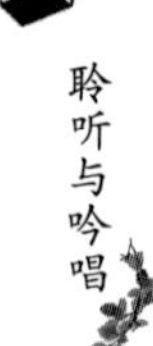



将稿子寄他，便寄给他的长子叶至善先生。没有想到，很快收到叶至善先生的回信，而且，像他的父亲一样，将我的十篇散文逐字逐句地进行了修改。1972 年的春天，我从中挑了一篇《照相》，很快就发表在新复刊的《北方文学》上。

我实在是幸运的。在迈向文学这条虽不辉煌却迷人的路上，一开始便遇到了属于真正大作家的叶圣陶老先生和叶至善先生两代人。说四海交情，如果不是攀附的话，两位叶老先生，应该是最值得怀念的了。

如果从 1963 年算起，我的写作年头有 52 年；如果从 1972 年算起，我的写作时间有 43 年。不敢冒充说是一生心事，起码大半生的心事，像树的年轮一样，留存在我斑驳的文字中。

我喜欢放翁说的“心事”这个词。文字生涯，其实注重的就是心事，无论是自己的心事，还是别人的心事，都是心事。自己的心事，需要有勇气和细心去触摸；别人的心事，需要用敏感和善感去沟通。我想，古人所说的剑胆琴心，应该包含着这样的意思吧。

因此，我不像有的作家把文学当成经天纬地之大事，总觉得那样会将文学慷慨而膨胀。文学没有那样的“高大上”。文学还是属于心事的范畴，而不属于政治经济乃至哲学范畴，尽管它可以有它们的因子在内。好的文学，从来都是从心灵走向心灵，曲径通幽，一路落满心事的残花落叶。布罗茨基讲：“归根结底，每个作家都追求同样的东西：重获过去，或阻止现在的流逝。”我以为，这个过去和现在，指的更多的是作家个体化的生命和生命中最重要的心事。在文学的创作中，这些最为细小甚至被别人忽略不计的心事，才具有了艺术存在的价值和意义。这些残花落叶，才获得了艺术生命的气息。在大千世界的变化中和漫长历史的动荡中，唯

有心事最易于让人们彼此相通，从而相互感动或慰藉，从而重新面对自己和他人，乃至更为广阔的人生与世界。

所以，当我的文集编者敲定下出版意图之后，询问我对编选文集的想法时，我说，不要编得卷数太多，十卷已经足够。这样的想法，便是基于我对文学基本的认知。文学，即便不可或缺，但也没有那样的重要。况且，我自己所写的文字不少是垃圾，或幼稚浅薄，犯不上堆砌一起，滥竽充数。能够有十卷可编，有人可看，已是幸事。这些文字，不敢冒充什么花儿朵儿，不过是一些一闪而过的露珠和草萤，但露珠非珠，却也有一丝来自内心的湿润；草萤非火，却也有一星属于自己的光亮而已。

我要非常感谢文集的编者张福臣先生。几年前，他曾经对我说：我一定要编一套你的文集。那时候，我没有当回事，以为他只是出于友情说说而已，因为现在的文学并不那么景气，出一套文集，肯定是亏本的事情。没有想到，今年夏天刚刚到来的时候，他已经把出版文集的事情都料理妥定，说就等你编好文集交我来出了。我猜得到，运作这一切事情，他所付出的心血劳力，以及友情。

我还要感谢墨人图书公司的老总陈志刚先生，我和他素不相识，却得到他的青睐和鼎力相助，让我十分地感动。这或许正是文学能够给予我一点温暖和温馨的地方。

同时，我要感谢武汉大学出版社和这套文集的责编张璇女士，没有他们的支持，这套文集是出不成的。

这十卷文集，不包括小说、报告文学和理论集，只选取散文随笔部分。为了编选省事，我选择了十本散文集，除《父亲母亲》卷和《老院纪事》卷，其余都曾经出版过单行本，只是进行了一些删削和补充。也就是说，这十卷文集，其实只是选集。它们不是结束，只是又一个开始。我希望，能够如君特·格拉斯当年出版他的第一本书之后所说的那样："从此以后，我就这样生活在一页又一页纸之间，生活在一本书又一本书之间。"我曾经说过：铅华落尽，年老之后，能够有自己喜欢的一本书可读，再能有自己写的一本书可编，实在是堪以自慰的乐事了。

不知道会有什么样的人，读到这套文集？我的心中充满好奇。如今的出版物实在是太多了，一套十卷本的文集，单摆浮搁在那里，厚厚的一摞，显得很有些成就感，也能够满足一下虚荣心。但在浩瀚的书海里，很容易瞬间就被淹没。心中暗想，不管是什么人，能够在偶然之间遇到并随手翻阅这套文集，都是一种邂逅。我相信，都会触动我们彼此的一点心事。

2015 年 7 月盛夏于北京

# 自　序

其实，摇滚作为一种文化现象和文化力量，从来不是为了怀旧用的。鲁·里德说过："生活被摇滚所拯救。"帕蒂·史密斯也说过："你若能了解摇滚乐，你就能知天下事。"我虽然到现在还未能完全理解他们所下的这样似乎有些极端化的论断的意义所在，但我已经明白摇滚并不是一件简单的事情，或仅仅是一种另类的艺术形式。

在写作这本书的时候，常常有这样两个问题不时地回旋在我的脑海中，一个是在东西方文化的碰撞中摇滚的位置和作用，一个是在西方文化的发展中摇滚的位置和作用。我知道这不是我能够回答得了的问题，这念头只是倏忽一闪而过。

事实上，一部西方古典音乐史从复调音乐取代格哥高利圣咏开始，到无调性对多重调性的创造，都是在不断反叛的历史。而摇滚在自身的发展历史中出现过对古典的回归和向往，也说明和古典音乐并非那样水火难容；同样，早在勋伯格音乐中所开的噪音先河，已经和摇滚在某种程度上相通了。古典和摇滚就是这样交织在西方文化的筋脉中。

在我们中国，有这样有意思的现实，在西方 20 世纪 70 年代末以瑞士籍意大利人莫罗德第一次用合成器录制了“欧洲迪斯科”，经过电影《周末狂热》的热播而迅速让迪斯科狂热起来的时候，我们对摇滚还是一无所知。但刚刚开放的中国，对迪斯科这一西方摇滚的新样式却是那样心安理得地接受了，风靡在80年代的大街小巷，甚至激荡在公园里晨练的老头老太太之中。摇滚就是这样在我们毫无察觉之中无所不在地渗透进我们的生活。

无论东方文化和西方古典音乐，摇滚所具有对生活嘲讽的品格，对心智启蒙的品质，对民主化平民式朴素的诉求和实践，尤其对现实批判和颠覆的杀伤力，都是它们不具有的或者说是缺乏的。东方儒家的中庸之道，古典音乐的高雅和谐，在我们的心中已经磨上了厚厚的老茧。在这个越发老龄化的世界，大部分的空间被世袭或惯性跑马占地般的占领，挤压着年轻人，没有了他们的居住和使用面积，更没有了他们的话语权力。我们也就能够多少明白为什么会有那么多的年轻人疯狂热爱着摇滚乐，也就多少理解一点鲁·里德和帕蒂·史密斯的话了。约翰·列侬还在他的歌中唱过：“披头士比基督有名。”没错，起码在现在年轻人的心中，摇滚比基督还要有名。

一年多以前，着手准备写这本主要谈摇滚书的时候，我的《音乐笔记》刚刚在上海学林出版社出版，那是一本主要谈古典音乐的书，因为定价不菲，我和编辑朋友都担心会有多少人愿意买它，却出乎意料一连几版受到读者的欢迎，给了我一点自尊心的满足，也让我鼓起信心写这本书的续篇。在儿子的帮助下，我暂时放下古典音乐，重起炉灶向陌生的摇滚进发。摇滚和年轻人有着共有的力量和魅力。

那个冬季里的一个星期天，儿子从学校回来，带回一书包磁带，挨盘

讲给我听，挨盘放给我听，给我来了一顿“恶补”。这便是我静下心来第一次听摇滚的经历。那里有许多我所从来没有听过的刺激和震撼，以及有别于古典音乐异样的美。它让我见识了一种有别于古典音乐的全新的音乐。在那一书包磁带里，我喜欢上其中的汤姆·韦茨、帕蒂·史密斯、鲍伯·迪伦、“橙色梦幻”、“红房子画家”、Cocteau Twins、Portishead、Nirvana……一年前的春节，利用放假的那几天，我写下了听他们中几位时的感受。那便是这本书写作的开始。

最初开始于日复一日对他们吟唱的聆听。我忽然发现聆听和吟唱对于我们都是缺乏的。学会聆听尤其是聆听不同的声音，有时候并不是那样容易的事情。我们有时候心浮气躁，有时候自以为是，有时候倚老卖老，我们的耳朵比失聪的贝多芬还要不如，便常常有意无意地拒绝了或很容易和好听的音乐失之交臂。德彪西曾经说过：“音乐只为聆听而存在。”静下心来去聆听，是欣赏和接受音乐的第一步。聆听他们的那些音乐，充溢着奇异的感觉，像是到异国他乡去旅行，让心情变得忽然日朗天晴忽然又暴雨瓢泼，耳朵和眼睛以及心都激活了起来。聆听带给我的感受真的那样的美好和开阔。

说起吟唱，是同以前听惯了古典音乐和我们曾经唱遍的语录歌或晚会歌曲不一样。吟唱的传统来自底层的人民，像是民族的日记，绵延至今。在吟唱的光照之下，每一个人都不会感到孤独，无论痛苦也好，悲伤也好，我们都能够找到过去人的回声，共鸣在我们的心中和他们的吟唱之中。如今，我们已经失去了这样吟唱的传统，我们有年轻人在自编自唱，但有中年人自己作词作曲的吟唱吗？有如同鲍伯·迪伦、柴斯纳特（Vic Chesnutt）、“天堂兄弟”（Palace Brother）……这样到中年甚至老年还在吟唱的歌手吗？我们应该珍惜我们现在拥有的年轻的民谣歌手，他们行走在校园里、大街上，我们不应该重新开始我们已经失传的吟唱传统吗？

那一段时间里，和儿子一起买唱盘、听摇滚、查资料，彼此谈着对摇滚相同的和不尽相同的感受和体会，还有脸红脖粗的争论……一直把全家都裹挟进来，跳跃在那六七百盘的唱盘磁带内外，弥漫在飘雪的冬天凛冽的空气里和我家放音响的炎热的西窗之下，构成了那些日子里最美好的回忆。那时，儿子刚考完托福和 GRE，忙于出国读研而焦急地等待录取通知书之前，正好有这样一段空余的时间陪我，我知道，在我和孩子彼此的人生中，这都是一段绝无仅有的经历和回忆。我知道，那硬性的摇滚中融入了一些格外柔软和湿润的东西。如今，儿子的录取通知书已经来了，我的这本新书也已经快要出版了。在这本书里，有我和儿子共同的感情，对音乐，也是对亲情；对昨日，也是对未来。鲁·里德说得对：生活确实在被摇滚拯救。

我也知道，在这本主要谈摇滚的书中，我所谈的不是对摇滚和摇滚史的认识、理解和剖析，那不是我要做的和能够做的事情。我所写的只是我听了它们之后在心中的感情和感受，以及我的想象。带有强烈的主观色彩，不过是在用它们浇自己胸中之块垒，我写它们，其实就是在写自己。在上一本《音乐笔记》的自序里，我也写过类似的话。与上本书不同的是，在对于我是全新的摇滚领域里，我充满着对它探险与求知的兴趣，居然还残存着年轻时的一种冲动，并唤回许多遥远的记忆。

终于，在今年春节期间把这本书的书稿写完了，一共 51 篇文章。分为三辑，前两辑 41 篇是谈摇滚音乐的，后一辑 10 篇是谈中国摇滚和流行音乐的。就像回过头看自己走的脚印，本来可以更多一些的，现在只有这

么多了。心里有些遗憾，也勉强可以慰藉的了。

感谢读过上一本《音乐笔记》的读者朋友能够接着读这本续篇。感谢我的朋友关鸿一年多来对我的鼓励和督促，让我坚持一年的时间得以完成了这本书。一年的时间，世事沧桑，春秋演绎，生活发生着许多有意思和没意思的变化，唯一不变的是音乐对我始终如一的陪伴。无论什么样的情况，坐在音响前听音乐，坐在电脑前写作，便立刻荣辱皆忘，月白风清，心一下子格外清静。真的，没有比听音乐和写作更惬意更快乐的事情了。实在应该感谢世界创造了它们——生活被它们所拯救，起码对我是这样。

2002 年 4 月 16 日于北京

# 目　　录


**卷一：** / 001

我和鲍伯·迪伦 / 003

老艺摇批判 / 015

我们的上面是天空 / 024

作为诗人的列侬 / 028

朋克教父的破镜重圆 / 033

地上掉着一块旧丝绒 / 041

摇滚里的金斯堡 / 046

门旁凋谢的恶之花

——关于莫里森的笔记 / 052

“这这”三部曲 / 060

上一代的保罗·西蒙 / 069

关于老鹰 / 076

哈利路亚 / 081

悲情莫里西 / 087

天堂兄弟 / 094

天堂里的一场暴风雨 / 099

不要在地铁里睡觉 / 105

“赶时髦”的 20 年 / 114

死亡并没有结束 / 119

为何我唱布鲁斯 / 123
汤姆·韦茨之梦 / 130
续汤姆·韦茨之梦 / 135
红房子画家 / 139
梦幻的色彩和声音 / 144
来自希腊的风 / 149
不老的云 / 153
黑色也是一种颜色 / 158
电子寓言的标本 / 163
黑色传教士之歌 / 170
Lo-Fi 中的“西巴多” / 177

**卷二：** / 183
我是你的一面镜子
——关于尼可 / 185
你是我唯一从未讲过的故事
——听 P. J. 哈维 / 193
整个故事的一个开头
——关于凯特·布什 / 200
因为这个夜晚
——帕蒂·史密斯札记之一 / 209
镜子里面正望着我的人是谁
——帕蒂·史密斯札记之二 / 214

抱小猪的阿莫斯 / 218

乱星的吟唱 / 224

距离中的弗雷泽 / 229

腹腔里的青春期

——听坦娅·唐利 / 234

人体模型

——听 Portishead / 238

黑色的巫女

——听迪亚曼达·格拉斯 / 244

巴洛克摇滚 / 250

——听“米兰达性花园”

**卷三:** / 257

崔健的意义 / 259

青春罗大佑 / 266

中年听蔡琴 / 272

都是月亮惹的祸

——听张宇 / 275

我站在原地踏步向前

——听何勇 / 281

谁能把一支恋歌唱得依然动听

——听老狼 / 285

花儿开在粪土之上

——听苏阳 / 290
答案在身上还是在风中
——听胡吗个 / 295
重听张蔷 / 300
在蚂蚁的隔壁，在蜗牛的对门 / 303

# 卷一

# 我和鲍伯·迪伦

## 1

鲍伯·迪伦（Bob Dylan）属于60年代。

60年代，他20多岁，和美国一样年轻。

60年代，他抱着一把木吉他，唱着沙哑粗糙的民谣，从明尼苏达的矿区走来，并不高大茁壮的身影渐渐地在美国的背景中清晰起来。

60年代，虽然有西班牙王子胡安·卡洛斯和希腊公主豪华婚礼，以及美国人诺曼·博劳克成功地培养出比原产量高3倍的高产小麦新品种这样能够让人高兴的好消息，但60年代是整个世界动荡的年代，短暂的好消息不能如方糖一样，稀释掉灰色云层密布的整个60年代而让它变甜。

60年代，是一个饥饿的年代，非洲的大饥荒，我国连续三年的人祸与自然灾害，估计全世界有三分之一的人口肚子空空在挨饿，更有一笔因饥饿而死亡人数的天文数字。当时的美国总统肯尼迪和联合国秘书长吴丹一起号召全世界与饥饿作斗争。

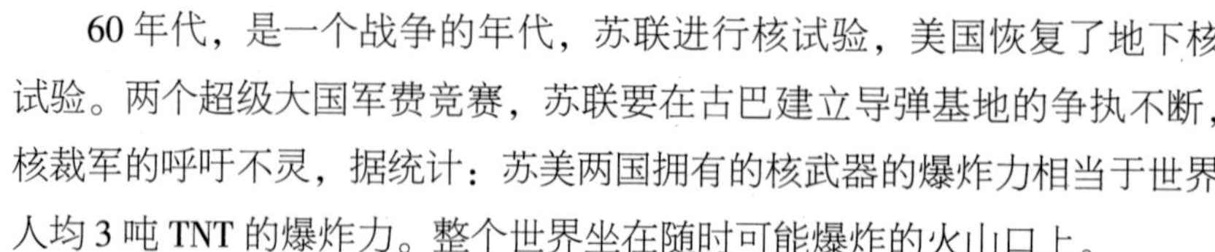

60年代，是一个战争的年代，苏联进行核试验，美国恢复了地下核试验。两个超级大国军费竞赛，苏联要在古巴建立导弹基地的争执不断，核裁军的呼吁不灵，据统计：苏美两国拥有的核武器的爆炸力相当于世界人均3吨TNT的爆炸力。整个世界坐在随时可能爆炸的火山口上。

60年代，是一个运动的年代，整个世界此起彼伏按下葫芦起了瓢，不仅中国搞了“文化大革命”运动，欧洲也是学潮不断，美国出现反种族歧视的示威运动，意大利出现工人罢工运动，拉美不少国家跟随卡斯特罗搞革命运动，骚乱更是野火烧不尽，春风吹又生。

60年代，是一个暗杀的年代，肯尼迪在达拉斯被暗杀，没过多久，马丁·路德·金在孟菲斯被暗杀。

60年代，是一个资本主义和社会主义意识形态矛盾冲突的年代。苏共22大召开后的非斯大林化。苏联武装占领布拉格。我们和苏联的珍宝岛战役。东西柏林之间的柏林墙的迤逦建立……

鲍伯·迪伦的歌声就是响彻在这样的60年代。

鲍伯·迪伦就像是上帝专门为60年代而创造的歌手一样，敏锐地感知着60年代的每一根神经。鲍伯·迪伦的诞生，宣布了50年代的结束，宣告了垮掉的一代和忧郁的布鲁斯、乡间民谣的50年代的结束。

60年代初，鲍伯·迪伦在进行他的巡回演出之前特意到医院去看望他所崇拜的正在病危中上一代的民谣大师伍迪·格思里（Woody Guthrie），然后踏上他自己新的旅程。这是新一代和老一代的告别仪式，意味着50年代真的无可奈何也义无反顾地结束了。

面对60年代所发生的这一切，鲍伯·迪伦用他嘶哑的嗓音唱出了他对于这个世界理性批判的态度和情怀。他以那样简朴疏朗又易学易唱的旋

律、意象明朗且入木三分的歌词、沙哑深沉而强烈愤恨的情绪，站在领头羊的位置上，充当着人民的代言人的角色。虽然，在60年代，他也唱过类如《来自北部乡村的女孩》那样爱情的歌曲，但他大部分唱的是那些激情洋溢的政治歌曲。听他那时的歌，总让我情不自禁地想起我们的《黄河大合唱》，他就像是站在那浩浩大合唱前面的慷慨激昂的领唱和领颂。

1961年，他唱出了《答案在风中飘》和《大雨将至》，那是民权和反战的战歌。

1962年，他唱出了《战争的主人》，那是针对古巴的导弹基地和核裁军的正义的发言。

1963年，他唱出了《上帝在我们这一边》，那是一首反战的圣歌。

1965年，他唱出了《像滚石一样》，那是在动荡的年代里漂泊无根、无家可归的一代人的命名……

在60年代，他还唱过一首叫做《他是我的一个朋友》的歌。我忘了他是在60年代的哪一年唱的了，只知道他是在芝加哥的街上，从一个叫做艾瓦拉·格雷的盲人歌手学来的，他只是稍稍进行了改编，加上了简单的木吉他。那是一首原名叫做《矮子乔治》流行于美国南方监狱里的歌。(这是一首有名的歌，以前曾经被传奇的老民谣歌手“铅腹”唱过，“铅腹”的另一首《昨晚你睡在哪儿》后来曾经被“涅槃”乐队翻唱。）这首歌是为了纪念黑人乔治的，乔治仅仅因为偷了70美金就被抓进监狱，在监狱里，他写了许多针砭时弊的书信，惹恼了当局，竟被看守活活打死。鲍伯·迪伦愤怒而深情地把这首歌唱出了新的意义，他曾经一次以简单的木吉他伴奏清唱这首歌，一次用女声合唱做背景重新演绎，两次唱得都是那样情深意长感人肺腑。在解释他为什么要这样唱这首歌时，他这样说："监狱看守实际是害怕乔治的，因为乔治太真实，他们被他凝重的感情所惊吓。"

他是以深切的同情和呼喊民主自由和平的姿态，抨击着弥漫着60年代的种种强权、战争、种族歧视所造成的黑暗和腐朽。

在60年代，他是一代年轻人的精神领袖，是那个逝去的年代的难能可贵的理想主义的象征。

在60年代，鲍伯·迪伦和我们一样，就像是一个"愤青"。

对于如我这样也是和鲍伯·迪伦一样在60年代度过了整个青春期的人来说，听鲍伯·迪伦的歌没有什么隔膜，而是那样的亲切，水乳交融，肌肤相近。

60年代，在饥饿的边缘上挣扎的世界的三分之一的人口中，也有我们的一份，而我们却在一边饥肠辘辘时一边热血沸腾地写下这样的诗篇："要把克里姆林宫的红星重新点亮，要把世界上三分之二受苦受难的人民解放。"

60年代，在反战的斗争中，我们也不止一次跑到天安门广场集合，伸出了愤怒的臂膀。呼喊着和鲍伯·迪伦一样的心声，只是没有如他一样唱出"上帝在我们这一边"，而是高喊着"正义在我们这一边"！

60年代，在那些如火如荼的政治年代里，我们更是无比的投入，珍宝岛战役，就在我们插队的北大荒的乌苏里江上，离我近在咫尺，我们抱着随时上战场而决一死战的豪情壮志，聆听着那枪炮声的召唤。即使离得那样遥远的布拉格，我们站在北大荒的冰天雪地里，也愤怒谴责苏联的坦克车开进了布拉格的街头，并且蹲在白桦林的树墩旁写下诗的急就章。没

有舞台和广场，就跑到村里食堂里，把吃饭的桌子椅子挪到一边腾出空地来站在那里慷慨激昂地朗诵。而在柏林墙建立的时候，我们正在挥舞铁锨，深挖洞，广积粮，大挖现在已经用来做商场和 KTV 包间的地下防空洞。

60 年代，在“文化大革命”的运动中，我们更是和鲍伯·迪伦一样的鱼翔浅底鹰击长空，冲锋陷阵在第一线，一样的粪土当年万户侯，一样的自以为是，激进冒失，根本听不进父母的话，而把他们当成挡路堵道的保守派和保皇派。只不过，我们把鲍伯·迪伦唱的歌词都更为直白昂扬地挥洒在大字报上去激扬文字……

我们和鲍伯·迪伦是多么的相似。我们当然听得懂鲍伯·迪伦那时唱的“来吧，两院的议员，请注意这个警告，不要站在门口，不要堵住走道……外面有场战斗，打得异常激烈，马上震动你的窗，让你的墙壁嘎嘎直响。因为时代在变。来吧，父亲和母亲，全国的父亲和母亲，不要去批评你们不理解的事情，你们的儿子和女儿对你们的命令已经不听，你们的老路子越来越不灵……因为时代在变。”（《时代在变》）我们也就对美国联邦调查局把鲍伯·迪伦列入红色共产党的黑名单不会奇怪。

60 年代的鲍伯·迪伦和我们是同一代人，是同一类人。

60 年代的鲍伯·迪伦相信音乐的力量，以为音乐可以救赎这个世界，就像是那时的我们以为可以解放世界上三分之二受苦受难的人民。

60 年代的鲍伯·迪伦出版他的专辑时把专辑的名字命名为《时代在变》。他相信时代在变，相信音乐能够使得时代改变。

我们重新再听鲍伯·迪伦 60 年代的歌，是在看一本发黄的黑白老相册，是在追忆似水年华，那是一代人逝去的壮丽的青春和梦想。

鲍伯·迪伦用他一如既往的喑哑的嗓音、朴素的木吉他，偶尔用他那天籁般的口琴，吟唱在我们的心中，回荡在逝去的风中。

## 2

90 年代的鲍伯·迪伦老了。

日子真是不抗混，岁月很快就催老了一代人。

90 年代的鲍伯·迪伦已经不再用木吉他而改用电吉他，其实，他早就在 1965 年用电吉他了，那时他遭到他的歌迷的反对和起哄，而现在人们已经早就习惯了他的电吉他。偶尔，他也会用“不插电”，也还用口琴伴奏，但那只是偶尔而已，如同雨季里偶尔打把伞出门，让雨滴在雨伞上敲响清脆的回音，唤回一点往昔湿漉漉的回忆。

如同退潮一样，潮水从沙滩上一点点消失，徒留下了青春的空贝壳和人去楼空的叹息。90 年代的鲍伯·迪伦变化非常得大，他不再充当社会和人民代言人的角色，他不再做正义和理想的化身，他开始重新审视自己，开始歌唱个人化的感情，他把曾经从伍迪·格思里学习并加以彻底改造的膨胀成氢气球一样扶摇直上云天的民谣，重新改造回到了地上，开始了一个新的轮回一样重新柔情荡漾起来。

他开始唱爱情，不过那爱情是回忆中的爱情：“我不能等待，穿过午夜的街，周围都是人，空气在燃烧。我试图把事情想清楚，我不能再等待。我是你的男人，我试图重温过去甜蜜的爱……我想着你和所有我们可以漫步的地方。”（《不能等待》）

他一再把那种回忆中的爱情唱得格外凄婉，他似乎是生活在梦和永远

不能忘记的回忆之中：“星期天我去教堂，她正好从那里经过，我的爱需要那么久才能够消失。我在你身上找到了我的世界，但你的爱不能证明是真的，在冰冷的铁的界限里，我离城有20英里，芝加哥的冷风把我撕裂。现实总有太多的头绪，有些事情比想象的持续得更长，而有些事情你永远不可能忘记。”（《冰冷的铁环》）

他变得多愁善感起来，他似乎将过去自己的叱咤风云遗忘了，偏偏总是记起感情的失落和回忆中柔软易碎的部分，对世界充满疑问和迷惑。他一下子脆弱起来，他拣起了芝麻丢了西瓜。他像是走到了世界末日似的，悲天悯人地唱了起来：“我顺着河流到达大海，我曾经到过这个充满谎言的底部，有时候我身上的负担似乎比我能够承受的还要多。天还没黑，但快了。我出生在这儿，还将死在这儿。我在移动，但我站在这儿没动。我身体的每一根神经都那么苍白麻木。我想不起来到这儿来是想带走什么，甚至听不到祈祷者的呢喃。天还没黑，但快了……”（《天还没黑》）

既然天还没黑，为什么要这样忧心忡忡？我不知道他为什么变成了这样，和60年代的鲍伯·迪伦截然不同。我知道他的变化并不是始于90年代，早在70年代和80年代就已经有了这样变化的萌芽，他只是在90年代长成了这样枝叶婆娑的大树，而不再愿意成为坚硬的岩石和迎风飘扬的旗。

是因为90年代战争虽然还层出不断但毕竟不像是60年代那样紧张了？还是因为饥饿已经不再困扰地球了？或是意识形态的矛盾已经随着苏联和整个东欧社会主义的解体而不再那样剑拔弩张了？或是网络时代的到来让人类的感情越发虚拟化也越发物化和个人化了？这样的背景之下，需要的迈克尔·杰克逊那样的奢靡和麦当娜那样的性感或塞琳·迪翁那样我心依旧式的信誓旦旦爱的虚幻？已经不再需要鲍伯·迪伦的正义和激情、理想和信仰了？真的是快乐的猪已经胜过了思考的芦苇了？一代有一代的青春，一代有一代的偶像，一代有一代的歌唱。

如果从鲍伯·迪伦本身来说，是因为他出了一次车祸差点要了他的命，或是离了一次婚又差点要了他命，会是这样的命运的跌宕变化让他的音乐也随之颠簸起了动荡的曲线？

我不知道，我无法弄清究竟是什么原因让90年代的鲍伯·迪伦以这样的变化面貌出现在我们的面前。

鲍伯·迪伦在接见《滚石》杂志的记者时这样说："当没有人把我当一回事时，正是我创作丰收的时候。你年纪大起来，将会变得更倾向家庭化……"

鲍伯·迪伦儿女情长起来了。

90年代，他真的唱了一首这样儿女情长的歌，是一首非常好听的歌，唱给他的母亲的，名字叫做《百万英里》："您带走了我真正怀念的一部分，我一直问自己像这样还能维持多久。你告诉我一个谎言，这没关系，妈妈。我正试图离您近一点，但我仍然离您有一万英里远。您带走了银您带走了金，您把我一个人留在冰冷里。我在那些无梦的睡眠里漂流，把所有的记忆抛进深渊，做了那么多根本不想做的事情。我正试图离您近一点，但我仍然离您有一万英里远。"

听这首歌，让我想起约翰·列侬那首同样唱妈妈的歌。同样对妈妈充满着一点怨恨，同样更充满着深深的爱和感人肺腑的回忆。更加同样的是他们两人竟是如出一辙，从社会的批判和介入的宏大叙事中回归到母亲的身旁。也许，当他们老的时候才发现母亲在这个变化多端而冷漠的世界上

对于他们是多么重要，因为在这个世界上只有母亲才和他们拥有着唯一的血缘关系。

90年代的鲍伯·迪伦，像60年代崇拜伍迪·格思里一样开始崇拜海明威。他曾经这样说："海明威不喜欢形容词，他不需要去形容定义要说的事情，只是直截了当地说出来。我现在还做不到这一点，但我想要达到这个目标。"这是一个新的目标，和60年代鲍伯·迪伦的目标显然不一样，重视的是语言的表达而不是情绪和理想的宣泄，"一个男人要走多少路，才能被称为男人；一只白鸽要飞越多少海洋，才能够在沙漠入眠；炮弹还要发多少次，才会被永远禁止……"60年代像在《答案在风中飘》里唱过的这样发自思想深处的天问，似乎已经飘逝在遥远的风中，新的目标像风筝一样飘曳在新的风中。应该说，这个目标在《百万英里》这首歌里达到了。鲍伯·迪伦急流勇退了，从白浪滔天的大海回旋到了母亲环绕的清澈的小溪。

其实，我们在进入了90年代，和鲍伯·迪伦一样在变化着，只是我们自己不知不觉。岁月的轨迹刻在我们身上，不会像是树木那样留下年轮一样的清晰。残酷的政治运动已经没有了，再提起来下一代人会感到陌生，如今已经被体育运动所取代，疯狂的球迷已经替代了当年对政治运动的迷恋，手机短信息和"伊妹儿"更是替代了当年的日记、情书里的悄悄话和大字报墨汁淋漓的揭发。饥饿是少数人的专利，高蛋白、高脂肪、高胆固醇和高三油甘脂已经让减肥成了世界性流行趋势。为了一个信仰一个理想而献身，成了愚蠢和傻帽的代名词，唯利是图已经不再羞怯，假冒伪劣已经畅行无阻，笑贫不笑娼已经深入人心，就是连内裤和安全套都要浮华地讲究名牌，绝对不再相信经过了岁月的磨洗蚌壳里会含有珍珠，而是早就心浮气躁地打开蚌壳，就着掺了雪碧的红酒吃里面的蚌肉了。实用主义和犬儒主义发霉的青苔爬满我们的周围而我们自己以为是环绕的绿围巾，我们跌入了烂泥塘却以为是舒舒服服的席梦思软床，就实在是见多不怪了。

和60年代曾经青春年少意气风发的我们自己相比，我们已经变得面目皆非，我们的心已经如同搓脚石一样千疮百孔。我们怎么可以要求同我们一起进入90年代的鲍伯·迪伦没有变化呢？鲍伯·迪伦是我们的一面镜子，照见了他，同时也就照见了我们自己。我们不是和他一样吗，忽然到这个时候渴望真情起来了，因为这个世界上真情已经越来越如恐龙一样的稀少，而欺骗如同鲜花盛开遍布世界，让我们呼吸着它的毒气而以为是享受着芬芳，所以那一份遥远的真情才被我们自己珍贵起来。我们忽然梦想退缩在自己的躯壳里和母亲的怀抱里，自欺欺人以求抵挡用我们自己的手变坏和破坏了的世界。

我们和鲍伯·迪伦一样，可以改用电吉他，用电子和多媒体乃至龟缩在网络的虚拟中来和这个世界抗衡，却再也无法重新拾起那把木吉他了。木吉他上和我们曾经读过的红宝书一起已经是落满了厚重的灰尘。

我们和鲍伯·迪伦一样，不再像滚石一样了，不再重返61号公路了，我们只是站在午夜的街上，看霓虹灯不眠在闪烁，看人群熙熙攘攘却过尽千帆皆不是，迷茫一片找不到自己的一个亲人。

鲍伯·迪伦1997年出版了他的新的专辑，取名叫做《时光不在心中》(Time out of mind)，这让我想起了他在1963年出版的那张名字叫做《时代在变》(The times they are a-changing) 的专辑。同样是time一个词，他已经把它赋予不同的含义，60年代的鲍伯·迪伦把它称为“时代”，90年代的鲍伯·迪伦把它叫做“时光”了。

90年代的鲍伯·迪伦说：“我从来没有写过一首政治歌曲，音乐救不了世界。”

90 年代的世界，柏林墙倒下了。

## 3

如今每次听鲍伯·迪伦，常常不时地让我想起 15 年前的一件往事。那年春天，我在德国住了将近一个月的时间，一天闲来无事，一家中国餐馆的老板开车带我到郊外一家非常大的超市，那里的东西很便宜。那天，超市里正卖处理的各种 CD 唱盘，只有几个马克一张。真是便宜得几乎等于白给，因为在唱片店里，一张 CD 最少也卖上百马克。我忍不住便宜的诱惑，随手买了几张。那时，我还没有现在的音响，但那时我正想买一个音响，而且我想在德国待的这一个月里省下的钱大概可以买一个不错的音响了。因此，虽然那时我对音乐特别是摇滚乐一无所知，那些英文和德文也不大认识，但就像是挑水果看模样俊俏一样只管看着封套印的好看就买下了。像是还没有房子，就先忙着结婚了，有点超前。

没有想到，那里面竟有一张是鲍伯·迪伦的《鲍伯·迪伦的档案》（《Documents of Bob Dylan》）。一共有 7 首歌，其中第一首就是《大雨将至》（A heard rain's gonna fall）。

绿色的底色中，年轻的鲍伯·迪伦抱着木吉他对着麦克在唱歌。它跟随我 10 多年，常常在听，却是在几年前才知道他就是鲍伯·迪伦。

也许，我和鲍伯·迪伦有点缘分。

不知道是鲍伯·迪伦的时候，听这张唱盘，尤其是听《大雨将至》，也许是望文生义，总让我想起下雨的日子，你淋着雨，他走了过来，不是为了递给你一把遮雨的伞，而是和你一起淋在雨中，弹着吉他，喃喃自语，和你一样淋湿的头发和衣服，雨水打湿了他的吉他和他的歌，他就那么陪伴你唱着。

知道了就是鲍伯·迪伦以后，依然是这种感觉。总觉得鲍伯·迪伦不居高临下，而是很亲切，很平易近人，就像是蹲在地铁出站口拉着二胡的老人，或像是站在过街天桥上旁若无人唱着歌的盲人，有点衣衫褴褛的样子，有点世事沧桑的意思，有点看破春秋演绎的眼神。也许，这种感觉有些奇怪，和鲍伯·迪伦本人完全不搭架。但那种感觉是那样的真实，那样的和鲍伯·迪伦合二为一。

有时，想起他出现在格莱美、金球奖和奥斯卡奖颁奖晚会上的样子，当听到他的名字，所有到场的观众欢腾的情景，让我感到有些奇怪，因为并不是所有的摇滚歌手能够赢得如此值得骄傲的荣誉，他得到了。难道他不应该得到吗？约翰·列侬去世了，世界上只剩下他一人从60年代唱到上一个世纪之末又接着唱到新世纪的到来。（2001年，他出版了新的专辑《爱与偷》。）他和摇滚一起跨越了一个世纪。在万众欢腾瞩目中，整整60岁的鲍伯·迪伦站起身来走向台上的时候，镜头上他的脸如核桃皮一样坚硬而皱纹纵横，但我相信里面的仁儿肯定是软的，是香的。

有的歌手只是和你萍水相逢，他的歌只是一杯酒，喝掉了也喝掉了，消失在助兴的气氛里和你脸上暂时涌起的酡颜上。有的歌手是你走到哪儿，他都会跟你到哪儿的，他是你一生的朋友，从青春陪伴你到苍老。他的歌声就是你随时迸发的感情，说着你想说的话，走着你正在走着的路。

鲍伯·迪伦就是这样的歌手。

2001年4月于北京

# 老艺摇批判

我一直以为70年代是摇滚最辉煌的时期。如果说50年代和60年代因有埃尔维斯·普莱斯利和披头士的出现使得摇滚成为刚刚萌发的童年，70年代便是它紧跟披头士后面的大队人马纷至沓来而涌现出的蓬勃发展的青春期，一夜恨不得高千尺地飞速长大。摇滚传入我国已经是80年代的事情，我们错过了那个辉煌的时期，我们也缺少摇滚生长的文化背景，因为我们在20世纪60年代和70年代投身的所谓“文化大革命”企图颠覆一个旧世界的时候，遍地唱响唱红的是不古不洋的样板戏，和摇滚所呼喊的颠覆性的革命以及同样遍地唱响唱红的披头士，无论是皮是瓤实在都是南辕而北辙，音乐真是一段历史有声音的注脚。如今，我们只能找到那时的唱盘或磁带来听来想象70年代的样子了。但由于事过境迁很可能只能是雾里看花，却也可能是因距离和想象产生异样的感觉或错觉。

70年代，是摇滚各种流派纷呈的时代，城头频换大王旗，多得如过江之鲫的各种摇滚乐队不甘落后地纷纷亮出自己标新立异甚至是光怪陆离的招牌，现在看来也许很滑稽，比如“董事长”乐队、“乱蹦乱跳”乐队、“四月葡萄酒”乐队、“五层楼梯”乐队、“看玻璃”乐队、“蓝牡蛎崇拜”乐队……五花八门，此起彼伏，不一而足。我猜想那情景一定该如我们“文化大革命”中成立的多如牛毛的战斗队一样热闹。我们的“大喊大叫”战斗队、“红八月”战斗队、“忠于红太阳”和“乱蹦乱跳”、“四月葡萄酒”、“蓝牡蛎崇拜”有着异曲同工之妙，简直像是对仗的上下联。最近读了加拿大人菲尔·德里奥和斯考特·伍兹写的一本专门谈70年代欧美摇滚的书《激情岁月》，里面光是涉及的乐队和歌手的名字就不下上千个，螃蟹的脚牵着脚一样，拉出一长串，能够又带出另一长串，真是乱花渐欲迷人眼。

艺术摇滚（art rock）就是其中最具有代表性的一种流派。在70年代尤其是70年代中期，艺术摇滚在整个欧洲的流行超出我们的想象，据说，那时所有的电台主要播放的都是艺术摇滚，多像是我们“文化大革命”中所有的电台里到处响叫的样板戏。当然，它们的本质是不一样的，但从某种程度上它们对世界的颠覆和同构的作用是一样的。它们都如同一把巨大无比的刷子，一夜之间就能够把所有的墙和所有人的脸都刷成了一种颜色。

如今，听艺术摇滚的被认为是老土了，艺术摇滚如出土文物一样被称之为“老艺摇”，早已经是隔夜的凉菜了，昔日的辉煌斑驳脱落，有点儿人老珠黄的感觉。在前面我提到的那本《激情岁月》里，两个加拿大人专门拿出一章的篇幅谈艺术摇滚，对它的历史赞赏有加，但也不得不无伤感地说：“在超过20年的时间里，艺术摇滚经受了评论界的奚落和公众的嘲笑而撑过来了。”

不过，我是爱听老艺摇的，心里便总是为它如此的遭遇愤愤不平。怎么有点像是对待退位的老干部的味道呢？昔日的辉煌毕竟留下了勋章和伤

疤，怎么人一走茶就凉了呢？我不大懂摇滚其中的深奥秘密，只是极其浅显而直觉地觉得它挺好听的，从“平克·弗洛伊德”（Pink Floyd）到“是”（Yes）到“橙色梦幻”（Tangerine Dream），哪个不好听呢？它们确实好听，即使20多年过去了，它们依然好听，依然像是新摘下的草莓一样明亮清新，时间没有在它们的身上落下一点灰尘。

难道不是吗？老艺摇在70年代初期诞生和70年代中期鼎盛的时候，难道不是如新鲜的草莓一样明亮清新而被不少人摘下来口味不错地吃过吗？难道不是也充满着革命的朝气，不满足于摇滚歌坛上充斥着简单地对披头士的模仿、小调式单薄的吟唱和吉他架子鼓贝司老三样单调的伴奏吗？没错，那时艺术摇滚曾经是被称之为激进摇滚（progressive rock），它的革命性和先锋性是不容置疑的。有时候，历史很容易被淡忘，见异思迁的人们最容易忘恩负义。

现在，回过头再来看看艺术摇滚生机勃勃的发端，会发现它是以保守的姿态以守为攻，大踏步地后退是为了大举向现实进攻。在我看来，它对于摇滚的贡献起码有这样两点：一是它运用了合成器，将摇滚音乐原来只是木吉他等原声乐器发展到了电子乐器的一种新天地，扩大、丰富了摇滚乐声源。这本身就具有实验的先锋性的意义，一下子将这种1968年才开始发明还不久尚未被更多人认识的电子键盘乐器的能量挥发得淋漓尽致，合成器可以任人摆布，上天入地，呼风唤雨，模拟一切，无所不能。合成器是成全它的主要武器，合成器是它心目中了不起的英雄。（后来“橙色梦幻”出版自己的《半人马座阿尔法星》专辑时特意在封底上标明“录制此张大碟时没有使用任何原声乐器”。就如同今天在食品的包装上印着“不添加任何添加剂”似的，以此突出她合成器英雄纯洁和重要的位置。）

因此，它增加了摇滚新的音乐织体，使得摇滚有了多种发展的可能性。

二是它有意识地移植了古典音乐的元素，打破了流行与古典壁垒森严的隔膜，使得摇滚更具有开放性和包容性，不仅可以从爵士、民谣吸收营养，也可以将古典为我所用。它使得摇滚进入了一个新的可塑性的领域，如同逐渐吸收了来自不同方向不同水质的水珠而将自己成为一块丰富而湿润的海绵。那一段时间里，不少艺术摇滚乐队喜欢制作概念专辑，讲究叙述完整的史诗性的故事，无形中加重了摇滚的分量和容量。很像是如今我们文坛上作家愿意把短篇小说制作成了长篇小说，我们可以说这长篇小说是人为拉长的并不怎么样，但毕竟扩大了它的疆域，改变了它原来的窄小零碎的格局。

都说艺术摇滚的开端是从“披头士”1967 年的《佩帕军士孤寂之心俱乐部》和“弗克兰·扎帕和发明之母”乐队（Frank Zappa & The mother of invetion）1966 年的《药瘾症状》开始的。我想之所以这样说，大概是说这两张唱片是摇滚史上最早的概念专辑，同时也是说艺术摇滚最早产生的那种英国迷幻音乐背景的重要性。但我更想说的是这两张专辑出版的时候，Sun Myung Moog 发明的合成器还没有出现，是合成器把艺术摇滚集合在其麾下而渐渐地壮大起来的。合成器的出现，对于艺术摇滚的出现起了卤水点豆腐一样重要的作用。没有合成器，便不会将那种迷幻发挥得魔鬼般的如醉如仙，更不会出现艺术摇滚以后的模拟世界乃至交响效果。因此，我更愿意说是“平克·弗洛伊德”乐队首先完美地创造了艺术摇滚这一崭新的形式，他们在 1973 年出版的《干涉》和《月球的阴暗面》，那里面模拟咚咚的心跳、收款机收款的声音、直升机起飞的轰鸣、鬣狗刺耳的叫声……还有那里面乐队全体人员站在大峡谷中呼唤的回声……听了

让人身临其境，气势磅礴，别有一番感触，是“披头士”和“弗克兰·扎帕和发明之母”所没有的。

不过，说起摇滚音乐，英国的确是一个了不起的地方，其他任何的地方都无法与之比拟。“披头士”和“弗克兰·扎帕和发明之母”，对于艺术摇滚是起了启蒙作用的。此外，只要看看在那个时候，不要说其他风格的摇滚，仅仅是艺术摇滚，在英国就涌现出多少支乐队，多如星斗，而且一颗比一颗光芒灿烂。就如同在英国出现那样多的诗人拜伦、济慈、雪莱、彭斯、叶芝、休斯、布莱克和华兹华斯一样，星光璀璨直晃我们的眼睛一样。英国确实是一个布满艺术富有而多产土地的地方，不出现那么多的艺术摇滚倒是奇怪的事情了，看看那些诸如“软机器”（Soft Machine）、“杰索娄·图尔”（Jethro Tull）、“精妙”（The nice）、“忧郁的布鲁斯”（The moody bluse）、“Yes”、“E·L·P”乐队，或者艺术生命如“平克·弗洛伊德”一样久长的“创世纪”（Genesis）乐队，真是数不胜数，在英伦三岛上此起彼伏地荡漾着、回响着。居然有那样多的乐队崇尚艺术摇滚，难道不说明在那个时候艺术摇滚确实正经风光一时吗？

对于我来说，简单得很，它确实好听。当然，好听不是衡量音乐尤其是摇滚音乐的唯一标准，吸引我兴趣的更是它对于古典和流行的态度，那么多的乐队千方百计想将古典和流行捏合在一起，用他们的努力证明古典和摇滚并不是水火不容的天生敌人，为什么它们两者就不能有远距离交配的迷离的鱼水之欢？为什么它们两者就不能交叉火力一样迸发出更猛烈的火花纷飞？我特别赞赏他们不惜走向极端，不仅借鉴了古典交响的元素，甚至把古典音乐的活化石——交响乐团请过来，和他们一起重新演绎古典和摇滚，让来自不同方向和水域的水流淌到一起来，碰撞出飞珠跳玉一般的水花。不要说“克里姆森国王”（King Crimson）乐队那种对古典主义绝对地服从，或者说被称之为老艺摇里最出色的“电光管弦乐团”（ELO）所推崇的那种密不透风的交响乐的织体。还有的乐队甚至大段大段演奏纯钢琴独奏，把吉他冷落在一旁。他们对于古典和流行融合的这些执著乃至偏颇的实验和实践，应该让我们叹服他们的勇气。

我们仅仅从最早的“忧郁的布鲁斯”乐队来看起，他们与伦敦节日交响乐团合作演奏《未来时光已逝》，到后来的“YES”乐队在其经纪人布莱恩·莱恩的大力推动下走得更远，采用了巴洛克时代唱诗班的法子复古式演唱（他们都是受过英国皇家音乐学院正统古典训练的），还不解气，索性直接拿来勃拉姆斯的第四交响乐中的一段痛快淋漓地演奏一番，让古典和流行联欢；而“精妙”乐队则热衷于另一位古典音乐大师德沃夏克，在他们的《德沃夏克的理念》专辑里，又不失时机地加上了一段巴赫的《勃兰登堡协奏曲》，让巴赫和德沃夏克一起搅和搅和。到了“E·L·P”和“橙红色的梦”（“橙红色的梦”是德国乐队）那里，他们不约而同都对穆索尔斯基的《展览会上的图画》感上了兴趣（奇怪得很，许多摇滚乐队多对穆索尔斯基感兴趣，他们感兴趣的古典音乐家还有拉赫玛尼诺夫和科普兰，也许，他们不安分的音乐里和摇滚暗暗合拍，也说明古典音乐和摇滚不是非得有一条不可逾越的冥河）。“橙红色的梦”在他们专辑里第一支曲子就用电子乐将《展览会上的图画》的序曲兴致勃勃自娱自乐地作为自己的开场白；“E·L·P”则干脆把《展览会上的图画》用摇滚的方式从头到尾不厌其烦完整地演奏了一遍，不知是让穆索尔斯基兴奋呢还是不解还是气愤？用现在北京音乐电台上的一个栏目的名称，叫做“让古典也流行”吧。

也许，任何的事物发展都有一个度，老艺摇有点儿像是车子飞奔在下坡的山道上，越开越快，越是刹不住闸，甚至踩坏了车闸，又没有装安全气囊，危险的到来是可想而知的了。他们如此大踏步地倒退，从古典直接寻求援兵救赎的姿态，可能早就让一批年轻人不满，以为那不过是戴上了假头套峨冠博带起来自以为是，又拉灭了现代的电灯和霓虹灯故意点上了尘埋网封的烛台去蒙事行，这是摇滚该干的事情吗？他们在悄悄地酝酿着对他们的颠覆，这是肯定的了。艺术摇滚大概在这时候就已经开始老了而自己却浑然不知。

美国著名的乐评人莱斯特·邦说："摇滚乐是终极的民粹主义的艺术形式，是落在实处的民主。摇滚乐又可以说并非是一种艺术形式，而是从灵魂最深处发出的朴素的呼喊。"而这一切，确实是老艺摇背离的。当然，得有人站出来不耐烦地发出朴素的呼喊了，冲着他们呼喊着赶他们下台。

第一个向老艺摇发出这样呼喊的是"性手枪"乐队（The sex pistols）。这便是摇滚史上新的篇章揭开了，朋克时代到来了，朋克时代取代了老艺摇时代。老艺摇您再有怎样的辉煌的历史资历和权势乃至好不容易垒建起曾被多少人朝拜过的骄傲的码头，也不行了，再怎样不心甘情愿，您也得打辞呈报告，要乖乖地下台了。

1977年，"性手枪"登上了舞台，用当年艺术摇滚初次登台时同样的原始爆发力呼喊着，在他们的背心上赫然醒目地写着："我恨平克·弗洛伊德！"

他们的这一举动，让我想起在上一时代的60年代，披头士登上舞台疯狂演出的时候，有人打出的横幅醒目地写着："猫王已死，披头士万岁！"

历史真是有着惊人的相似，以一代人无情的死去一代人无可奈何的老去和一代人的蓬勃新生，呼喊着如狂风掠过，突然而残酷地掀开了新的一页。

1977年，猫王埃尔维斯·普莱斯利真的死去的时候，“性手枪”的主唱约翰尼·罗顿（Johnny Rotten）说：“好了，终于摆脱那个臭垃圾了！”这位专门受过古典音乐训练的长笛手，不仅把猫王当成臭垃圾，更是把“平克·弗洛伊德”和所有老艺摇也当成臭垃圾，他和他的同伴鄙夷并抛弃了自己曾经学过的娴熟的古典音乐，而是用朋克最不讲究技巧的简单的三和弦取代了当年艺术摇滚强调的演奏技巧和合成器效果；他们用最粗鲁甚至淫秽的歌词代替了艺术摇滚当年从巴赫亨德尔从艾略特布莱克借来的高雅与古典，他们以更加极端方式认为艺术摇滚是在用所谓高雅古典掩盖并回避着当时社会的萧瑟和糜烂，不过是隔江犹唱后庭花。而他们自己哪怕是赤身裸体从污腥的烂泥塘里走出来，也不愿意故作姿态从洒满香水的铺着绣花缎被的席梦思软床上披着睡衣袅袅婷婷地跳下来。

如果从理论上来讲，我当然了理解老艺摇寿终正寝而朋克兴起的历史原因。但我的心里还是喜欢老艺摇的。也许，我真的老了，像老艺摇一样的老了。我当然知道摇滚天生是保守的敌人，摇滚从本质上也不为了怀旧，它更注重对现在进行时态的现实的批判和介入，“性手枪”出现的朋克运动，是对老艺摇的批判的前进和革命的必要和充满活力的象征。不过，我怎么也难以从心里服气，后者我总是隐隐的在意，对于老艺摇来说朋克音乐也实在太简单太粗糙了吧？在那个朋克兴起的时代当时就有人说：“你只要选好一个和弦，拨弦，就搞出音乐来了。”不是我理解错了，就是他说错了，这样的感觉怎么都让觉得有点像是我们的小靳庄的诗歌，是个人只要弄出个四六句再会押韵，是个人就可以成为诗人了一样，是个

乐队就可以搞成朋克了。要不就是他对朋克的意义缺乏足够的理解，要不就是我对老艺摇依恋过重。对于我来说，我顽固地认为，为了脱离在20世纪50年代和60年代摇滚那个十几岁的少年时期而走得更远，艺术摇滚大踏步地后退，以电子音乐和古典主义焊接成的一把双刃剑而挥舞的矫枉过正，不管怎么说都是有创造力的表现。是他们将那些仅仅是街头杂耍和酒吧里简单吟唱的摇滚变得丰富而开阔起来，可以说，正是有了他们这样一段青春期的成长，摇滚渐渐地成熟了起来。

我也知道70年代是一个摇滚蓬勃发展的辉煌年代，也是一个鱼龙混杂的年代，不少追寻古典的乐队不过是为了附庸风雅，所以才繁花容易纷纷落。以后重金属乐队中的“蝎子”（Scorpions）与柏林爱乐乐队合作、“金属”（Metallica）与伦敦交响乐团合作，更是一种商业行为，就像前几年将普契尼的《图兰朵》放在太庙里演出一样，图个新奇和热闹。在任何艺术之中，都不乏机会主义者。但不管怎么说，老艺摇当年把古典和摇滚结合起来，还是有勇气的，是富于创造力的。他们借古典的天河之水的大江东去浪淘尽千古风流人物的水势，将摇滚那一段水域开阔也回环起来。

无论怎么说，我还是爱听“平克·弗洛伊德”，甚过听“性手枪”。

即使将近30年的时间过去到了新的世纪，“平克·弗洛伊德”活力不减当年，还在不断出唱片。他们的专辑《墙》不仅成为了70年代结束的象征，也随着他们柏林墙慈善演唱会成为了上一个世纪的象征。进入新的世纪，2001年，他们还出了两张《世纪回响》的专辑。

“平克·弗洛伊德”是不朽的。老艺摇也是不朽的。

2002年2月7日

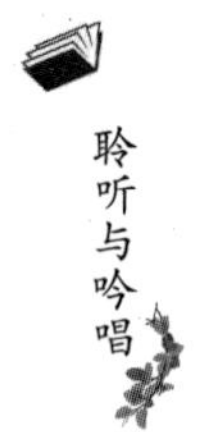



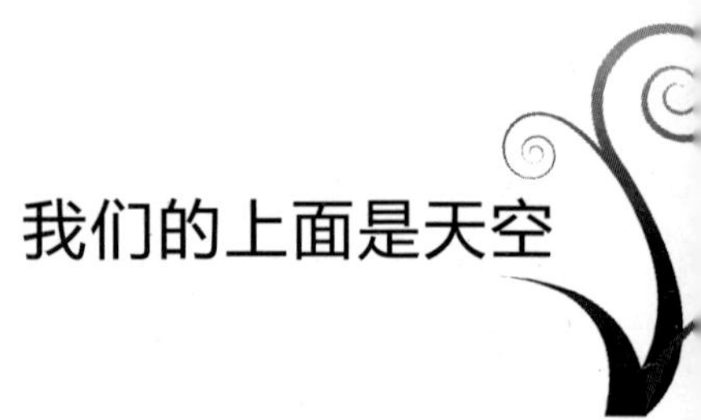

# 我们的上面是天空

近日在报上看到一则新闻，为纪念约翰·列侬，英国利物浦机场已改名为约翰·列侬机场。这实在是一则有意思的新闻，因为在世界上有用领袖、伟人、英雄或作家、诗人的名字来命名的地方，真还没有听说过有哪一个地方会是用一个摇滚歌手的名字来命名的。想想这原因很简单，在人们传统和正统的思想里，对摇滚充满着误解，是将摇滚和高雅的艺术相对立的，摇滚只是属于年轻人的玩闹之类，起码也是不入流的，怎么会将一个不是神圣也是庄重的地名用一个摇滚歌手的名字来代替呢？这不是有辱大雅有损斯文吗？就像穿上肚脐装松糕鞋染上彩头发涂抹变色口红而登上主席台一样让人无法容忍吗？新近上演的那部描写一个小孩子替《滚石》杂志采访摇滚音乐的美国电影《几近成名》中，那位母亲不是这样对热爱摇滚音乐的孩子说：“你喜欢的摇滚是性和吸毒的摇滚吗？”

利物浦机场却是世界上第一个用摇滚歌手的名字来命名的地方。

利物浦机场从那一刻起似乎成了摇滚的机场。

利物浦似乎忘记了约翰·列侬不过就是一个出生在这座城市里普通的孩子，一个失去了父亲又接着失去了母亲的无助孤儿。它也似乎那样健忘

便忘记了约翰·列侬和几个伙伴（那不过就是40年前，约翰·列侬还是个不到20岁的年轻小伙子）组织起了“披头士”乐队时，这座城市对他们的冷漠，他们没有地方演出，只好在码头附近的低级小酒馆去卖唱，他们是几经艰难最后离开利物浦到了德国的汉堡获得成功才“出口转内销”的。它也忘记了“披头士”红火的年代英国女王授予他们帝国勋章时，那些达官贵人对从约翰·列侬到整个摇滚的不屑一顾和表现出来的高贵的愤怒，而纷纷将自己的勋章退回以显示自己的清白与高贵。它同时那样宽宏大量地原谅了约翰·列侬的疯狂、荒诞、吸毒，乃至对利物浦的忘恩负义，因为约翰·列侬到最后也没有回到家乡而是在美国纽约定居的……可是，在约翰·列侬死去20年之后，它忽然想起了他。

20年，让一座城市幡然醒悟，懂得了分辨与珍爱，明白豪华上流包装的垃圾毕竟只是垃圾，而金子终归是金子。这样想来，20年，也并不算晚。在这个世界上，有多少城市多少地方，还是那样骄傲地以过了气的明星人物狐假虎威地装饰着，峨冠博带下面早已是尘垢和腐烂。

利物浦应该以有约翰·列侬而骄傲。虽然它拥有着声明赫赫的皇家利物浦足球队和皇家利物浦交响乐团，拥有着英国最大的教堂、维多利亚时代格拉德斯通首相的故居和藏有拉斐尔和罗丹作品的博物馆……但是，它以前把离自己身边最近的约翰·列侬忘记了。现在，它蓦然回首，才发现灯火阑珊处的约翰·列侬原来就是从利物浦出发的，才发现约翰·列侬对于利物浦和整个世界的价值和意义。

这个世界真是变了。对摇滚不再如临大敌般的视若洪水猛兽，也不仅仅是居高临下的宽容，或多元化的平等对视和对话，而是忽然认识到了在这半个世纪里摇滚对于艺术和人们的思想思维乃至整个价值观念和系统的

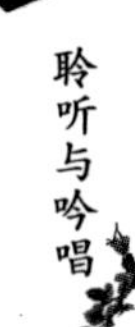


颠覆和再造。自从1993年美国发行了纪念“猫王”普莱斯利的邮票，这大概是世界上第二次表示它对摇滚的隆重态度了，摇滚也摇摇晃晃地跨过了一个世纪。利物浦今年将机场更名的事情，让我想起去年在约翰·列侬逝世20周年的日子里，古巴的哈瓦那的广场上新建立起了一尊约翰·列侬的塑像，卡斯特罗总统亲自去为之揭幕而举办了纪念仪式。要知道在以前约翰·列侬在古巴是被视为资本主义的毒素而遭禁止的。

这个世界的变化还不快吗？

谁能够想到呢？约翰·列侬能够想到吗？

在这个世界上，约翰·列侬和“披头士”的作用真是不可低估。难道不是这样吗？仅仅前一个10年里，他的唱片就发行了5000万张，去年为纪念他逝世20周年的那张红色封套专辑《1》，在世界28个国家发行，排名全球第一。这样的数字就是在世界的摇滚歌坛也是绝无仅有的奇迹，它说明他确实拥有着世界那么多的人而不可低估不容忽视不能视而不见。是约翰·列侬和“披头士”的出现，不仅让音乐出现了另一种可能的形式，对越来越荒谬的世界发出越来越响亮的发泄、反抗和诘问，同时重新组装了人们的大脑。用约翰·列侬自己的话说是：“‘披头士’比耶稣还要深入人心。”约翰·列侬几乎神话般成为了摇滚歌神似的神明般的人物。不说这些，仅仅看约翰·列侬对尼日利亚大饥荒的关注，反对无休止的越战给全世界带来的灾难，为社会的贫穷和和平的募捐……难道还不值得人们对他的尊敬吗？

如果我们明白了这些，我们也就明白了，在如今失去了激情、想象、梦想和理想信仰而沉浸在享乐主义犬儒主义的年代，没有勇气面对现实去抗争，而只会在灯红酒绿中狂欢，精神的衰落，音乐也当然在沦为后庭花

般的靡靡之音。重新怀念起他的歌声，是因为他的歌声中拥有着现在缺乏的发自内心真诚的紧张感与压迫感，缺乏的对梦想寻找的发泄和诉求，对世界不公的反抗和对生命理想的天问。我们便也就真的原谅了他的种种缺点，伟人还要三七开呢，何况他只是一个歌手。我们便也就明白了，为什么在去年他逝世 20 周年的日子里，纽约的中央公园里花环如海，25 万封电报从世界各地飞来，上万名他的歌迷自发地来到公园里，捧着鲜花，点燃蜡烛，唱着他的歌，为他彻夜守灵。

更名后的约翰·列侬机场，新的标志图也改成了约翰·列侬的卡通像，上面写着："我们的上面是天空。"想出这句话的人实在是聪明，它一语双关，既是机场最形象的说明，也表达着对约翰·列侬的感怀。因为这是他 1971 年创作并演唱的一首名字叫做《想象》的歌里一句歌词。

在这首歌里，他曾经这样激情洋溢地唱道："想象这里没有天堂，这很简单，如果你想试试的话。我们的下面也没有地狱，我们的上面是天空。想象所有的人民，只为今天的和平生活；想象没有国家，想象没有杀戮，想象没有牺牲，想象没有宗教，这一切并不难做到。想象没有占有没有贪婪没有饥饿四海之内皆兄弟……你可以说我是做梦的人，但我不是唯一的一个，我希望有一天你能加入进来，那么世界就能变成一个。"

利物浦机场有理由该名为约翰·列侬机场。利物浦因有约翰·列侬而为人所知而光彩夺目而成为匍匐在地的梦想得以飞翔的一个象征。

走在这个机场里，我们谁都可以抬起头来望一望头顶，是啊，我们的上面是天空！

2002 年于北京

# 作为诗人的列侬

正如诗人梦想成为歌手，哪怕是著名的诗人，也只是梦想而已。比如金斯伯格，正经练过一段摇滚并组织乐队公开演唱过，但到底还是没有成为一名歌手。一般的歌手要想成为一名诗人，可以说更是痴人做梦。毕竟这是两个不同的行当，因为在我看来如果说歌是地上跑的白羊的话，那么诗是天上飘的白云，能够将歌升为诗，需要的不仅是才华，还要靠神助才能长上飞翔的翅膀。

但是，约翰·列侬（John Lennon）却是摇滚歌手中百里挑一的难得的诗人。所以，我听列侬在唱歌的时候，总是觉得是在听一位诗人在吟唱。这和听别的歌手唱歌绝对不一样。

我爱听列侬的歌，不仅在于他在摇滚史上绝无仅有的地位，也不仅仅在于他那尖锐而撕心裂肺般的嗓音。我喜欢他那种对于世界的关注，不是那种社论式的大气磅礴，而是他独特的诗人式的关注，完全跳出一般流行歌手的范畴。我们的一般流行歌手有时也唱些这样宏观的歌曲，只是把它们当做公益歌曲或晚会歌曲来唱唱罢了，那种别人替他们编好的词和曲调总是那样千人一面般的相似，连他们自己都不大相信。你看得出他们的嘴

巴甚至事先设计好的肢体在动，却看不出他们的心在动。列侬不是这样的，他总是能及时而准确地把握住时代的脉搏，唱出他自己的那一份的感情，来对这个世界做出他自己的发言。

我很难忘记第一次听列侬唱《圣诞快乐》的情景，不是圣诞，是初春的季节，回黄转绿，风在柔柔地吹，仿佛在为他的歌在伴奏，是那种恰如其分的伴奏，歌声和天气一样的让我感动。同样的圣诞歌曲，列侬没有唱教堂的钟声和雪地上铃儿响叮当。那一年，是越战终于结束的时刻，他唱道："现在是圣诞了，你在今年做了一些什么？又一年过去了，新的一年要来临了。现在的圣诞，我希望你能找到快乐。我身边的亲爱的人，无论是老人还是年轻人，这是一个非常快乐的圣诞，我希望再没有任何恐惧，因为战争已经结束了……"真的，我真是非常的感动，这是一个歌手更是一个诗人的歌。听这样的歌，我想起听到二次世界大战刚刚结束的消息时美国水兵在街头情不自禁地与一个女郎拖吻的那张有名的照片。我相信列侬和那个美国兵和那个女郎的心情是一样的，只是他的歌中充满激动之后更深的感情期待，才在那一年的圣诞夜唱得这样平易却深切动人。

列侬还有一首非常有名的政治歌曲叫做《想象》(这也是他一盘磁带专辑的名字)，同样是他对世界的发言，但那绝对是诗的发言，虽然有些浪漫和乌托邦，但他对世界和平统一的向往，让你无法不感动，感动他的真诚的同时，感慨我们有些歌手的浅薄和贫乏。你会感到列侬一步就迈过了那种浅薄却装点得豪华如同游泳场里的蘑菇池而走向那样宽阔的水域，立刻有一种潮平两岸阔，风正一帆悬的感觉。那一连串的排比是他对你我这样普通百姓的直抒胸臆："想象这里没有天堂，这很简单，如果你想试试的话。我们的下面也没有地狱，我们的上面只有天空。想象所有的人民，只为今天的和平生活；想象没有国家，想象没有杀戮，想象没有牺牲，想象没有宗教，这一切并不难做到。想象没有占有没有贪婪没有饥饿四海之内皆兄弟……你可以说我是做梦的人，但我不是唯一的一个，我希望有一天你能加入进来，那么世界就能变成一个。”

他的另一首《工人阶级英雄》，同样对普通百姓做着这样关于他这样顽固的世界梦想的真诚提示和蛊惑：“在你死时，你应该知道什么是微笑。你不应该成为墙上的照片，如果你想成为英雄，那么你跟着我。”这首歌让列侬唱得极其委婉，倾诉感很强，听起来非常像俄罗斯的民歌，尤其能让我们接受，仿佛列侬在向我们掏心窝子，一下子和我们很近，活要活出个人样来，别只做墙上的照片，即使戴着大红花再怎样风光，毕竟只是墙上的照片。

很多的时候，为歌手列侬愿意成为诗人，愿意成为人民的代言人，广播喇叭一样，大声发言，用我们现在的话说是主旋律。对于这个时代对于这个世界，他不回避主旋律；站在摇滚歌坛上，列侬愿意是一个大写的我。可以说，在这一点上，整个世界摇滚歌坛上，无人可以与他比肩。

如果仅仅这样，列侬只是马雅可夫斯基似的诗人。可贵的是列侬在很多的时候毫不隐讳地将自己个人的生活融入进他的歌里。这使得他不仅有能力把握宏观叙事，而且得心应手地用歌声抒发自己的微观生活。这使得他伸手可摘天上星辰、俯首可触海底珊瑚，成为了阴阳两界的人物，处处都能让他点化为诗行。他便和那些一般流行歌手拉开了无法逾越的距离。

列侬唱自己的生活，同猫王普莱斯利又不同，只是唱自己的爱情。可以说，在摇滚史上是列侬第一次将个人生活中的亲情和友情那样真挚动人又别致亲切地融化在他的歌词和旋律里。无疑，最有名的是那首《妈

妈》。那确实是一首无比动听的歌，前奏中钟声的频频响起，他歌声中每一句尾音如丝似缕的颤抖，让人心碎。在破碎的家庭中，列侬从小是在姨妈抚养下长大，18 岁时妈妈在车祸中丧生，他对妈妈的感情是非常复杂的，他对亲情的体味才会比我们一般人深刻。在这首歌中，他将他这种复杂而一往情深的感情唱得肝胆俱裂：

“妈妈，你从来拥有我，
我却从来没有拥有你。
我需要你，你却不需要我，
所以我只能和你说再见。

爸爸，你离开了我，
我却从来没有离开过你。
我需要你，你却不需要我，
所以我只能和你说再见。

孩子们，
不要做我所做过的事，
我不会走，但却也想跑，
所以我只能和你说再见。”

然后，他反复唱着：“妈妈没有离开，爸爸回家了……”每一次的反复，都有一种让人要哭的感觉，仿佛妈妈和爸爸就站在家的门外，一开门就能见到并能让我们扑入他们的怀中。没有一个人能唱出这样对妈妈的深厚而复杂的感情。

最好的歌手无疑应该是这样的，他和时代不脱节，他又能袒露自己的心扉。他是妈妈的孩子，又同时是时代之子。

列侬的无可替代，在我看来除了是他的音乐天赋，得益于他这种得天独厚的诗人气质。正如有人写了一辈子的诗，只是将散文分行罢了，有人唱了一辈子的歌，还是一嘴大碴子味，不会有一点诗味。

列侬在一首歌中唱过这样的话："出生时是渺小的，当你感到疼痛的时候，你长大了。"我以为这是理解列侬、走近列侬的一道门槛。问题是我们不少歌手学会的只是摇滚的形式，并没有迈进这道门槛。原因很简单，他从来没有感到过疼。

2001 年 6 月于北京

# 朋克教父的破镜重圆

常常有这样的问题袭击进我的脑子里，在20世纪60年代末和70年初风靡摇滚歌坛的领军人物中，为什么有许多人和我年龄相同，难道仅仅是巧合？比如，大卫·博伊（David Bowie）和伊基·波普（Iggy Pop），他们两人当时都是声名赫赫，都是1947年出生，和我同年。巧的是，他们两人再加上卢·里德（Lou Reed）三人是当年最好的朋友，只是卢·里德比他们俩稍大一些，是1943年出生。

我想起这样的问题，并不是想和他们攀龙附凤，而是总在想我们确实是属于同一代人，只是我们成长的背景太不相同，莫非那种不同的背景竟像是植物生长的不同土壤一样使得树木命中注定般开出的花结出的果就那样的迥异吗？还是我们的行动太不相同，他们在干他们想干的并且是能够干的，而我们则是在干着并不是我们自己真正想要干的而且是我们力所不能及的，才让青春呈现出如此的不同的显影来？

60年代末和70年代初，正是我们一样青春年少的季节，在他们为了自己的青春理想于摇滚歌坛上叱咤风云的时候，我和我的伙伴们正在干什么？每当想到这里时，我不得不为自己的虚度年华而悔恨。那时，也就是

60年代末到70年代初，具体来说，1968年到1974年这6年，我是在北大荒，与荒原和风雪为伍，辛辛苦苦开发出来的沼泽荒地，现在又成为湿地而需要保护了，说是大量地将沼泽地开发为田地破坏了自然的平衡。历史就是这样轻而易举地翻来覆去地着掂着自己的大炒勺，将我们当成了它用来炝锅的葱花。如果那时我也有自己的青春理想的话，那个由一场“文化大革命”而膨胀起来的理想，是建立在虚妄的沙滩上的，如今连废墟的残迹都找不到一星了，留给我们和历史里的只是一片空白。而无论大卫·博伊和伊基·波普也好，还是卢·里德也好，他们都留下了他们不朽的歌，岁月过去了，他们的歌声仍然回荡在今天的日子里。

在听他们的歌声时，说实话，我已经无法揣测出当年他们的样子，我常常走神，想起自己，想起这个沉重的话题，使得他们的歌声也变得几分沉重起来。

去年的冬天，我只身一人到台湾地区住了一个月，我带去了一盘伊基·波普的磁带，正好陪伴我度过了那一段寂寞而空旷的日子。那是伊基·波普1999年出版的最新的带子，名字叫做《B大街》。里面的歌都很好听，全部民谣风，喃喃自语般的吟唱，伴随着台北的椰风摇荡、冬雨淅沥，到也是格外和谐。在这盘磁带里，他特别加入了钢琴和小提琴，还有一种类似我们的木琴一样的乐器，我听不出到底是什么，但间或奏出的如啁啾鸟鸣般的叮咚声，有意在和他苍凉的声音对比似的，拉开了距离，有一种别样的间离效果。他唱得很平稳，有时显得还有点对于他那样少有的深情，甚至还有意加上那么一点略带忧郁的口哨，云淡风轻的样子，怀旧的味道浓浓的，很适合我。特别是他在《遥远》中用低沉的嗓音一遍遍不厌其烦地唱着“再一次遥远的呼唤”、“再一次遥远的呼唤”，实在有那

么一点灞桥折柳一唱三叹的感觉；而在《B大街》中在频如密雨打击乐的伴奏下他依然是一遍遍不厌其烦地唱着“我渴求一个奇迹”、“我渴求一个奇迹”，给予我的是一幅漆黑的夜空下倚在浓郁的大树旁抱着一把吉他空候着自己寂寞的影子的幽静画面。

和他以前的风格变化太大，几乎找不到他那时激情澎湃的影子了，遥远的呼唤早已经飘逝在逝去的风中，奇迹也很难再现。

不需要再听当年他的成名唱《我们将要堕落》，蝙蝠一样用黑色的翅膀遮住传统夜莺的娇小玲珑，夜色一样浓重而漫长，长达10多分钟那种先锋的姿态和年轻的声音，让那一代人震撼；只要想一想当年他在舞台上一边演唱一边用麦克背后的铁尖疯狂刺得自己裸露的胸膛血道子一道一道殷红刺目的样子，甚至离经叛道搞一些下流的做作故做惊世骇俗的样子，就会知道这盘磁带他真的是改邪归正一般，让他自己面目皆非，仿佛他急流勇退，远离摇滚的舞台，收敛了他以往鹰一样挟风恃雷的钢铁的巨大翅膀，退化为湿淋淋的鸭子一样，行到水穷处，坐看云起时，跪拜在菖蒲团上，去参禅入定了。

有时，我一边听他唱歌一边看占据磁带封面上整个一个人头的照片，那是伊基·波普的近照，有点恐怖的样子，他的一双褐色的眼睛显得很可怕，长长的马脸上皱纹沟壑纵横，干涩的嘴角深抿着，很像类人猿显得那样的老了。磁带里那些歌真的就是他唱的吗？有时，我很怀疑。那歌声和那照片上的面容相差得太远。

也许，我和他一样的老，一样的让人感到可怕罢了。我算着他的年龄，和我一样，出这盘磁带时也是52岁了。人到了52岁的时候，或许都大彻大悟了？都要回头看了？年轻时的锐气都没有了？命中注定一般不是

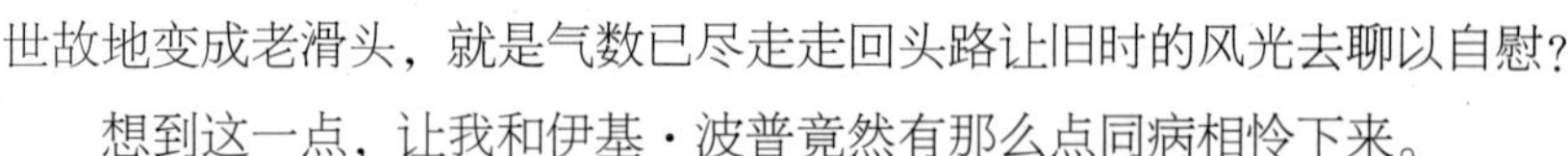

世故地变成老滑头，就是气数已尽走走回头路让旧时的风光去聊以自慰？

想到这一点，让我和伊基·波普竟然有那么点同病相怜下来。

不过，真的就是这样吗？50岁以后的人就真的无可奈何花落去在开始走下坡路了吗？青春的梦想就如烟火一样在瞬间缤纷也在瞬间消失殆尽，徒剩下一堆冰冷的灰烬？

50岁以后的人还能够干什么？

50岁以后的摇滚人还能够干什么？

50岁以后曾经在舞台上实践了一个艺术家残酷性戏剧以自己的血肉之躯用话筒背后的铁尖刺破胸膛的伊基·波普还能够干什么？

在台湾地区不止一次听伊基·波普这盘磁带的时候，我不止一次在问自己这些问题。

我是大概知道一些伊基·波普的经历的，这位出生在美国密西根的歌手，在读中学时就组织了自己的摇滚乐队，他自己当鼓手，在读密西根大学时唱歌时成名，只读了一年就退学跑到芝加哥又跑回底特律，和几个伙伴成立了“幻觉助手”乐队（Psychedelic Stooges）。他一出道，就是以自己的歌声和行动作为那个时代的叛逆者的形象树立在他的听众面前的。这位无产阶级出身的歌手对那个时代出现的中产阶级有着天然的仇恨，在这一点上，我总觉得他特别像我的朋友作家梁晓声。据说，伊基·波普在小时候，有一次他病了没去上学，他的几个家境不错的同学到他家看他，对他家门口放着的一辆破汽车格外好奇，跑上去跳着玩，一直跳到把车座的垫子跳烂。等同学走了之后，他说：我现在最恨的一个词就是中产阶级。这让我想起梁晓声，也是在他的小时候，在学校食堂里吃饭，几个干部家庭出身的同学得意洋洋地说在家里糖吃腻了，想尝尝盐是什么滋味，当时

他一听摔下饭碗转身就离开了食堂。他们在骨子里是看不起中产阶级的，小布尔乔亚就更不在话下了。

这样一个摇滚歌手，对于刚刚出道时面前曾经风起云涌的民谣当然是不屑一顾的，他自然认为应该对自20世纪30年代以伍迪·格思里到60年代鲍伯·迪伦风靡美利坚的民谣取叛逆态度的，他自然会认为无论在30年代的大萧条年代还是在60年代的越战战争年代，那种民谣不过是帮助中产阶级和小布尔乔亚度过那样一个年代而渴望灿烂美国梦的简单的梦呓而已，是那些背着睡袋开着敞篷汽车忘乎所以疯狂地奔跑在高速公路上以为公路的尽头就是伊甸园的自我安慰而已。他开头在1968年出版两盘的与乐队同名《助手》的磁带，便立刻鹤立鸡群，不同凡响。这两盘磁带被认为是摇滚的经典，而他自己本人则被称为那个年代的“朋克教父”。那时，曾有一家著名的音乐杂志的记者采访他，当问到他如何评价自己的音乐成就时，他这样回答：“告别60年代。”

“告别60年代”，可以说他的摇滚宣言。

敢于勇敢地告别与自己同在的时代的人，确实是了不起的，需要勇气，更需要突破与这个共生共存时代的张力与实力，好比蜕变的虫子要有冲破包围在自己周身的外壳的力量才能够得以飞翔。摇滚歌手的先锋的历史作用就在于此。他们不仅在艺术上，同时在思想上走在了时代的前沿。

卢·里德在离开“地下丝绒”乐队之后出版的自己第一张专辑《改革者》再版的插页上印着的是他和大卫·博伊、伊基·波普三人的照片，伊基·波普嘴里叼着烟卷站在他们两人的中间。应该说，这不仅是对他们三个朋友之间友谊的一种纪念，同时也是那个时代摇滚历史中三位先锋作用与意义的一种象征。

先锋的意义不在于如狗追逐骨头一样只会追逐时髦，而是先知般能够预示未来潮流的动向和走向，而让我们庸常的人在日后的日子里恍然大悟。先锋和一般复制者的区别就在于，先锋创造着未来的岁月，而后者只会咀嚼过去的日子。

卢·里德是60年代里90年代的音乐家，是真正的先锋；大卫·博伊被赞誉为“变色龙”，几十年来不甘示弱，一直是走在时代前的前锋；而伊基·波普是最为旗帜鲜明“告别60年代”的先锋。不像有的人只是用先锋的唇膏涂抹自己猩红的嘴唇来装点门面招摇撞骗或唬人而已，他们三人确实都是时代的先锋，在摇滚史上的作用至关重要。而且，重要的是在他们50岁之后依然都是雄风不减，依然做着他们各自的努力探索。

稍稍不同的是，伊基·波普比他们走的步子要晚了些，慢了些。所以，在大卫·博伊50大寿之际请来了许多大腕，包括卢·里德，却偏偏没有请他的老朋友伊基·波普，而当年，大卫·博伊是称伊基·波普是自己的救世主的呀，在伊基·波普一度因吸毒而不得不进行精神疗法的艰难时刻，大卫·博伊不顾唱片公司的冷漠，帮助伊基·波普出版了《金属击倒》的唱片。怎么现在友谊一点没有了？竟然就这样时过境迁而被击倒随风而逝？当然，这可以看出大卫·博伊这条变色龙的势利的一面，但也可以看出伊基·波普已经无可奈何地失去了当年的地位，磨损了先锋的锋刃，不能全怪大卫·博伊。

关键是他们三位好朋友同时告别60年代之后，却是以不同的方式和姿态生存在70年代、80年代和90年代，然后才一同又走到了50岁。卢·里德1974年在《萨莉不会跳舞》的专辑中尝试了重金属的风格，1979年在《钟声》专辑中运用了爵士，80年代《新感觉》中的轻快，90

年代《黄昏下沉的晕旋》中的硬摇滚……总之，他一直没闲着。大卫·博伊更是在进入了70年代的中期1976年遇到了电子乐大师布莱恩·伊诺之后，立刻一拍即合，一同来到柏林进行先锋实验，将电子乐和合成器引入乐队，有意和主流流行乐拉开距离，一口气合作了《低》、《英雄》、《房客》号称“柏林三部曲”，迅速地告别了70年代。1980年又别开生面地请来“克里穆森国王”乐队的灵魂罗伯特·弗里普，用喧嚣而失真的电吉他为他的演唱伴奏。一直到90年代他同另类乐队“九寸钉”合作，希望自己的音乐更加另类而吸引听众……

不管卢·里德和大卫·博伊这样的努力是否成功，毕竟他们在努力，而此时的伊基·波普却依然在无产阶级对中产阶级的愤怒中徘徊。他成功地告别了60年代，却没有成功地进入新的年代。

青春就那样快的过去了，日子并不等待我们的犹豫和蹉跎，50岁的日子就那样随叶子变黄变凋零的时候一起到来，一下子显得秋风萧瑟。

我不知道大卫·博伊50大寿时大腕云集而没有邀请自己，是不是伊基·波普受到了刺激，从而自己奋发图强，赌口气，非也要在50岁之后的日子重铸辉煌，才在1999年他52岁的时候推出了这张《B大街》的专辑？这只是我的揣测，因为我不知道他们的友谊在经过了30多年的跌宕之后变得到底如何，是不是还和以往一样他们三个人紧紧地搂在一起，如照片上那样伊基·波普得意地站在中间，还被尊称为“朋克教父”，还是变得已经如家具上的漆皮一样不经磕碰了。名利场上的艺术，有时比现实中的瞬息万变还要让人莫衷一是。

但是，可以肯定地说，在《B大街》中，伊基·波普确实是变了。

只是这种变化从某种程度上走回到了他在60年代末期自己最为反对

的民谣之中了。

这究竟是一种可喜的变化，还是一种可怕的变化？是举起白旗投降走进敌对的营垒里去了吗？

听这盘《B 大街》的时候，我常常问自己这个问题。我有些犹豫不定。民谣的风格是任何人一听就能够听得出来的，作为当年那样坚决反对民谣的伊基·波普，会那样轻而易举就退却了自己曾经拥有过的抵抗过万千风雨的盔甲，而一下子就披戴上了当年自己最不屑的行头？我想问题绝对不会那样的简单。同从 60 年代到如今一直宝刀不老，一直在民谣之树常青的鲍伯·迪伦相比，很显然，鲍伯·迪伦一直是以不变应万变的姿态出现，在落红摇绿的季节变换中不怕重复自己，便在他 50 岁之后依然有勇气和信心“重返 61 号公路”。伊基·波普不是这样，鲍伯·迪伦是抱着民谣从一而终，而伊基·波普在不时的情变中回首一望，看到灯火阑珊处她的朴实和美妙而和她相拥相抱。

如果说，50 岁后的鲍伯·迪伦一直都是抱着他那把旧吉他如同抱着一把老酒壶在夕阳的余晖里旧梦重温，江湖酒伴如相问，终老烟波不计程；那么，伊基·波普却是蓦然回首，那人却在灯火阑珊处，不敢说一定是当年失之交臂，但才见得雁引愁心去，山衔好月来。

在 20 世纪之末，52 岁的伊基·波普又回到了 60 年代。那是曾经沧海难为水的浪子回头，是波折磨砺之后的破镜重圆。

50 岁以后的我们还可以干许多的事情。

2001 年于北京

# 地上掉着一块旧丝绒

据说，他们这支乐队最初组建的时候，偶然发现地下室的地上掉着一块旧丝绒，随手就给自己的乐队起了这个名字。没想到这个名字日后一下子成为了经典。

当然，这只是传说而已，明显带有演绎的色彩。不过，地下丝绒，这个名字确实很好听，很容易引起人们的想象和联想，而且是歧义的想象和联想。有人说是唯美，有人说是性感……不管怎么说，和乐队风马牛不相及。

地下丝绒应该感谢安迪·沃霍尔（Andy Warhol）。这位20世纪中叶影响了一代人的波普艺术大师，既是一位画家，又是一位电影导演，多才多艺。他所发明的丝网印刷术，将照相的照片印在画布上，出现极其意外的效果。在20世纪的60年代，沃霍尔创作了一系列的水果、可乐瓶以及玛丽莲·梦露、伊丽莎白·泰勒等明星的图像作品。这是一种新型的美术创作，它们以十分浓艳夸张的色彩，对当时乏味平庸的文化进行了波普式的批评，这叫做以子之矛攻子之盾。这些作品因为别具一格而又符合世俗的心态在当时非常流行。沃霍尔主张流行，他有句名言：“每个人都有机会流行15分钟。”这句和我们中国“各领风骚两三年”有着异曲同工之妙，表达了他对流行文化的态度和他对流行文化与群众关系的认识。（沃霍尔的名气和地位在当时和以后都非常显赫，他死后，1994年以他的名字命名的沃霍尔博物馆在他的家乡匹兹堡开放。）

1966年，后来成为了地下丝绒的两位主将鲁·里德（Lou Reed）和约翰·凯尔（John Cale），在纽约的Bizarre咖啡馆里和这位大师意外相遇。

当时，鲁·里德是一位古钢琴家，约翰·凯尔是一位小提琴手兼古典理论的作曲家，他是获得了当时有名的伯恩斯坦奖学金，从英国威尔士专门来到美国的学古典音乐作曲的。也就是说，他们两人起初都是古典音乐的追随者，如果不是和沃霍尔相遇，他们大概很难走进流行音乐的领域。当然，从另一个侧面来说，也说明流行和古典并不是那样水火不容般对峙，摇滚乐起步时文化的含量不低，做摇滚的是一批有音乐素养和思想力量的人，并不是只是有个哑嗓会弹个吉他知道个三和弦就可以做摇滚，更不是后来只是靠粗话和吸毒来诠释摇滚。

鲁·里德和约翰·凯尔那时因音乐而结识有两年时间，那时他们20来岁正年轻，两人常常到咖啡馆演唱，一来排遣心绪，二来挣点零花钱。偏偏，他们被沃霍尔碰见了。沃霍尔的眼毒，非常欣赏他们两人的才华，立刻推荐他们参加了纽约这一年的大型演出，把他们从地下引到地上推到广阔的舞台，并对他们正儿八经地上一堂关于流行与古典的认识教育课。沃霍尔告诉他们，艺术不应该以曲高和寡为幌子脱离大众，古典不应该以贵族自居而鄙夷流行，商业化也不是十恶不赦的恶魔。相反，通过商业化的途径，可以使更多的人欣赏到艺术的美妙，这样做不会贬低你们心中艺

术的神圣价值。

老谋深算的沃霍尔的这一堂课没白上，他影响了他们两人尤其是鲁·里德。因为以后“地下丝绒”的主要音乐包括作曲作词都是出自鲁·里德之手。如果说是沃霍尔的春风化雨使得“地下丝绒”破土而生，并不为过。事实上，也是沃霍尔的鼎力支持，自己出任地下丝绒第一张唱片的制作人，力荐当时女性偶像歌星来自德国的尼可（Nick）加盟地下丝绒当主唱，把这第一张唱片的名字就叫做《地下丝绒和尼可》，并且把自己的那张流行很广的丝网照片香蕉印在唱片的封套上，黄黄的，很醒目。

沃霍尔一手炮制的地下丝绒就这样出笼了。

沃霍尔预言：“地下丝绒”会比“披头士”将会更有成就。

不过，当时人们没有理会沃霍尔的话。因为，他们用的乐器也好、录音的设备也好，实在是太简陋了，太廉价了，而他们所做的音乐也实在太简单了，不过就是4/4的拍子，几个小小的和弦，就算完事，连梳妆打扮都不再仔细打扮了，一支曲子就敢往外招呼了。同时，他们的歌词也太大白话了，现实生活的照搬而已。总之，除了沃霍尔看好“地下丝绒”，似乎没有什么人正眼瞅瞅“地下丝绒”。人们只是把丝绒当成了一块抹布。

说到底，是“地下丝绒”出生太早，是个生不逢时又其貌不扬的早产儿。

“地下丝绒”被世人所重视，起码是在20年之后的事情了。时间证明了沃霍尔的预见，证明了“地下丝绒”的价值。因为在20年中，美国的摇滚几乎没有不跟随“地下丝绒”的脚印留下来，那印在摇滚歌坛上大脚的深深指纹是那样的相似。人们才恍然大悟般意识到在朋克远未出现的20年前，“地下丝绒”就如此前瞻性地天才般具有了朋克的特点。他们对后工业时代的冷漠和无序无力感的痛苦的发问，对社会现实泛滥的种种如吸毒、性泛滥、享乐主义、犬儒主义等进行了无情的批判，即使到现在依然充满活力。人们才对摇滚乐有了一个新的认识，哦，原来摇滚并不只是单纯的音乐，摇滚原来是充满着批判、内省和呼吁的音乐。只不过，它的形式发生了革命性的变化，它少了古典音乐的和谐与优美，却多了古典音乐中不可能有的近距离的现实感，这种现实感也许很嘈杂，很冷峻，但很真实。如果说古典音乐可以滋润、陶冶人的心灵；摇滚乐则是人心的一面残酷却真实的凹凸镜。如果说古典音乐是将来自天国的晶莹的圣水接到我们的心灵里面，让我们的心灵得以净化；摇滚则是把我们的心中郁积的污水倾泻出来，让我们的心别被沤烂。如果说古典音乐将人类世界美好的一面展示给我们看；摇滚乐则是把那阴暗丑陋的一面揭示给我们看，让我们更为立体而真实，别光记着往一面抹润肤霜，而忽略了还要往另一面抹开塞露。进入了现代，音乐就是这样一分为二，互补着我们的生活。

鲁·里德说：“生活被摇滚所拯救。”

这话说得似乎有点儿大。但是现在谁也不会否定摇滚以及“地下丝绒”的价值和作用了。

现在，人们说，当初听“地下丝绒”的人很少，但当初听过“地下丝绒”的人后来都拿起了吉他去成功地做了摇滚。

当然，同前面说的那块掉在地下室地上的丝绒一样，这也只是一个传说而已。

36年之后，我找到了这张封套上印着安迪·沃霍尔那张黑了皮却依然鲜艳的香蕉图片的《“地下丝绒”和尼可》的唱片，有一种恍然隔世之感，时光流逝着不仅一个传说，更流逝着渐渐被人们遗忘的真理。36年

前他们所批判的诸如吸毒、性泛滥、享乐主义、犬儒主义……不是轮回般地又出现在我们的社会里，就在我们的身边不远而一点也不过时吗？

只是在这36年之中，尼可和吉他手莫里森两位女摇滚都先后去世，“地下丝绒”已经只会如标本一样存在于这张唱片里了。

我听这张唱片，忽然涌出一种奇异的想法。这张唱片诞生的1966年，正是我们的“文化大革命”爆发的那一年，同样作为年轻人，我们和他们在干着两种不同的事情。当初我们和他们肯定都认为是有意义的事情。36年那么容易就过去了，我们的有意义变成了没意义，而他们的有意义成为了永恒的意义。一代人的青春就这样流逝而去。

现在再来听“地下丝绒”，会觉得他们雪藏了36年似的，新鲜的味道依然清凉如昨，无论他们的音乐哪怕是加入了噪音的先锋性的实验，还是歌词中对现实生活的锋芒毕露的批判，都让我们觉得他们先知般在历史的那一端朝我们讪笑。我不得不回过头看沃霍尔曾经说过的那句话而重新认识这句话的意义，“地下丝绒”过去和现在都没有“披头士”出版过那样多的唱片，拥有过那样多的听众，但“地下丝绒”在我看来却是摇滚的教父，虽然当初谁也不认他们。他们却实在是一部摇滚的启示录，抒写着一代人直指混沌末世和世相人心的现代警世恒言。

2001年于北京

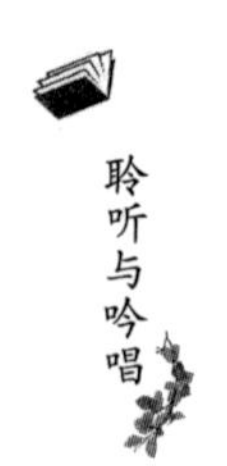

# 摇滚里的金斯堡

在摇滚暂短的半个来世纪的历史中，金斯堡的地位举足轻重。无论作为一个诗人，还是作为一个歌手，他对于摇滚乐的发展都起着至关重要的作用。许多摇滚乐队和歌手，比如鼎鼎大名的鲍伯·迪伦、约翰·列侬、·伦纳德·科恩、斐尔·斯派克、帕蒂·史密斯、“感恩而死”……都和他有过或深或密的交往，提起他，都会格外尊重，都会承认他们自己的音乐里不会没有他的营养。在他1997年去世之后，他们怀念他，不断唱他写的歌，朗诵他朗诵过的诗。

说金斯堡对于20世纪后半期发展起来的摇滚音乐起到画龙点睛的作用，并不是夸大其辞。我们现在已经很难想象上一个世纪的六七十年代欧美大陆是一种什么样的情景了，因为我们那时正在搞着疯狂的“文化大革命”，我们把红袖章红宝书和大字报大标语挥舞得满世界都是，自以为要解放全人类，却实际上闭国自锁，和世界隔绝着，我们根本不知道在这个世界上还有着金斯堡和摇滚音乐。只要想想我国第一代的摇滚歌手崔健等人只是在80年的初期第一次才听到了摇滚，便会知道我们该是多么的井底之蛙，和世界拉开了多么遥远的距离。

我们现在当然可以听那个时期鲍伯·迪伦和约翰·列侬的摇滚，读金斯堡的诗和凯鲁亚克的小说，但已经无法身同感受到那时真实的情景了，呼吸到那时的风，晒到那时的阳光了。麦肯锡主义对于民主的迫害，越战对于人心的摧残，黑人领袖马丁·路德的被暗杀，二次世界大战后青年一代的颓废和四顾的茫然……我们可以从教科书从电影里知道，但那一幕幕的惊心动魄毕竟只能够在我们的想象之中了。而作为社会反叛形象出现的摇滚，正是这样的背景中背起他们的吉他唱响在舞台上的。和他们前后脚出现的被称为的“垮掉的一代”的文学，必然是他们同气相求的同盟军。作为“垮掉的一代”的主力金斯堡的诗，当然更应该是他们遥相呼应的回声。这道理很简单，自古诗歌不分家。在诗诞生的最初时期，就是和歌联系在一起的，是为了唱，而不仅仅是为了看的。这在我国的第一部诗歌总集《诗经》里，每一首诗都是可以唱的，就可以充分地看出古今中外概莫如此。就是以后的唐诗宋词，也是可以吟的，所谓吟，和我们现在的朗诵不一样，其实也是唱的一种变种。只是我们现在的诗越来越躲在象牙塔里，变得看也看不懂，唱更唱不来，舅舅不疼姥姥不爱。

更何况，金斯堡是那样钟情朗诵，而且喜欢摇滚，他还曾经参加鲍伯·迪伦的巡回演出。他像一条蚯蚓，在诗和摇滚两块土中蠕动，将彼此的信息和信心传递着。从金斯堡的朗诵效果来看，他的这种朗诵和我们古代的吟有着许多相似之处，他的那些诗是专为这样的吟唱而写的，是和音乐有着天然的关联的。他进入他的朗诵中，便进入了一种忘情的境界。

还能够想象得到那时在旧金山的城光书店里金斯堡一边品着咖啡或一边饮着酒一边忘情地朗诵着自己的诗的情景吗？

还能够想象得出那时在鲍伯·迪伦和约翰·列侬如今已是一批摇滚大

师，而当年和他一样年轻的歌手身旁，金斯堡怀抱吉他演唱或朗诵的情景吗？

历史中那样激动的情景，岁月都在它们上面蒙上了尘埃。即使作为一只鸟一条鱼化做了生机勃勃的化石，也不会飞翔和畅游在我们的面前了。

我们只能想象。除此，我们只能感慨。

在一个时代的急剧变迁之中，一代青年用艺术和文学表达他们对世界的反抗，颠覆着并重新塑造起一代新的价值观念的理想的时候，我们正在自己和自己苦斗，将我们的文化和我们经济一样推向了崩溃的边缘。

如果没有听过金斯堡的朗诵，无法想象那时的样子。当然，现在听他的朗诵，也只是隔靴搔痒而已，只能够多少揣摩一些那时的情景。

金斯堡一生出了不知多少唱片，可以说他是以朗诵为职业的诗人。他自己说过：他的全部收入的三分之一来自他在布鲁克林大学当教授的薪水，三分之一来自他的摄影作品，另三分之一来自他出版的朗诵唱片所的版税。靠朗诵居然也可以赚来那么多的钱，这大概就是欧美和我们的区别吧。4 年前（1977 年），我到南斯拉夫参加一次国际作家大会，所到之处，南斯拉夫人都要举办诗歌朗诵会，无论老幼诗人都要朗诵自己的诗作，听得人那样多。亏了我去之前听说他们有这样的传统，带了一首儿子写的诗，否则真应付不了遍地开花的朗诵。令我奇怪的是，我用中文朗诵，他们根本听不懂，却听得那样津津有味。这要是在我国，简直不可思议。虽然，我们称为是诗的大国，有着历史中泱泱的唐诗宋词和如今多如牛毛的诗人。

我听的金斯堡的两盘唱片，分别是 1989 年出版的《为了真实的狮子》和 1996 年出版的《嚎叫》。音乐伴奏都是摇滚的风格，只不过前者用的是

吉他和钢琴、单簧管、双簧管、小号、萨克斯、大提琴等，极其丰富多彩；后者用的则是两把小提琴和一把中提琴、一把大提琴的四重奏。前者完全是一个大杂烩，后者则向古典靠近。百变于一身，这就是金斯堡的风格吧？

亲身听过金斯堡朗诵的我国诗人北岛曾经这样描绘金斯堡朗诵时的情景：“他就像疯狂的火车头吼叫着，向疯狂的听众奔去。”听这两盘唱片，我倒没有这样的感觉，金斯堡朗诵得平稳，并不故作玄奥高深，激情澎湃如一只发情的猫。男中音，嗓音很好听，底气十足，不到关键时刻一般不那样愤世嫉俗。就是朗诵他的代表作《嚎叫》，也没有北岛描绘的那种样子，到是开头那一句先道出《嚎叫》的诗的名字和“献给卡尔·所罗门”的题词，朗诵得声音不大，很深沉的样子。然后，是在大提琴暗哑的声音中流淌出诗中有名的第一句：“我看到这一代精英毁于疯狂，他们饥饿、歇斯底里、赤裸着身子……”他不过是语速越来越快，机关枪似的，不住地向你倾泻而来，有大珠小珠落玉盘的效果。他的声音确实好听，尤其有女性喜欢的那种磁性。而那四把提琴围绕着他的声音上下起伏，只是没有提琴原有的缠绵，多是尖锐的不和谐音，让我想去勋伯格为比利时的诗人吉罗写的诗伴奏的音乐《月光下彼埃罗》，有着异曲同工之妙，不过琴声更像是四把利器在浑浊的玻璃上划动。

金斯堡的声音在这样的音乐中自由自在地飞翔，他把诗和自己的心都融化在摇滚音乐之中。在这样的摇滚中，可以听出金斯堡的自娱自乐和自信。

金斯堡曾经以这样嬉皮士的方式说自己的诗，这是一句经常被人们引用的话：“我的西服五块，皮鞋三块，衬衣两块，领带一块，都是二手货，只有我的诗是一手的。”

他有这样骄傲的资本，他的诗确实是一流的，融化在他的摇滚里，也是一流的。

听他在《嚎叫》中这样朗诵着：“他们在爱达荷大街上闲观逛，寻找过去能看见幻境的印第安天使，真的印第安天使。他们认为巴尔的摩沉浸在神奇的光彩里，人们是发疯了。他们在冬季小镇的雨夜，一时冲动跳上小汽车，与俄克拉荷马的中国人通行。他们饥饿而又寂寞，寻找爵士乐、性和菜汤；追随那杰出的西班牙人谈论着美国和永恒，一个没有希望的任务，因此乘船去非洲……”

听他在《咒语》这样朗诵着：“圣洁我那在疯人院里的母亲，圣洁堪萨斯祖先们的阴茎。圣洁呻吟的萨克斯管风，圣洁暴普乐的启示，圣洁爵士乐队大麻颓废派寂静兰货和鼓。圣洁摩天大楼和人行路的孤独，圣洁自助餐馆被几百万人挤满，圣洁街道下面神秘地流淌着眼泪的河流……”

听他朗诵着：“赤裸的午餐我们感到自然，我们吃的现实三明治，但比喻却是过多的凉拌菜，别把疯狂的门掩盖起来。”

听着这样的诗，我们不能不为金斯堡感动。

虽然，这位既不饮酒也不抽烟只是一个同性恋的诗人，生前曾经有过让克林顿总统颁发给他一枚勋章和在纽约时报上介绍一下他的生平业绩这样两个世俗的愿望，但那只是在世俗的世界里，一进入诗的境界，他便焕然一新。有的诗，只是涂着口红印在脸上的唇印；有的诗，只是插在鸡尾酒杯口一片薄薄的柠檬；有的诗，只是悬挂在市政大厅门前的一面飘扬的彩旗……金斯堡的诗，不是这些。金斯堡的诗，以粗壮的手掌叩响时代的大门，撩动一代年轻人敏感的三角区。

金斯堡的诗，颠覆着一个时代，滋养着一个时代。

金斯堡的诗，为那一个时代的摇滚音乐注入了激扬的精液，长上了锋利的牙齿。

金斯堡和摇滚手挽手，便化为了一对飞翔的翅膀。

2001 年于北京

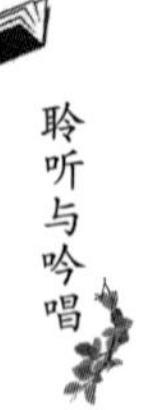


# 门旁凋谢的恶之花

## ——关于莫里森的笔记

### 1

那天的傍晚，朋友敲我家门时，我正在听“大门”乐队（The Door）莫里森（Jim Morrion）的歌。音响里的莫里森把我家唱得震天的响。朋友进门就问谁的歌这么好听？我告诉他们是“大门”的莫里森的歌。他们感慨道：“30年前的歌，一点也不显得旧，还是这样有现代感，还是这样好听！”

没错，事过30多年，再来听“大门”，听莫里森，一点不显得陈旧，料峭的风依然清新扑面，尖利而阴冷。好像时间停滞了，依然能够感受得到西海岸热辣辣的阳光和阳光一样热辣辣的情绪，海浪粗犷的呼吸一样节奏强烈地在汹涌澎湃。

也许，和我听的唱片有关，不是“大门”早期的歌，是莫里森最后的一盘作品《洛杉矶的女人》，已经不再是那样无节制的疯狂，布鲁斯的

味道很浓，音乐的旋律性加强，曼扎莱克的键盘敲打得有些古典的味道，嗓音变得有些粗粝的莫里森唱得很好听，衬托着清风朗月，有几分灯红酒绿的意思，甚至很有点时尚消闲的意思，很对我们中国人的口味。

其实，我们现在已经很难听出莫里森当年真正的味道了，虽然，唱片依然是1971年的出品，高保真的声音也清晰如昨，并没有长出发霉的青苔。但是，正是在这一年，1971年，莫里森在巴黎去世。他才27岁，生命凋谢得早了些。

我们确实已经很难听出莫里森当年的真正味道了。1965年，他和曼扎莱克、伯比、约翰三个朋友在洛杉矶成立了“大门”这个乐队时，我们正迫不及待跌倒在一场疯狂的大革命边缘；1967年，他们出版第一张唱片《大门》的时候，我们正在忙不迭地披挂上阵搞那场轰轰烈烈的“文化大革命”。20世纪的60年代，对于我们和他们这样同为一代人，所呈现出来的竟然是如此两种完全不同色彩和内容的画面。如果我们非要寻找其中的契合点，大概在于面对的都是世界的动荡和荒诞，区别只是我们以自己的行动制造着动荡和荒诞，而他们是用自己的歌来反抗着动荡和荒诞。

20世纪的60年代，对于这个世界确实是一个动荡和荒诞甚至血腥的年代。我们对于我们的60年代也许记忆犹新，对于美国人的60年代也许并不那么清晰，隔岸观火的我们那时正要拯救他们于水深火热之中。我们并不真的了解60年代越战、麦肯锡主义、暗杀、游行、经济的大萧条给社会和人心带来的动荡不安，我们便并不真的理解为什么会在那个年代涌现颓废派的文学和与它一脉相传的摇滚，我们也就很难真的明白出身将门之后的莫里森为什么放着好好的日子不过，偏偏对他那位海军上将的父亲那样恨之入骨，弑父情结不仅宣泄在他的第一首成名歌《结束》中，而且要在他即将告别歌坛甚至世界的时候也要吼起喉咙再唱一首歌，反叛得那样彻头彻尾、直言不讳："我们正在被平静的海军上将引向屠杀，那些肥胖的、迟钝的将军们，用年轻的鲜血保持淫荡。"（《美国祈祷者》）而在那个我们和他们共同拥有的60年代里，我们正在高呼着那副赫赫有名血统论的对联：老子英雄儿好汉，老子反动儿混蛋。而且，特别愿意用父辈的顶戴花翎装点自己的帽徽，以为唯有自己身上流淌的光荣前辈的高贵的血液永远鲜红，永远O型不变。

60年代！只要一提起那个60年代，我们该涌起多少感慨。或许我们永远听不懂莫里森在那个年代所唱的歌。我们会对他身穿紧身皮衣的形象感到陌生（其实那是他们那个年代的时髦装束）……无法想象和理解。但只要我们想一想那个我们曾经共同拥有过的60年代，我们就多少能够明白一点，其实我们和莫里森殊途同归是那样的相似，我们一样尽情地毫无节制地一点不懂得珍惜地挥洒着我们最可宝贵的青春，所不同的是我们把所有作为精神寄托的供品洒在了所谓的"革命"的祭坛上，而莫里森把自己的寄托化为了他疯狂的摇滚。

再一点不同的是：莫里森用他的摇滚唱出了那个时代但丁式地狱的黑暗和阴森，我们则把那个时代天真地唱成天堂般的狂欢。

在看奥利弗·斯通导演的电影《大门》里，看到瓦尔·基尔默扮演的莫里森时，这种感觉就越发强烈，不过是表现的形式不一样罢了，那种放浪形骸，大把大把青春疯狂地挥洒，乃至于生命不顾的蹉跎和荒废，只有在时过境迁之后才能够看得清楚和明白一些，却是此情可待成追忆，只是当时已惘然。

当然，诗、性和大麻，都成为莫里森摇滚中成功的元素，也成为莫里森摇滚中不可避免的杂音。莫里森一副青春漂亮的面容连同他的摇滚成全了他，最后也无情地毁灭了他。

也许，从这一点意义上讲，莫里森去世这30年来，他的唱片依然以每年100万张的数字畅销，我们也多少明白一些后来的人们依然怀念他喜欢他的一点点原因了。我们再看看美国本土对“大门”和莫里森时评论：“听过‘大门’的歌，你和父母共进晚餐的感觉将不再和过去一样。”“在‘大门’震撼人心的音乐里，莫里森竖起了属于他也属于一个时代的纯洁的墓碑。”多少会产生一些遥远的共鸣。

## 2

我在听莫里森的时候，常常忍不住将他和帕蒂·史密斯做着对比。

这样的对比，不是没有道理的。从本质上讲，莫里森和帕蒂·史密斯都是诗人。在摇滚歌手里，属于诗人的并不多。但他们两个人无疑是诗人，而且是相当不错的诗人。可以说，从一开始，莫里森就是想当一名诗人的。在圣地亚哥大学里读书时，他就迷上了波德莱尔和兰波的诗（帕蒂·史密斯也喜欢兰波的诗）。即使他后来唱起了摇滚，他依然迷恋着诗，他常常和别人谈话的时候，突然想起了好的诗句，就要随手赶快在小本子上记下来。在外出的日子里，他也要把写好的诗，通过长途电话念给他的女朋友帕米拉听。在这一点上，莫里森和帕蒂·史密斯一样，诗成为他们的生命，摇滚只是他们诗歌存在的另一种形式。

不大一样的是：诗，就像一只只鸽子，随时都会飞翔在莫里森的身上身下，或者说莫里森愿意把诗放飞成一只只雪白的鸽子，展现在他和我们共同的面前；对于帕蒂·史密斯来说，诗只是一只猫，蜷缩在她密室的床头，只独自伸出舌头舔着她自己的手心或头发。

还有不大一样的，莫里森唱歌时，性感表现得要比帕蒂·史密斯强烈得多，这是莫里森的资本，他是远远要比帕蒂·史密斯漂亮得多，性感得多，他明显走的是猫王普莱斯利的路子。他也比帕蒂·史密斯疯狂怪异得多，在疯狂和怪异之中，他比帕蒂·史密斯多一些自恋般迷醉的想象和浪漫，而帕蒂·史密斯则比他多几分阴郁和恍惚。如果说莫里森像是烈日炎炎的天空，帕蒂·史密斯则像是没有一颗星星的沉沉的夜空。听莫里森，让我有时发热，听帕蒂·史密斯则常常让我感到有些冷。

莫里森总如火山口上疯狂劲舞的精灵，帕蒂·史密斯则是冷雨淋湿的河流。

莫里森如一具裸体的大卫雕像，帕蒂·史密斯则是一身黑衣的女巫。

如果他们确实都是属于诗人的话，帕蒂·史密斯是属于颓废的诗人的那一种，莫里森则是地地道道的堕落诗人的典型。

帕蒂·史密斯是里尔克笔下“四肢紧张的静寂”的豹子，莫里森则是波德莱尔诗中的那朵“恶之花”。

除此之外，他们在摇滚和诗歌中拥有着共同的颓废和绝望。只不过，莫里森的颓废像是燃烧的火，将他自己和一切烧成灰烬；帕蒂·史密斯的颓废像是一潭泥塘，慢慢地将我们陷进去，一点点浸透我们的衣衫和骨髓。莫里森的绝望是唱出来的，不甘心的声音绝望地飘向云天，撕心裂肺，袅袅不散；帕蒂·史密斯的绝望却是表现在歌词飘散之后，荡漾在静默而枯寂的空气里。就像莫里森唱歌时尽情地扭动着身体，如同灵蛇四动

喷射着火焰般的信子，而帕蒂·史密斯没有那么多的肢体语言，她唱歌时几乎是双手垂落，细高的身子一根葱似的笔直地站着，只是偶尔神经质地挥动着枯枝般的手臂，蚯蚓似的青筋历历可见。

面对同一个颓废动荡的时代，帕蒂·史密斯的歌和她的内心深处是乐观的，她说“60 年代死了许多的人，人们应该冷静地坐下来了”；她说“我主要的秉性可能是乐观的”。她是相信天堂的存在的。莫里森不相信天堂的存在，他顽固地认为地狱才是唯一的彼岸。悲观是他摇滚和他生命的核心，他不止一次地将这种悲观的痛苦和死亡做比较。他说：“较之死亡，生命的痛苦更深。只有死亡到来，痛苦才能结束。我猜想，死亡就像一个朋友。”他同时还说：“死亡让我们都成为天使。”我想，大概正因为如此，科波拉在导演他的那部《现代启示录》时，在电影充满死亡恐怖的战争屠杀场面中才选用了他的歌《结束》吧？

《结束》确实是一个属于 60 年代的形象。

《点亮我的火》也是一个属于 60 年代的形象。

所以，我说莫里森是那个时代摇滚歌手中少有的诗人。一般歌手和诗人的区别就在于歌手只会唱雪月风花的后庭之花，而诗人却能够唱出那个时代最动心和最恸心之处。

## 3

明白了这一点，我们也就明白了为什么正在莫里森摇滚生涯鼎盛时期，他会毅然决然地离开了摇滚离开了美国，带着他的女友帕米拉来到了巴黎。他厌倦并毫不犹豫地远离了那些在别人看来格外羡慕的名誉地位和金钱。谁能够像他这样做得到？浅薄的歌手为了多出一盘盒带多登台几次亮亮相，不惜拜倒在石榴裙下或投入大款的怀抱；伪诗人更可以在刚刚写完告密信后立刻写效忠的诗。或在刚刚手淫之后立刻写出纯真无比的爱情诗。功成名就的摇滚名家赚了大把大把的钱，即使不再唱了，也会买辆高级轿车，在郊区再买幢豪宅，或是投资商业，办个自己的公司，顶不济也要开家咖啡馆……这样的例子随手可以举出许多，艺术和商业就是这样迅速地完成了从猿到人的转化，已经成为一种值得骄傲的时髦。

莫里森看透了这一切，他视这一切如浮云粪土。他来到了巴黎。他在巴黎一间并不大也不豪华的公寓写诗。在他写的那些诗里有一首诗，他这样愤世嫉俗地说："我要在所有的美国音乐上面，尽情小便。"

莫里森抛弃了浮华热闹的一切，来到巴黎，不是为了别的，而是为了写诗，能够在一个他认为富于艺术气息的地方安安静静地写诗。

现在还有这样的诗人吗？

仅仅这一点，就足以让我原谅了他以往的酗酒、性乱和一切寻欢作乐的放荡不羁等等的劣迹斑斑。

诗和他的堕落是莫里森的正反两面。他往昔那种将麦克和酒瓶齐飞、大麻共乱性一色的失控与疯狂，正是他对诗追求而不可得的放纵的自残，是诗韵乱了阵脚而散落一地而长成满眼的荆棘。

他来到了巴黎，就是要把这些散落的诗韵重新捡回来。他自己说过："我们原来是在山脚下疯狂起舞的精灵，如今变成了在黑暗中凝视前方的眼睛。"

据说，他在巴黎疯狂地坐在打字机前写诗。不住地写，写，直抵地狱之门。

1973 年 7 月 3 日，心脏病突发，他死在自家的浴缸里。有人形容他头耷拉在浴缸旁的样子像是大卫画的那幅名画《马拉之死》。如果有画家为他也画一幅画，名字应该叫做《诗人之死》。

他是一个真正的诗人。

他被埋在巴黎的拉雪兹墓地。那里埋有他学生时代就喜爱的诗人波德莱尔。他可以和他并肩长眠在那里，那里肯定有无数的诗和青草鲜花一起开放在他们的周围。

在他窄小的墓地里，那块灰白色的墓碑上只简洁地写着："詹姆斯·道格拉斯·莫里森（1943—1971）：诗人、歌手、作曲家"。

将"诗人"这有称谓写在最前面，是对的。莫里森确实是一个诗人。

10 年之后，1981 年的 7 月 3 日，"大门"乐队的其余三个人：曼扎莱克、伯比和约翰相聚在拉雪兹墓地莫里森的墓前，面对歌迷一首首唱起莫里森生前唱过的歌。虽然，在莫里森在世时由于莫里森的放纵和癫狂，他们曾不无责怪地说自己简直是他的保姆，不住地替他擦屁股，而对他怨恨不止。但是，只有他们才理解莫里森。毕竟他们和他是同一时代的人。在墓地，他们三人喝光了带来了一瓶红葡萄酒。那情景，想想都会让我感动。

今年是莫里森死去整整 30 年。不知拉雪兹墓地前还会不会有他们三人，还会不会有那些没有遗忘他的众多的歌迷。

就让他安静地躺在那里吧。"当音乐结束时，请将灯光也一并熄灭。"——这是他在歌中唱过的。

2001 年于北京

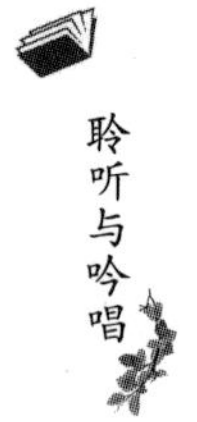

# “这这”三部曲

## 1. 摇滚的戏剧

《灰尘》是张1993年的专辑。

“这这”乐队（The The），其实一直就是马特·约翰逊（Matt Johnson）一个人在折腾。虽然伴奏的成员不停在变，但作为主唱和吉他手的位置，马特·约翰逊总是坚守着自己，树扎了根似地咬定青山不放松。他14岁成立了这个莫名其妙叫做“这这”的乐队，从1981年出版了第一张专辑《奔腾的忧郁心灵》到现在，20余年来就是靠自己一个人包揽了词曲创作和演唱演奏，扯起旗杆，独闯天下，笑傲江湖。有的人，天生就是唱摇滚的，正如有的人一辈子得靠伪装过日子，唱歌只是为了挣钱或混个脸熟儿。

马特·约翰逊和他的“这这”在英国摇滚歌坛上可算得上个大牌儿。

可是，说实话，《灰尘》这张专辑，我不大喜欢。开头的第一首歌《这样是真正的幸福》，他先饶舌说了一大段独白，抑扬顿挫，还夹杂着

观众的呼应，大概是想与众不同，先声夺人，有点故弄玄虚样子。然后才是低沉的吉他伴奏下的吟唱，有意压低了嗓音，极其夸张，像大幕开启后独角戏人物出场的开场白，摆开了架势，显得有款有型，来博得观众的注意。

第二首《爱情比死亡更强大》，要好听多了，自然多了，吉他声、玻璃琴的伴奏也明朗多了。他的嗓音其实是具有磁力的，很好听，很男人的那种。不过，依然是夸张的演唱，用了不少的气声和假声，让我能想起20多年前流行音乐刚流入我们国家时不少人唱歌时用的就是这样的气声和假声，那时颇得到大家的欢迎，现在听起来总觉得不那么真切。虽然能够感受到他的嗓音的可塑性很强，变幻极大，不过时而眉头紧锁故作低沉时而拔地而起激昂狂放的声音，真是让人难以忍受。听他的歌，让我想起戏曲或歌剧里的花腔，是属于那种戏剧化的唱法，很抒情的那种，把情感抒发得起伏跌宕，上天入地，呼风唤雨。听他的歌，即使不看他的现场表演，闭上眼睛，也能够看到他歌声里涂满了色彩缤纷的表情。

他的歌词我也不大喜欢，太宏观，完全走宏大叙事的路子。《这样是真正的幸福》里他这样唱："有的时候我要的越多，得到的越少。真正唯一的自由，是从欲望中解脱，真正的幸福就是这样的……"和老师的谆谆教诲差不多，充满干涩的说教，并没有多少新鲜的内容和让人耳目一新的词句。《爱情比死亡更强大》中他这样唱："眼泪有时会蒙蔽眼睛，但灵魂不会被欺骗。当眼泪流干时，河水上涨时，看蓝天来了，春天来了……"多像我们在各种各样的晚会上听到的不止一次大同小异的演唱，最爱把春天给抻出来玩弄小猫似的谁都可以摸一把，可怜的春天让他一样弄乱弄俗了。

作为后朋克的大牌儿，马特·约翰逊不应该是这样。这与我想象中的“这这”相去甚远。那种纯英式的风格哪里去了？只能都变成了夸张？将硬性的摇滚变成了他祖先莎士比亚表情丰富的戏剧？让他的歌声散发着过多黏乎乎的芬芳汁液的表情？在他刚刚出道时在《奔腾的忧郁心灵》中闪现的那种灵性空明如深潭幽水、神秘旷远如寥廓霜天的感觉哪里去了？

莫非14岁时年轻纯净的气息已经随岁月一起流逝？1993年出版这盘《灰尘》专辑时，马特·约翰逊已经26岁了。不过，要说26岁也不老呀，还是处于青年的时期，那么快就把嘴唇上那一层绒绒如同青草一样的胡须变成了硬硬的棕毛刷子了吗？岁月真的是一个严酷的雕塑师，才短短12年过去，就可以将一切雕塑得面目皆非？

## 2. 民谣的力量

《向汉克致敬》是1995年出版的专辑。

这是一盘非常好听的磁带。虽然在磁带的封套上，马特·约翰逊印上自己将胡子画在了眼睛下面的夸张，但整个带子里的歌却没有一丝的夸张，而是那样的舒缓平易，荡漾着柔情的涟漪。两岸猿声啼不住，轻舟已过万重山，歌声是那样迷人，回味荡漾。伴奏也极其动人，干练的电吉他声不那么浑浊或刺耳，清风习习的样子，拂动着树叶飒飒作响，幽幽的回响特别让人揪心地感到怅惘。层次清晰的器乐如风相随地配合着，如一层层的浪花缥缈地从天而来又叹息地向大海的远处一层层飘去，间或还有恰到好处的女声在细若无声地轻轻伴唱，柔和而透明的羽毛般在头顶上空款款地飞，伸手可触。

如果拿这盘专辑和《灰尘》相比，简直想象不出他会是出自同一个人之口。变化之大，犹如一只风雨中展翅的鲲鹏一下子变成了阳光闪烁下的树林里的小鸟。

这是一盘完全翻唱汉克·威廉姆斯（Hank Williams）的歌曲的磁带，汉克是一位活跃在20世纪40年代民谣歌手的代表人物，他将乡村民谣、酒吧音乐和黑人布鲁斯融合在一起，删繁就简把伤感的爱情歌曲尤其是把那种近乎绝望的爱情歌曲唱得格外缠绵动人。这位天才的歌手将乡村民谣唱得出神入化，却一辈子命运不济，出身贫穷让他总是逃脱不开忧郁影子的包围，在他仅仅30岁时因吸毒就悲惨地死在汽车后座上。那一年是1953年，马特·约翰逊还远远没有出世。不知为什么他要在汉克去世了40多年之后的1995年、自己28岁的时候翻唱汉克已经过去了半个多世纪的老民谣？

我不知道马特·约翰逊是经过了沙里淘金有意的选择，还是不经意间的心血来潮，让他和汉克在这时候相逢？我不知道1995年那一年在马特·约翰逊个人的生活中到底发生了一些什么？让他忽然从高空中跌落下来，收敛了昂扬振动的翅膀，走在乡间的泥土地上，是为了重新闻一闻已经久违的泥土的清新气息吗？还是有什么微妙的或巨大的感情漩涡裹挟着他的歌声情不自禁地向汉克靠拢，让他在汉克的乡村民谣里找到了息息相通的共鸣，就像脱下了繁文缛节的礼服，赤裸一下身子才能下水和透明的水珠肌肤相亲？

我不知道，我和马特·约翰逊和汉克·威廉姆斯离得都是那样的遥远。我只能私下揣测，因为我清楚地知道一个人是不会那么轻易地走回头路的，尤其是在28岁那样年轻的时候，正是无所不在的所向空阔、风入四蹄轻的时候，他还远远没有到只能戴上老花镜翻看旧相册来怀旧安慰自己的年龄。他如此还有深情地找到了汉克，是把汉克引以为知音的，旧瓶装新酒，即使新酒的色泽和味道已经不尽相同，但其中沉淀到底的意思的一样的，那种人类情感的醇厚和挚切、忧郁和无奈是一样的。因此，虽然是翻唱，马特·约翰逊已经把汉克的那些歌进行了重起炉灶的变幻，他不仅把音乐做得更加精致动人，而且唱出了他自己的韵味。但是，不管他走了多么远，毕竟沿着汉克的路在往前走，他只是把汉克那至今仍然魅力无穷的乡村民谣的影子拉长，或者说他一直都没有走出这个庞大而迷人的影子。

一个有着浓厚的乡村民谣传统的国家，真是十分的美好，而且得天独厚。当人们想要表达自己的感情的时候，他就多了一个取之不尽用之不竭的源泉，他就既可以自己去天马行空地创作，也可以用这种来自民间的传统进行新的阐释，所谓去借酒浇愁。其实，想一想，并不只是马特·约翰逊和汉克他们那里有着这样的传统，我国的这一传统是多么的丰富，当我们想到爱情的时候，我们有古老的诗经“关关雎鸠，在河之洲”；当我们想到前程的时候，我们有悲愤的楚辞“路漫漫其修远兮，吾将上下而求索”；当我们想到乡愁的时候，我们有浩瀚的唐诗“共对明月应垂泪，一夜乡心五处同”；当我们想到友情的时候，我们有美丽的宋词“但愿人长久，千里共婵娟”；当我们想到家的时候，也不仅仅只剩下了肯基金呜咽的萨克斯《Going Home》，而是还有我们平易近人的元曲“古道西风瘦马，小桥流水人家”和“碧云天，黄花地”……我们的土壤是多么的丰饶肥腴，我们的泉源是多么的源远流长。更不用说我们拥有众多少数民族多如灿烂星辰的民歌，“好一朵茉莉花”，可以让从来没来过中国的普契

尼偷走运用，却在我们自己的摇滚和流行音乐中，注重的只是外国音乐的元素和新潮，却偏偏忽视或轻视了自己的悠久的诗歌传统和民谣营养。

马特·约翰逊是聪明的，也是敏感的，他起码能够纠正我们对后朋克的一些偏见和误解，他以后朋克少有的缠绵和对世俗感情水乳交融的融合，将汉克同时将乡村民谣重新处理的那样水到渠成。或者应该这样说，是汉克和乡村民谣使得他在四顾茫然的跌撞之中找到了一条最朴实的归家的路。他才有了一种恍然大悟的感觉，完全可以用后朋克的悲情来表达以前民谣中的悲情，他才和汉克在上一个世纪末走到了一起，对于他们两人来说，民谣的抒情的传统，让他们契合，隔着半个多世纪，让那以前清澈的水和如今浑浊的水流在了一起，那水流不那么汹涌，甚至不大不急，只是浅浅的，隐隐的悲情如游鱼和落叶水草一样辉映在那里，却是明月松间照，清泉石上流的一幅画，湿润了我们久已干涸的心。

这就是民谣的力量，当你痛苦的时候，它们早已曾经痛苦，它们和你一起唱的时候，你就不再过分的痛苦；当你孤独的时候，它们早已曾经孤独，它们陪伴你一起唱的时候，你就不再孤独了。就像鲍伯·迪伦在1993年出版的专辑《世界变错了》中翻唱的那些美国早期的民谣小调一样，赢得了不仅一个人的心，民谣有那样的魅力和魔力；也就像列侬唱的那样“有人说我是一个做梦的人，但我不是唯一的一个人”。

在这盘《向汉克致敬》的专辑的封套里印着一张汉克光着胸膛瘦骨嶙峋的照片，照片的旁边有马特·约翰逊特意为汉克写下的一段话：“很少有歌手如他一样表达这样深的对爱情的渴望、孤独的深深苦痛，既昏暗又甜蜜。尽管他不是接受过正规教育的人，但他把纯洁的未经稀释的痛苦转变为简洁的歌，但包含着深刻的美丽。”

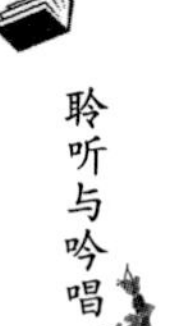

这是马特·约翰逊表达的对汉克的感情，也是对民谣的感情。

同时，这也是时间磨洗不去的民谣长存的魅力和力量。

## 3. 裸露自己

《裸露自己》是1999年出版的专辑。

虽然，依旧有着马特·约翰逊惯有的那种戏剧性的痕迹，但很动听，有着那盘《向汉克致敬》的柔美与感动。不知是不是他向汉克靠拢之后有了醒悟，有意重走回头路，在尘土飞扬的老路上不顾落满了一身的灰，而找了那种尘世的感觉，嗅到了呛人的灰土的气味，也比强打着精神端坐在缥缈云端上要好。摇滚的出路，并不一定不是天堂就是地狱这样极端的选择，走在结实的土地上，哪怕并不都是路两旁鲜花怒放绿树成荫，也没什么，也可以是一种惬意的事情。

比起《向汉克致敬》来，这盘专辑更富有现代性。很显然，马特·约翰逊走在了汉克的老路上，并不想一味地和他一样的步履蹒跚，而是想在不变之中有些刻意的变化，起码修一修那条老路，不见得非得把路修直，但也要修得平整一些，或许在路的中央再修一座现代化的凉亭或喷泉。

尽管有着这些变化，听这盘专辑时，总还是让我想起那盘《向汉克致敬》。民谣的血液有时就是这样奔突着，带有强烈的遗传印记。马特·约翰逊不仅依然继承着民谣那平易简练又美丽动人的旋律，同时继承着汉克对平凡人的人生的海葵触角般细微而敏感的感触，他告别了在《灰尘》中曾经有过的那种宏大和空泛。

在《天气美女》的歌里，他这样唱道：“一个寒冷却洒满阳光的午后，坐在一间充满烟的房间，喝着葡萄酒，数着站在门厅那儿的一个女孩脸上笑开的皱纹，穿过她的肩膀是一个逐渐变冷的世界。我觉得自己在逐渐变老，而且慢慢地不再清醒。这是我们第一次也是最后一次见面，正像冬天树的落叶。陌生人能够触摸到爱情达不到的地方。”他将拥有葡萄酒和和煦阳光的美好冬日里的爱情的失落的反差，唱得那样委婉而情景交融。那种失恋的忧伤，太像是汉克。我想起在那盘《向汉克致敬》里，他曾经唱过的汉克的旧歌《我的酒里有眼泪》，那首歌里有这样的词：“我一直喝酒，一直喝到连脚趾都不回动。可能那时我的心才才不会伤痛。我的酒里有眼泪，因为我在为你而哭泣。”同样是失恋的酒，只是这一次马特·约翰逊在酒里不再融入眼泪，而是更伤痛地穿越爱那依然阳光灿烂的女孩的肩膀，却无法如没事的陌生人一样抵达爱情达不到的地方去解脱自己。很显然，马特·约翰逊比汉克将失恋的感觉唱得越发含蓄而感伤，眼泪没有落进酒中，更加灼伤自己的心房。

在《幽灵墙》里，马特·约翰逊这样唱道：“当窗帘慢慢地卷起，感觉到却没有听到。她不仅仅是一个记忆，但她生活着呼吸着。当你睡不着的时候她注视着你，当你哭泣的时候她跪在你的身边。咳，别害怕，也别跑开，痛苦会变成你的朋友，感觉把墙会瓦解。因为唯一的不变的事情，就是所有的事情都会在变……”我想起在上一盘《向汉克致敬》中他唱过的汉克那首《欺骗的心》：“当泪如雨下的时候，你辗转反侧叫我的名字，你如我一样走过楼梯，你欺骗的心将要告诉你自己……”只不过，这一次，他把楼梯的背景换为了窗帘，飘曳而慢慢地卷起，而哭泣并没有改变，所有的梦魇般的欺骗和分离、痛苦和失眠，都没有丝毫的改变。他

和汉克就是这样的爱情中徘徊不止，并没有走出多远的路。

如果说，那一次，他是借汉克之酒浇自己胸中之块垒，那么，这一次，他现身说法，是在用自己的心唱出自己的那一份感伤和苦痛，那种和我们所有庸庸碌碌日子一样的单纯和平易，那种摒弃了一切的奢华喧嚣的简洁和洁净，与其说是一种返璞归真，不如说我们生活的自身就是这样子。马特·约翰逊自己很清醒地知道，在一个早已经和戏剧挥手告别的时代，在一个已经变成失去了韵脚的散文时代，他没有必要再做哈姆雷特或麦克白似的戏剧性的造型，那或许可以在博物馆里或在小剧场里一显身手，在实际的生活中，在摇滚的世界中，它多少显得有些造作和隔膜。

马特·约翰逊回到了自我。他找到了感觉，静静地坐在那里，没有夸张的表情，不需要多余的装饰，让午后的阳光洒满在他的身前身后，而将自己留在影子里。

2001 年 9 月于北京

# 上一代的保罗·西蒙

我几次让孩子在买磁带的时候替我买几盘保罗·西蒙（Paul Simon）的带子，他都没有买，而且对我说："有什么听的？"对于保罗·西蒙和鲍伯·迪伦，他态度是那样截然的不同，他一直以为虽然他们是同时代人(他们同样出生于1941年)，又同是民谣的唱法，但保罗·西蒙远远地赶不上鲍伯·迪伦，他的音乐变化不大，唱年轻人爱情青春的歌词又太腻太浅，是无法和博大精深的鲍伯·迪伦相比的。

或许，这就是如孩子这样年轻一代和我们这样上一代的距离和区别吧？

或许，保罗·西蒙就是属于上一代的歌手。

一代代就这样拉开了明显的距离，给人以逝者如斯的感觉。保罗·西蒙真的是老了，和我一样的老了，无可奈何。但我确实是喜欢保罗·西蒙的歌，这样一想，让我忽然更加感到和保罗·西蒙竟然有一种同病相连的意思，逝去的一切日子都显得苍凉而尘埋网封起来。真的是这样吗？保罗·西蒙的歌，只是我自己顾影自怜珍藏的一张老照片而已。

不过，提起20世纪60年代的摇滚，能够不说保罗·西蒙吗？就像不能不说鲍伯·迪伦一样是不可能的。那时候，他的歌，《忧愁河上金桥》、《寂静之声》、《斯镇之歌》、《星期三凌晨三点》……一首首都是那样的好听，哪一首不能让人引起属于那个时代的回忆？

其实，我知道保罗·西蒙要晚得多，大概是在80年代，或者比这还要晚，整整比保罗·西蒙出道要起码晚了20年。不过，他歌中流露出那种青春的情绪，是不受岁月阻隔而能够相通的。其实，那时，我虽然是在大学里读书，但因为隔着一场“文化大革命”，青春已经过去了，但心理上依然还顽固地固守在青春的痴想与梦幻中。也许，正是这样年龄和心理上的落差，让我选择了保罗·西蒙，而没有选择当时正热门的邓丽君。

保罗·西蒙在他还在大学里读书时唱过一首歌，这首歌没有出名，以后他也没有再怎么唱过，他当时却是青春洋溢又不乏伤感地这样唱的：

“你读着你的艾米莉、狄更斯，
我读我的罗博特、福斯特，
我们用书签寻找自己失落的地方。
仿佛是蹩脚的诗，
我们是失韵的词。
失韵的词句，
在音节的切分处，
在悠闲的谈话中，
肤浅的叹息在我们周围。”

这首歌唱的有些文绉绉，却很像当时我们在大学里读书的情景，我和

保罗·西蒙便没有了不息息相通的可能性，即使只是一些“肤浅的叹息”，也一下子一拍即合。在青春刚刚逝去又那样的不甘心逝去拼命想抓住它的尾巴那段特殊的日子里，不管什么样“肤浅的叹息”也是美丽的。

在孩子对保罗·西蒙的批判中，我知道他和鲍伯·迪伦的差距，但干嘛非要让他也成为鲍伯·迪伦呢？就让深刻存在，也让肤浅同时存在吧；就让一条汹涌的大河存在，也让一湾清浅的小溪水也存在吧。他自己也知道自己的所长所短，他曾经说过：“我的声音不是那种穿透力和震撼力的声音，我的声音听起来很软。”所以，他说他喜欢 Samcooke 的歌，并受他的影响很大。我没有听过 Samcooke，我就是喜欢他那清浅甜美而松弛的歌喉，喜欢他那通俗易懂像大白话一样的歌词。他不造作，不故作高深，不玩假深沉，也不虚情假意，不像我们有些歌手似的只会唱些千篇一律假大空的晚会歌曲，更不像有的歌手口不对心一边慷慨激昂地唱着主旋律一边开着土大款送的豪华车赶去和土大款上床睡觉。

能够想象得出他抱着一把吉他边弹边唱的样子。最好是他最初用的那把木吉他。阳光挥洒着他，或是月光辉映着他，风吹乱他的头发和衣襟，迷倒众人那和加芬克尔风雨相随的合唱……那样子总是能够浮现在我的面前，在那种很平易很随意的样子，是那种很青春很清纯的样子。我看过一张他的唱盘封套上画着一支女人修长而性感的大腿弯曲下，站着头戴博士帽身穿一身黑衣的保罗·西蒙，不应该是这样子的。这样子和我的想象大相径庭。我想象中的保罗·西蒙应该总是抱着他那把木吉他，歌声和他的眼睛一样清澈如秋水长空。

以后，保罗·西蒙跟着鲍伯·迪伦也用上了电吉他，再以后他的音乐里出现了钢琴和管弦乐，乃至跑到南非学了好多黑人音乐，虽然在商业上获得了成功，我都以为无法赶得上他早期的歌声。那时是充满着真挚感情的歌声，是洋溢着青春生命的歌声。那些歌声如他的木吉他一样淳朴无华，却感人至深。在音乐中，是可以分辨出真假来的，真情是可以听得出来的，人可以造假，音乐不能，我原来曾经说过："音乐和人一样透明"，其实，我错了，应该说："音乐比人透明"。保罗·西蒙的早期的那些动人的歌声，就是这样透明的音乐。

《寂静之声》已经唱了30年，保罗·西蒙还在唱。这首当年为电影《毕业生》谱写的插曲，和电影获得奥斯卡一起走红。

"你好，
黑暗——我的朋友，
让我们再来交谈，
有个幻想在我的梦中缓缓爬行，
无声无息地深深地植入我的心田，
我的脑海，
回荡着那寂静之声。
在无尽无休的梦魇中，
我独自走在狭窄的鹅卵石的街道，
在昏暗的街灯下，
我勒紧衣领躲避风寒。
当霓虹灯光突然划破夜空刺伤我的双眼，
我触摸到了那寂静之声……"

寂静之声，是属于那个青春季节里的一种梦幻，一种意想，虽然我们明知被四周越来越喧哗所包围，但我们还是在这样一次次地痴人说梦。难道我不是也这样吗？一直到大学毕业，真正走向社会，一直到耳膜被锻炼成刀枪不入，与一派天籁的寂静之声彻底绝缘。

《我是一块岩石》中唱的："我是一块岩石，我是一座岛屿。岩石没有痛苦，岛屿不会哭泣。"直白浅显，像是中学生的作文中爱引用的格言。但是，我不是一样在那段日子里相信这样的格言，并极其天真而可笑地抄过不少这样类似的格言警句吗？

《这些年后仍让疯狂》中唱的："昨晚在街上碰到我以前的情人，它似乎很高兴地见到我。我也报以微笑，我们谈起许多往事，灌了不少啤酒，岁月流逝，疯狂依旧。"那一份真情邂逅的激动与疯狂，实在是让人感动。

还有那首有名的《忧愁河上的金桥》，每一次听都会感动。

"当你疲惫无助，
当你眼含泪水，
我会为你擦干。
我与你站在一起，
当你举步维艰，
举目无亲，
我愿倒下，
用身体为你架起忧愁河上的金桥……"

同样有名的那首《斯镇之歌》：

“你是否要去斯镇，
请代我向一位姑娘问好，
它她曾是我挚爱的恋人。”
“告诉她为我做一件亚麻衬衣，
不必真的穿针引线，
她又会成为我挚爱的恋人。”
“告诉她为我寻一方土地，
在海水和沙滩之间，
她又会成为我挚爱的恋人。”
“告诉她用皮镰刀收割，
把石楠花扎成一束，
她又会成为我挚爱的恋人。”

四段歌词的副歌都是用一连串的意象“芫荽、鼠尾巴草、迷迭香和百里香”一唱三叹，反复吟唱，让我想起罗大佑的那首《鹿港小镇》，太相像了，完全可以看出保罗·西蒙对罗大佑的影响。

我最喜欢的是他的那首叫做《归途》的歌。那是保罗·西蒙自己真实的写照，也是我们所有人真实的写照，我们谁不是行色匆匆地奔走在离家又渴望归家的路途之中的呢？归途是我们一生心情和行为的象征。保罗·西蒙深情地唱道：

“我手握车票坐在火车站上，
即将奔赴又一个目的地，
旅行箱将陪伴我这一整夜，
还有手中紧握的吉他。
每一个小站，
都在孤独的诗人和乐手美妙的计划中。
归途，
我的希望，
归途，
故乡是我的思念……”

那一声声归途唱得人心紧蹙。

保罗·西蒙就是这样把我们平常人青春时节的爱与恨、感动与激情，希望与梦想，用一种平易的方式，一种挚切的感情和吟唱的民谣之风，娓娓道来，蒙蒙细雨一般，渗透进我们的心田。这种方式，也许真的是属于上一代了。即使作为先锋的摇滚，也似乎落伍，显得不那么前卫。这种吟唱，也许更真的是属于上一代的音乐形式了，让年轻人觉得有些磨磨唧唧。也许，保罗·西蒙的歌只能让我们怀旧，保罗·西蒙只是一枚上一个时代的标本，陈列在岁月的风尘中和我们对逝去青春的怀想和怅惘中。

2001 年于北京

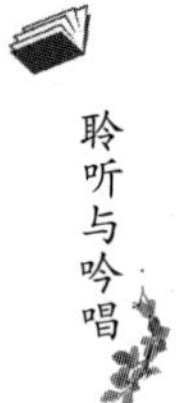

# 关于老鹰

老鹰（Eagles）是美国一支老牌的摇滚乐队。20 世纪 70 年代，在美国的他们曾经风光一时，最有名的《加州旅店》一张专辑就卖出了 1100 万张，一支老鹰，短短几年光景，就为美国卖出 4 亿美元，让同行望洋兴叹，酸掉下巴，是摇滚乐绝无仅有的奇迹。1979 年，乐队解散，乐手们漂流各方，直到 1994 年不知出于什么原因，他们心血来潮，重新复出，而且进行了他们的全球巡回演出，推出他们的新唱盘《地狱解冻》，居然宝刀不老，梅开二度，一下子卖出 500 万张，让那么多歌迷依然痴迷而不能释怀。真是匪夷所思，据说现场演唱会最高门票一张要 115 美金，是少有的高价（那也没有我们在故宫午门前的三大男高音的演唱会的票价高），25 万张门票短短几个小时被一抢而空。歌迷同球迷一样，有时是最无法理喻的一群。

我找到了一张《加州旅店》的 DVD 来听。重新走到一起的那 5 只老鹰，都已经老了，头发都白了，一脸的沧桑，歌声中也透着几分苍凉。现场的歌迷疯狂得让我有些吃惊，好多人岁数已经不小了，却个个像是吃了伟哥似的年轻了起来，我不知道他们为什么那样激情洋溢而不可遏止。我

真的没听出能让我激动的什么来，我就像一个局外人一样，站在海边，任他们那样汹涌澎湃，沾不湿我身上一星飞溅过来的浪花。

一身牛仔的他们唱得不错，放松得很，潇洒得很，喃喃自语一般，倾诉感极强。优美的和声不错，音响的效果也不错，尤其是几把吉他、一个架子鼓配合着幽雅的弦乐乐队和清如雨珠滴落飞迸的钢琴，此起彼伏，摇曳多姿，音乐本身显得很浑厚悠扬，作得精致而认真。但是，我只能说是不错，看他们五人鬓发斑白的样子，再怎么敞着怀，胸脯松弛的肉已经显现出来。再看他们年轻时的照片，觉得有点似是而非，甚至有点滑稽的感觉。严格地讲，他们也算不上是真正意义上的摇滚，只是乡村民谣略加以改造的摇滚，很司空见惯的东西，开始会让你以为是约翰·丹佛的翻版。我实在听不出那些歌迷为之疯狂的旋律。也许，每一个音符的意义因地域不同而不同吧，就像橘易地而成枳。

每一个时代会有一个时代的音乐，这个时代的音乐就成为这一代人的精神饮品，在当时和以后回忆口渴时饮用。便也成为这一代人心头烙印上的钙化点或疤痕，成为这一代人抹不去的记忆的一种带有声音图案的标本，注释着那一段属于他们的历史。就像一枚海星海葵或夜光荧螺，虽然已经离开大海甚至沙滩，却依然回响着海的潮起潮涌的呼啸。

想到这一点，便也就理解了为什么有那么多的人为老鹰的这盘新唱盘而疯狂。

1971年，当鼓手唐·亨利从得克萨斯州的一个小镇、吉他手格伦·弗雷从底特律、贝司手兰迪·迈斯特从内布拉斯加无所事事地在洛杉矶走到了一起，他们有一种一见如故的感觉，胸中涌出的想法，让他们相见恨晚而一拍即合。后来加入的伯尼·利顿和唐·菲尔德，原来都是给别人的演唱当伴奏，一样籍籍无名而渴望出名，一样囊中羞涩而渴望富有。那时，他们都是二十三四岁的年轻人，住在廉价的公寓里，坐上音乐这辆并不新颖的大篷车，开始了向他们梦想的成名之路进发。

那时的美国和苏联的关系正紧张，越战打得人心越来越乱，在国内引起激烈的争论，而就在老鹰会师洛杉矶的那一年，美国的经济并不景气，有 460 万人失业，逃避与颓废的风气正在年轻人的心头弥漫。就在这时，他们给自己的乐队起名叫做老鹰，用了美国的国鸟来比喻自己，说明他们的正儿八经，不是在玩闹。1972 年，他们推出了第一张专辑，名字就叫做《老鹰》。他们唱的主题是神秘的英雄、逃亡者和孤独的独行人。他们给自己提出的要求是尊重、名誉和金钱。他们的音乐和他们的目标，都是和美国的那个年代那样的吻合，有那么多的人爱听他们的歌，以致那么多年过去了，只要一听到他们的歌，依然会想到那个逝去的岁月，就一点也不奇怪。

比如说那首到现在依然是主打歌曲的《加州旅店》，亨利唱的是一个驾车行驶在高速公路上的人，被引到加州旅店，他不知道那其实是一家黑店，他在里面尽情地跳舞饮酒，最后发现自己已无法脱身。亨利最后唱道："你任何时候都可以付账，但你永远无法离去。"这家加州旅店，是象征？是写实？如果不是那一代和美国 20 世纪 70 年代历史息息相关的人，便很难理解这些空洞乏味而显得颓废的歌词，居然也能够使他们如此疯狂。

《加州旅店》也好，或者《浪费时间》也好，《昨天的女孩》也好，《一排美女》也好，《特奎拉日出》也好，《没关系》也好……他们那些歌，是那个年代遗留下来的老照片，在我们看来颜色已退面目凋零，但对

于和那段历史荣辱与共的一代人来说，却是踩上尾巴头就会动的啊。老鹰的重新复出，用他们的这些熟悉的在我们听来似乎是有些老掉牙的老歌，给美国这一代人端起了怀旧的最好的酒杯。

这种情景，很像如今我们的歌迷听邓丽君、听罗大佑、听蔡琴时那种我们中国特有的怀旧感情和感觉。时过境迁之后，歌词都只是次要的，即使忘记都没有什么关系，只要那熟悉的旋律蓦然间响起，就能够听得出来那过去了的生活，再遥远也立刻近在咫尺；或者说一想起那过去的生活，耳边便总能不由自主地响起与之对应的那熟悉的旋律，一下子把许多想说的话都在音乐中淋漓尽致地体现出来了。音乐成了那段历史的一个别致的饰物，即使许久未见，只要有看见它，立刻他乡遇故知一样，引起无限青春岁月的回忆。音乐的引子只要一响起，便如泄洪堤坝拉开闸门一样，无法遏止，开了头，就没了个头。音乐的作用有时就是这样的奇特。

我对老鹰乐队最大兴趣的，是他们的年龄，因为这 5 个人中除了弗雷是 1948 年出生，其余 4 人都是和我一样 1947 年生人。应该说我们是地地道道的一代人。在 70 年代初他们出道杀出一条血路，在整个 70 年代他们红透美利坚的时候，我正在干什么？

1971 年，我在北大荒插队，在那一年的秋天割豆子，一人一条垄，一条垄 8 里长，从清早一直割到天黑，结了霜带着冰碴的豆荚，把戴着手套的手割破，一片齐刷刷的豆子前仆后继还在前面站着。这样的日子就像长长的田垄一样没有尽头，希望消失在夜雾笼罩的冰冷的豆地里。

1972 年，也就是老鹰乐队出版他们第一张唱盘的时候，父亲突然去世，家中只剩下老母一人，我星夜赶回北京，料理完丧事，开始了和母亲相依为命的在北京待业生涯。

我现在在想，那时属于我们的音乐是什么？无论在北大荒漫无边涯霜冻的豆地里，还是在北京城到处流浪求生觅食的日子里，什么样的音乐如同老鹰的歌一样伴随着我呢？

我仔细想了想，有这样三部分的音乐在那时伴随着我和我们这样一代人：一是在知青中流传的自己编的歌，一是前苏联那些老歌，再有便是样板戏。真是这样，在收工的甩手无边的田野里，在冬夜漫长的炕头上，在松花江黑龙江畔开江时潮湿的晨风里，在白桦林柞树林和达紫香开花的树林里……有多少时候就是那样情不自禁地唱起了这些歌，有时唱得那样豪放，有时唱得那样悲伤，有时唱得那样凄凉。记得有一次到完达山的老林子里伐木，住在帐篷里的人在一天的夜里齐声唱起了苏联的老歌，一首接一首，唱着唱着，竟然全帐篷里的人没来由地都哭了起来，哭声越来越大，以致响彻了整个黑夜。

在有人类的历史中，没有文字时就先有了音乐，音乐是历史的一块活化石，是即使我们说不出也道不明的历史的最为生动的表情或潜台词。明白了这一点，也就明白了为什么前几天北京的舞台上上演了一出类似老鹰复出一般让浩亮、刘长瑜、袁世海等原班人马出演现代京戏《红灯记》时，那么多人为之兴奋雀跃了。熟悉的旋律，熟悉的戏词，乃至熟悉的一招一式，都会唤起那一代人共同的回忆。《红灯记》的内容已不是什么主要的了，样板戏和我们知青自己编的歌以及那些前苏联的老歌所起的作用在这时是一样的，只是作为一种象征，作为载我们溯流回到以往岁月的一条船。它们能够让时光重现，让逝去的一切尤其是青春的岁月复活，童话般重新绽开缤纷的花朵。不知道别人听到它时想到什么，听到它时我就会忍不住想起那时的待业和割豆子，在特殊的音乐的荡漾中荡漾起一代人那无情逝去的青春泡沫。

有时候，音乐就是这样的一种青春致幻剂。

# 哈利路亚

哈利路亚（Hallelujah），是希伯来文礼拜仪式中的用语，“要赞美主”的意思。这句专门用语，在希伯来语的《圣经》中曾经多次出现，早期基督教徒在教堂唱赞美诗时也会常常出现。一般，它用于首尾之处，前后呼应，成为一种虔诚和神圣的膜拜与表达。

除了在宗教音乐里，真正将哈利路亚写成一部完整音乐作品的，大概最早要属亨得尔了。他创作的不朽之作《弥赛亚》第二章“哈利路亚大合唱”，描写了耶稣的受难和复活，哈利路亚在里面不仅是首尾的呼应，而成为庄严神圣的血肉。自从在伦敦上演当时在场的乔治二世听到大为感动而突然站立起来之后，以后每逢唱到“哈利路亚”时，在场的所有听众都要情不自禁地起立为之肃然起敬而形成了多少不变的惯例。

哈利路亚在古典音乐里成为了一种神圣的经典。这并不奇怪，但出现在流行音乐中尤其是在摇滚音乐中，就是件让人新鲜的事情了。

最近，竟然这么巧，一连听到两位摇滚歌手唱哈利路亚。而且，都是摇滚的大腕，而且，他们唱的歌的名字开门见山干净利落都叫做《哈利路亚》。引起我很大的兴趣，倒要听听他们用摇滚的唱法能够把纯粹古典的哈利路亚唱成什么样子，和他们前辈亨得尔的哈利路亚有着什么样的区别。

尼克·凯夫（Nick Cave）在摇滚歌坛是绝对的顶级人物，他的文化修养和他的嗓音在摇滚界一样的出类拔萃。他写过并出版过诗和小说，可不是我们那些演艺界的二三流人士雇佣枪手或自己语句不通写出的东西，不是那种比赛着出版的自传或写真的垃圾。那是真正的文学作品，他的小说《驴见到了天使》被评为是“现代的史诗”，那可不是我们花两个钱就能够便宜买来的胡乱吹捧。

尼克·凯夫的《哈利路亚》，前奏很长，起初电子合成器浑厚低音的效果是那样的旷远悠长，恍若隔世，以为是古典音乐的延伸，只有渐渐出现的电吉他和打击乐的节奏才露出了摇滚的尾巴。不过，曾经极端后朋克的尼克·凯夫，在唱《哈利路亚》时，一下子冰消雪化没有那种极端和疯狂，他甚至没有用一点尖锐的高音，只是很低沉地在唱，显得心平气和，改邪归正了一般，没有了一点尼克·凯夫坏种子原来的样子。但有一点痛苦，有一点凄婉，尤其在反复唱着“哈利路亚”的时候，音乐有些飘忽的感觉，他唱得有一种让人要哭的味道。

“哈利路亚”是需要反复吟唱的，尼克·凯夫唱到最后，加入了男女的合唱，一遍一遍不厌其烦地吟唱着“哈利路亚”，唱得是那样哀婉，气韵悠长。特别是女声的衬托，波浪一样一浪浪涌来，涌到脚下，又翻涌着涌到了天边遥远的不可知之处，给你带来一种揪心的怅惘。

杰夫·巴克利（Jeff Buckley）比尼克·凯夫年轻，命运却不济。这位天才蒂姆·巴克利的儿子，一样也是位天才，从小就被称为“赛人”，说是奥德赛听了他的歌后不愿意再回去，极尽盛赞之意。他杰出的嗓音和现

场激情喷薄的演唱，让他光芒四射。谁也不知道他上台会唱什么，他会随意地唱着他想唱的歌，嗓眼里喷涌出来的歌和抱在怀里的吉他一起像是魔术家手里的万花筒，随他的意愿随时能够扯出无限的花环。可惜，他只出了一盘叫做《雅致》的唱盘，在制作他的第二张专辑时，在密西西比河游泳而丧生，和他的父亲死时一样年轻，仅仅 31 岁。

杰夫·巴克利的《哈利路亚》，一把电吉他伴奏，几乎没有一点打击乐，删繁就简干净得如同秋水清瘦而清冽。有时吉他弹奏得有一种钢琴的感觉，优雅而格外的清新清亮犹如晶莹的水珠，那种感觉实在特别让我奇怪。比起尼克·凯夫有些苍老的声音来说，他的声音年轻而纯净，似乎唱"哈利路亚"更能体现对一种心底以为值得珍爱的神圣的歌唱。一样反复吟唱"哈利路亚"，高高低低，真声假嗓，上穷碧落下黄泉一般，极尽变幻之妙，让他那富有魔力的歌喉发挥得淋漓尽致，一丝忧郁也融化在优雅之中了。

尼克·凯夫和杰夫·巴克利不约而同都在唱《哈利路亚》，也许只是巧合，即使是巧合，多少也能够说明一点问题，那就是激进的摇滚在尝试了、变幻了种种的方式之后，有一种蓦然回首的感觉和回归古典的趋向，起码尼克·凯夫和杰夫·巴克利对古典的崇拜重新体现在他们的演唱里。

当然，这只是他们心中的古典，以为是他们向古典靠拢而改弦更张改变自己的风格是错误的，那样的话，摇滚也就失去自己的意义了。有意思的是，他们为我们提供了一个认识他们心里对古典理解的标本，以及考察摇滚和古典之间关系的参照物。他们的古典和亨得尔时代的古典并不一样。如果我们听亨得尔《弥赛亚》的"哈利路亚"，会明显地感到宗教感是那样的强，那种庄严神圣，从那辉煌的合唱中，从那悠扬的回声中，从那气势磅礴的乐队伴奏中，自然而然地洋溢出来。它让我们能够想象得出合唱的每一个人的手里都像是捧着一个金灿灿的太阳，想象得到明亮的天光正透过教堂高大的彩绘玻璃窗轻轻地洒下来。不管我们信仰不信仰上帝，它让我们忍不住抬起头仰望，让我们懂得并虔诚地接受那阳光和天光的照耀而禁不住双手合十。那是和我们平常见到的被污染过的阳光和天光不一样的，那是辉映在古典之中、辉映在理想之中、辉映在我们的想象之中的阳光和天光。便可以想象得到在波士顿举办的亨得尔音乐节500人的乐团和10000人的合唱团，回声荡漾澎湃演出这段“哈利路亚”时的天光灿烂，该是多么的让人激动，那才是亨得尔的古典，亨得尔的“哈利路亚”。

尼克·凯夫、杰夫·巴克利和亨得尔不一样，他们的哈利路亚已经步入尘世，虽然古典的向往冲淡了一些摇滚色彩，但同样摇滚的本性也冲淡了宗教的意味。他们的哈利路亚是经过了他们改造的哈利路亚。

我们听他们在《哈利路亚》里的歌词时，或许能够更加理解一些他们的哈利路亚。在杰夫·巴克利的《哈利路亚》里，他这样唱道：“我们来到这里有一个神秘的唱诗班，他们在那里演唱取悦上帝，但你并不是真正关心音乐是不是？他们唱的歌是这样的：第4个第5个一个小的下降一个大的上升，头脑混乱的国王创造了哈利路亚。哈利路亚，哈利路亚……好的，你的忠诚是那样强烈，但你还需要证明你看见了她在屋顶上洗澡。她的美丽，还有那笼罩四周的月光，她把你捆绑在厨房的椅子上。她摔下你的王冠，剪下你的头发，在你的嘴唇吸吮。哈利路亚，哈利路亚……不久我看见了这个房间，我走过这个地板，在大理石门廊中看见你的旗帜，但爱不是胜利进行曲，爱是一个冰冷破碎的哈利路亚。哈利路亚，哈利路

亚……会有时间你让我知道到底下面发生了什么事情，但是现在你不向我显示出来。当我进入你的时候请你记住，那只神圣的鸽子正在移动。我们的每一个喘息都是哈利路亚。好的，也许有一个上帝在上面，但我从爱里学到的就是这样射杀一个人。这不是一个在夜晚听到的呼喊，不是一个看到过光的人，它只是一个冰冷破碎的哈利路亚。哈利路亚，哈利路亚……”

这是雷纳德·科恩（Leonard Cohen）专门为他写的歌词。科恩既是一个音乐家，也是一个小说家，歌词写得不同凡响。它或许能够让我们看到哈利路亚在摇滚中的变化和变形。这首科恩作的《哈路利亚》，“地下丝绒”的约翰·凯尔（John Cale）在20世纪80年代也曾经翻唱过，据说只用钢琴简单伴奏，唱得感情极其内敛，格外动人。可惜，我没有听到过，无从将约翰·凯尔的“哈路利亚”和杰夫·巴克利做比较。杰夫·巴克利的哈利路亚，把神圣世俗化，把爱情神圣化。“爱是一个冰冷破碎的哈利路亚”，“我们的每一个喘息都是哈利路亚”，这歌词写得真是好，让人咀嚼不尽。在他同样包括尼克·凯夫在内的摇滚歌手面对现实内心的痛苦的无奈和不甘的向往，面对现实种种的无耻，连爱情这样被视为古典神圣的情感都沦落风尘，洁白的睡莲变成了萎靡的露水野花。高尚的，崇高的，理想的，梦想的，真诚的，忠诚的……一切都只成为了标签，一切有价值的东西都可以在实用主义面前顷刻之间落花流水一样飘零。他们发现摇滚解救不自己，回过头来求救古典，发现古典也并不是打捞他们的救生船。他们在这样的两难的矛盾痛苦之中，一遍又一遍反反复复唱着“哈利路亚”、“哈利路亚”。

“哈利路亚”，“哈利路亚”……一声声渗进我的心中，痛苦而无奈，凄厉而哀婉。如果说，亨得尔的“哈利路亚”让我不禁会抬起头来仰望，尼克·凯夫和杰夫·巴克利的“哈利路亚”则让我忍不住垂下头，问自己“哈利路亚”在哪里，“哈利路亚”还能够像阳光和天光一样辉映在我们的头顶，像圣诞老人一样驾着雪橇从洁白如银的雪地上飞驰而来解救我们，飞向洁白如雪的天堂上去吗?

非常有趣的是，在我上网查询“哈利路亚”这一词条时，没有出现一句对这一词条的解释，屏幕上出现的只是我国温州地区生产的一种牌子叫做“哈利路亚”的皮鞋。我们的温州人真是和我们开了一个玩笑，把神圣的哈利路亚那样轻而易举地就让它屈尊下驾跑到我们脚下踩了。他们走得比尼克·凯夫和杰夫·巴克利远得多，比摇滚还要摇滚。

2001年于北京

# 悲情莫里西

第一次听莫里西（Morrissey），是听他重新翻唱老歌《月亮河》。很早以前，在我的童年的时候就听过这首《月亮河》，一直以为是首优美的民歌，后来知道了，它只是有民歌浓厚的元素。它是由美国的作曲家亨利·曼里希和词作者约翰尼·默塞尔合作的人工产品，1961 年第一次出现在电影《帝芬尼的早餐》里，一下子就风靡开来，连中国都弥漫起它那动听的旋律。

20 世纪 90 年代，莫里西把 60 年代的《月亮河》唱得那样委婉哀怨，同样是月亮，可以把它唱得绿水净素月，月明白鹭飞那样抒情，也可以唱成可怜九月初三夜，露似珍珠月似弓那样凄迷。莫里西唱的《月亮河》，在凄迷月光照耀下波光粼粼的，有种梦幻感觉和幽深莫测的幻灭感觉，都是原来明朗而美丽的歌中少有的或没有的，便显得比原来的歌多了一层苔藓般的感觉。那种浸湿了的墨绿色，比任何的一种绿色都让人心里多了滑腻腻的沉重感，就像是一条游蛇从心头划过。

特别是莫里西把歌唱完了，后面一大段乐器的演奏，仿佛是孤帆远影碧空尽，那条《月亮河》远远地流着，还没有消失在远方。幽幽的吉他如呜咽的河水淌过依依牵扯的水草的声响，间或的鼓点如老人在迟迟地移动着脚步。最后，余音袅袅，十分的美，美得让人直想落泪。

我找到有这首《月亮河》的唱盘，是一盘叫做《莫里西的世界》的精选，1995 年出版。封套上是一张黑白照片，印着莫里西的头像，灰暗色调下一个看不清面目的莫里西，眼光迷蒙，张着嘴看不清他要说什么。打开封套，里面的他张着大嘴笑了，露出洁白的牙齿，但你知道他的内心里是不会笑的。

莫里西是 20 世纪 80 年代成立的“史密斯”乐队（The smiths）的中坚。说起 80 年代，“史密斯”是一支重要的乐队，虽然，他们只有 5 年的辉煌。80 年代，摇滚之风发生了剧烈的变化，激进而激烈的批判锋芒在磨钝，变换着法子在寻求新的出路，一个是走向形式主义，崇尚华丽繁复的声响，渲染声嘶力竭的暴力；一个是向古典回归，追求简洁典雅和诚实，吟唱普通常人的感情，让音乐充满烟火味，化喧嚣为平易和平淡无奇。“史密斯”就是在这样背景中涌现出来的属于后者的乐队，因为乐队的几个年轻人都是英国曼彻斯特人，乐队又是在曼彻斯特成立的，便被称之为曼彻斯特摇滚。他们以自己的清新之风拂动着 80 年代已经显得疲惫和苍老的摇滚歌坛。他们唱出了那个年代里年轻人的爱情与人生中的淡淡的哀愁和幽怨，他们让摇滚的老三样：吉他、鼓和贝司回到了原始的状态的本真的活力。这两条使得他们的音乐具有一种少有的亲和力，吸引了大多年轻人的耳朵和心。“史密斯”乐队里的几乎所有歌的歌词都是莫里西创作的，无疑，莫里西和曲作者马尔（Marr）成为了乐队的左膀右臂。

莫里西早期的歌词，有那么一点自怨自艾和自恋，青苹果似的，涩涩的，酸酸的，一股还带有枝头的清新，总让你心头迷惘，有一种如雨似雾

的怅然若失，少年不知愁滋味，为赋新词强说愁的样子。

1987年，“史密斯”乐队解散，莫里西单飞，1988年出版了他自己的第一张专辑《仇恨万岁》，就获得了英国排行榜的冠军，大概一半的光荣给了他，另一半还是怀念地给了“史密斯”乐队吧。这是一盘让人百听不厌的带子，足值得收藏。可以说，这是一首朴实的个人长篇叙事诗，莫里西以他擅长的对普通人特别是年轻人感情的理解和细致入微的捕捉，将他自己的感情和他们的感情融为一体，将那些普通的人和事唱得那样感人至深。或许，和他是一个同性恋者有关，他才把一般人看不到或者看到了习以为常甚至看到了不顺眼的人和事有了一种自己特别角度的关爱。或许，是因为他自己的出身，他不是那种富有的中产阶级，母亲只是一个图书馆的馆员，父亲更只是一个医院里的搬运工，他没有可以骄傲的资本，也没有必要去冒充假贵族，命里注定，他只能唱他所熟悉的曼彻斯特和南伦敦那些幽暗肮脏的下层街道里他的亲人和朋友，唱那里的小酒馆包括同性恋酒吧里呛人的汗味、熏天的浓烟、暧昧的灯光，和那里人朦胧的醉意、痴痴的梦想以及无法排遣的忧愁哀怨。

听他这盘带子，不知为什么，总让我莫名其妙地想起在北大荒冬天风雪呼啸中的那些小酒馆，那时，我们到附近的县城里办事总要去那里的小酒馆喝一点当地的高粱烧酒。那种烟雾弥漫臭味熏天话语喧哗和醉态百出的情景中，那种渍酸菜冻酸梨关东烟和大铁桶里燃烧的含硫量极大的煤块子冒出的火苗和黑烟所交织在一起的气味中，如果有什么歌需要伴奏，一定得是莫里西的那种音乐。只有那种音乐，才和这里的人相配。他们的坚忍，他们的豁达，他们的悲欢离合，他们的辛酸苦辣，以及他们的无可奈何，如果需要用音乐来表达，一定也得是莫里西的那种，才好对他们的口型和他们的内心。想到这里的时候，我也就明白了为什么他把《月亮河》唱得和原来听的不一样，而是那样的哀怨，一种埋藏在心底无法诉说的苦痛。并且用了那样长一段无词无歌的伴奏音乐，让那吉他鼓和贝司就那样信马由缰地幽幽在响。有时候，真是音乐起于词尽之处。

好的音乐，总能让人想起自己的许多往事，和音乐本身根本就不搭界，却是音乐为我们织就的风帆，能够载我们飞到遥远的地方去。

在这盘《仇恨万岁》中，有一首叫做《深夜，在悲伤大街》的歌，莫里西唱道：

“在悲伤大街的最后一晚，
再见了房子，
再见了楼梯，
我出生在这里，
我成长在这里，
我在这里拣起了一片树叶。
一见钟情可能听起来有些陈腐，
可是你知道那是真的。
我可以列出所有你曾经厌倦的事情，
或者你曾经说过的事情，
或者是那一天你是如何地站在那里的。
我们一起度过了悲伤大街的最后一晚，
我在这里从来没有偷走过一个快乐的时刻……当警车把你带走，
亲爱的检察官，

你可曾尝过爱情的滋味吗?”

也许，听他前面唱的那一切，你都没有什么可以震动的，那些被称之为悲伤大街的一切，和我们自己经过的没有什么两样，没有什么新奇的。莫里西只是在长长的叙述中不经意间泄露出“一见钟情”这样一个信息，但正是这个信息在歌中最后对警察和检察官的责问里产生了分量，让我们感到了爱的力量和分离的惆怅，而那个深夜便也让我们感到那样沉甸甸的，夜色和露水一起浓重地打湿了我们的肩头和心。一个从小在这样悲伤大街上长大的人，和从小在路灯燃放犹如倒挂的莲花、橱窗灿烂犹如神话中打开的百宝匣的华丽大街上长大的人，所感受的爱恨是不一样的。

在这盘带子里还有这样一首歌《普通的男孩》，他这样唱：

“普通的男孩，
因为不知道任何事情，
因为除了自己他们什么都不是而高兴。
普通的女孩，
穿着从超市里的买的衣服，
她们认为对你残酷是明智的。
因为你是那样的不同，
你一直孤独地站着。
那些普通的女孩呀，
从来不会看得更远，
远过拴住她们的冰冷的小小的街道。

但你是那样的不同，
当那些傻瓜们想改变你，
想用那些普通世界里诱惑占有你时，
你要说不。”

他把年轻人的爱情渴望而不可得，彼此的隔膜与外界诱惑的矛盾，以及内心孤独却坚硬的独白，抒发得那样淋漓尽致又那样平常朴素。

还有一首《小伙计，现在你怎么样了》，他想到了一个在电视里曾经见过的童星，他唱道：

“但我现在仍然记着你，
自从1969年那个星期五的晚上我就记住了你，
对于一个童星来说你太老了，
而梦想成为领袖你又太年轻。
四季过去了，
他们解雇了你，
你这个神经质的青年，
现在怎么样了？”

其实，1969年，莫里西也才只有10岁，和那个小童星一样大小。他在事过经年之后依然对童星的那份牵挂，实在让人感动。那是只有在青春期才会萌生的一种同病相怜的感喟。那种来自下层的同情和关爱，体现了莫里西敏感而善良的心地。他将那一份同情唱得是那样悲伤悯人。

莫里西的歌，唱得总是那样的悲情，他所唱的爱也好恨也罢生活的无奈也好分别的怅惘也罢，都是那样的凄婉迷人，有一种落木惊风、冷雨扑窗的感觉，那种春尽人去，海天愁思正茫茫的心绪，用他那感性的嗓音和很花间派的歌词配合得相得益彰。可以说他自恋甚至自虐，也可以说他顾影自怜，但他那种纯英式的地道的曼彻斯特摇滚的风格，凄婉悲情已经是印在他歌声中的醒目徽章，虽然过去了 10 多年，依然显得很纯粹，很受听。

听完莫里西的歌，我在想我国的哪一个歌手能够在风格上和他有些相似。我竟然找不出一个来。我们的歌手大部分是在电视和晚会上培养出来的，他们除了会唱那些主题先行而且是被人专门为他们安排好的主题的歌，不是快乐亢奋，就是慷慨激昂，就是不知道什么是感性，什么是悲情，因为不是个人亲身感受过的，便只能够嚼别人嚼过的口香糖一样，口中的歌所散发的永远只是别人的味道，是甜蜜，就永远带上了甜蜜，有口臭，就不可避免地也带上了口臭。如果真的如莫里西一样是在从小长大的悲伤大街上感受到的那些极具个人化的一点一滴的话，不管什么人，悲情肯定是多于快乐的。

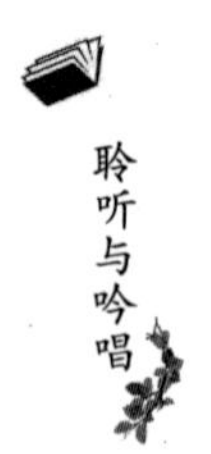

# 天堂兄弟

一个人，一把吉他，就那样简单得不能再简单地吟唱。单纯的歌声，单纯的吉他，没有什么杂音，没有什么杂念，有些慵懒，甚至有些信马无缰、散漫无章，一任水从罐子里淌出，流湿了一地，甚至濡湿了自己的脚，还是那样唱着，弹着。歌声有些单调，反复着一种至死不变的旋律；吉他有些醉意似的，晃晃悠悠的声音，炊烟一样袅袅飘荡在空中；眼睛望着远方，焦点却不知散落在哪里，一片迷茫，如同眼前的草地里的草在风中和阳光中疯长，摇曳的草叶间翻转着一闪即逝的微弱的光斑。

“天堂兄弟”，一个好听的名字，容易让人遐想。最初买这盘磁带时，对它一无所知，就是看到了“天堂兄弟”（Palace Brothers）这个名字，忍不住把它买下了。当时想，还有什么比天堂和兄弟这两个词更美好的组合吗？说“天堂父子”好听吗？说“天堂姊妹”好听吗？说“天堂情人”好听吗？或者说“天堂哥们”好听吗？不是太俗，太硬，就是透着假，都赶不上“天堂兄弟”动听。“天堂兄弟”，确实能够让你遐想悠悠，想起一种比亲情更加美好的人世间的关系，想起遥远的一个你从来没有去过的地方，纯净得没有一点污染。

我相信每一个人的心里都会有属于自己的音乐，在一个特定的时刻和音乐家的演奏或所演唱他乡遇故知一般的相契合。这是与生俱来的，从这点意义上说，每一个人都是音乐家。做画家，还需要懂得色彩和造型，做文学家，还需要会编造故事，音乐不需要那么多外在的东西，只要你的心中想到了它，它就一定能够在你的心中回荡起来，即使一时没有回荡起来，必定有一种旋律在远方等待着你，和你心中的向往遥相呼应，就像树上的叶子，有远方的微风吹来，即使你还没有感到叶子在动，其实叶子已经感受到风的气息了。

“天堂兄弟”，就是我向往的那种远方的微风，轻轻地拂来，带来远方雨的湿润和草的芬芳，以及地平线上地气氤氲的蠢蠢欲动。

我真的很喜欢“天堂兄弟”，它只是一个人的乐队，独行侠一样行走在摇滚乐坛之上，来无影，去无风，人们很难知道他个人经历稍微细致一点的信息。他有点神秘，缥缈如抓不着的影子。只知道他的名字叫做威尔·奥尔德哈姆（Will Oldham），他的名字虽然还很陌生，但他的音乐很早就回旋在另类摇滚乐坛上了。只是他不愿意抛头露面，一直躲在幕后，为别人写歌作词，将自己的名字融化在音乐里去自得其乐。一直到1993年才独自一人出山，在Drag City唱片公司出版了第一张自己的专辑《没有一个人要关心你》。即使专辑出版了，里面也没有他自己的任何介绍，甚至连一句歌词都没有印上。有人说得对：“在这个人挤人、资讯快转的焦虑时代，他像是位隐士”。

就男子摇滚中如“天堂兄弟”这样的唱法而言，大概有这样类似的两类，一类如“红房子画家”（Red house painters）和“低”（Low），很舒缓的旋律，很慢的节奏，很内省的音乐，低迷、凄婉，强调个人的经历

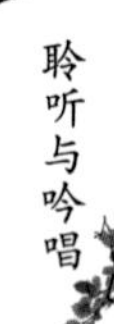


和私密性的感受，弥漫着烟火之气，却也相对格局狭窄一些。一类如尼克·凯夫（Nick Cave），虽然也很感伤，凄迷，但由于受迷幻之声的影响，更加唯美，又由于尼克·凯夫本人的文学修养好，音乐的内容就更加丰富。

显然，“天堂兄弟”属于前者的路子，借鉴的更多的是自拉自唱自说自话的民谣小调，音乐的形式简单，歌词的内容单一，只是个人的生活日记式的记录和喃喃自语式的吟唱。尽管狭窄了一些、自闭了一些，甚至有那么一点顾影自怜和自怨自艾，但“天堂兄弟”的音乐还是让我喜欢。毕竟离我更近些，散漫慵懒，疲惫不堪，风尘仆仆，饮食男女，家长里短，歌哭鬼唱，一律都和我那样的近，那样的息息相通，真的如同你隔壁邻居家的孩子，或是你自己的兄弟。

去年夏天的一个傍晚，一连多日的闷热不雨，天气很燥热，我在离家不远的街上散步，看见两个年轻的小伙子，坐在街头一家早就下班关了门的公司前的台阶上，四周围着好多乘凉的人，他们一人弹着一把木吉他，边弹边唱，唱着完全是自己随意的即兴小调，旁若无人，很投入，很忘情的样子，尽管四周的人那样热汗淋淋，一点热汗都没有在他们的脸上显现，傍晚昏暗的天光辉映在他们的身上，糅合进他们很忧郁却也很清凉的歌声中，让我想“天堂兄弟”的歌声大概就是这样子的吧。

听“天堂兄弟”，有时，我会想我们的音乐里以前并不缺少这样的民谣小调，周旋唱的《四季歌》等那些歌，刘天华拉的《二泉映月》那样的二胡曲，应该都属于那样的小调，至于陕北信天游里的酸曲，内蒙古的长调短调，还有青海的花儿，其中不少都是这样的小调。只是一到我们的主流音乐里，这样的民间小调就很难找到了。我们可以随手数出鱼甩子一

样多歌手的名字，他们频繁地在我们的电视的娱乐节目和报纸的娱乐版上出现，涂脂抹粉地和我们逗着闷子，他们也要像是更换男友女友一样上飞机自以为是要换乘头等舱，依此来增加他们的上镜率和的知名度，但我们真是很难找到他们其中谁是如“天堂兄弟”一样唱民间小调的。一个都没有。我们的电视屏幕上制作了一批又一批的晚会歌曲，我们的唱片公司孵化了更多的那种千篇一律的爱情歌曲，不是愿意走宏大叙事的路子邀宠媚上，就是愿意吃着别人嚼过的馍，透着几分虚假和造作，屈膝于市场和时尚。

我们缺少这样自我吟唱式的小调，是因为我们已经缺少了这样朴素的表达方式。从历史的原因来说，是因为和我们社会曾经长期处于的假大空有着明里暗里的关系，或是无奈的藕断丝连，或惯性的轻车熟路。从现实的原因来看，是因为数字化时代的到来，让我们的个人情感的表达可以轻而易举地被程序化和模式化，我们可以随心所欲地从电脑软盘里找到为我们设计好的所有的文件，也可以手到擒来从各种漂亮精美的贺卡中找到我们所要的标准化词汇，复制出我们所要表达的所有的感情，用快递公司去派送。我们同时也受到流行文化和消费文化致命到骨髓的影响，因此我们更愿意九百九十九朵玫瑰式的和爱你一千年一万年不变的感情奢靡和空泛的抒发。朴素的表达方式便这样理所当然地被抛弃，真诚便这样轻而易举地被阉割，而本属于私人化的感情当然更方便的就被当成卫生巾一样最频繁地亮相在广告中去轻歌曼舞。

有人说，“天堂兄弟”的威尔·奥尔德哈姆的嗓音有些像尼尔·扬（Neil Young），其实，威尔·奥尔德哈姆的嗓音无论和尼尔·扬，还是和“红房子画家”的马克·科兹里克（Mak Kozelek）来比较，确实都有那么几分相似，但他比起他们来说都更显得纤细而柔弱，有一阵微风吹来，就可以把他的歌声吹得游丝散尽。他那份呜咽幽怨也是独有的，是化解在那把简单的吉他和他自己淡薄的嗓音里的。而他那种远遁于世的“隐士”般的态度，更是别人不具有的，却是和他简单得甚至有些单调重复的音乐吻合得天衣无缝。他的歌有些像是风中飘曳的蒲公英，轻若羽毛，翩翩飞舞，有阳光辉映的时候闪着迷惑的金色的柔光，飘在阴影里的时候一身迷途难返的迷茫。

听“天堂兄弟”，总会有一种征鸿过尽，万千心事难寄；连天衰草，望断归来时路的苦涩和无奈。

听“天堂兄弟”，总会有千里暮烟愁，一川秋草恨弥漫满身的感伤，也总会有红了樱桃，绿了芭蕉的一闪一亮。

听“天堂兄弟”，总会涌出断肠人在天涯的共鸣。

听“天堂兄弟”，让我想起诺贝尔文学奖得主爱尔兰的诗人西默斯·希尼的诗——

“你就像一个有钱人听到一滴雨声，

便进了天堂。现在再听。”

当然，这和有钱没钱无关，只和音乐有关。

2001 年于北京

# 天堂里的一场暴风雨

神韵乐队（The Verve）并非尽人皆知，却是英国的一支奇特的乐队。虽然，他们一共仅仅出品了三张唱盘，和那些大牌乐队年年都有新唱盘出不可同日而语，但他们却是以少胜多，盘盘不俗。

《天堂里的一场暴风雨》是他们在1993年出品的第一张唱盘，是非常值得一听的作品。

几年前，我去买唱盘，想买点儿摇滚的听听。那时，我对摇滚一窍不通，但很想尝尝梨子的滋味，听听摇滚到底是什么样子。正巧一个小伙子也在买唱盘，是个行家，便请他帮我推荐几盘，他问我想听什么样的？是英式的还是什么样的？看我一脸茫然一无所知的样子，不再说什么，想是再说也是对牛弹琴吧，便随手挑出一张，天蓝色的封套，抽象的图案，中间一团扎眼的明黄色，像是摇曳着的烛心。他把这张唱盘递给我，说了句："您先听迷幻的，可能您能接受。"

便是这盘《天堂里的一场暴风雨》。

那时，我没听出什么味道来，尤其是迷幻的味道，甚至他们乐队叫什么名字都没弄清楚，只觉得有的歌挺好听，起码不像有的摇滚那样闹。那

时，我实在对摇滚还相当的隔膜。

《天堂里的那一场暴风雨》，没有淋湿我身上一丝雨点。

最近，我一口气听到了他们的第二张唱盘《一个北方的灵魂》和第三张唱盘《城市赞美诗》，多少被他们那纯净而忧郁的音乐所吸引，想再找那张《天堂里的一场暴风雨》一起来听听，却怎么也找不到了。

他们这支乐队是1990年在英国南部一个叫做维根的小镇成立的，这是一个充满田园风味的小镇，美丽清静得几乎与世隔绝。乐队的4位成员：主唱理查德·阿什克罗夫特、吉他手尼克·麦凯布、贝司西蒙·琼斯、鼓手彼德·赛利斯伯里，都是来自维根的温斯坦利大学的大学生。一个乐队的成功就像一棵树长大绽开满树缤纷的花朵，需要天时地利人和的种种条件，美丽而宁静的环境和青春的清新气息，造就了他们，给他们的音乐注入了天然神韵的营养液，没有污染的风吹拂着心和歌声一起荡漾，让他们的音乐确实与众不同。当然也让他们的音乐有种遁世的味道，起码在我听来，那种逃避的感觉弥漫在纯净的空气里和馥郁的花香中，还有那飘忽不定的歌声中，带有一丝哀婉凄迷的忧郁是在所难免的。作为摇滚，向世俗挑战向现实攻击，是一种选择；逃避现实远离万丈红尘之外，躲避在自己营造的唯美的迷离梦幻空间，也是一种选择。显然，他们选择的是后者。

后来，我知道他们第一盘《天堂里的一场暴风雨》，就是在南方和他们的家乡维根一样美丽宁静而与世隔绝的康沃尔这个海滨小镇录的音，便会明白他们的音乐为什么有那样一种遁世的感觉，大海和花朵树木的呼吸，毕竟和人的喘息不一样。面对人世间的熙熙攘攘蝇营狗苟，自然的美、纯净和静谧，常常让我们无可奈何地叹息。

将音乐作得这样至美至纯至诚至爱，实在让人感动。他们要想让他们的音乐不同凡响，首先得让他们的音乐不能有一丝杂质，有一点干扰。这样的音乐确实应该是神韵。他们为自己起的这个名字真好。难怪这第一张唱盘《天堂里的一场暴风雨》出来之后，不为人所知的神韵，立刻水漫金山般漫漶了整个摇滚歌坛。其实，他们的出现，并不符合当时英国摇滚歌坛的流行风格潮流和时尚时宜，但他们让人们耳目一新，尤其是他们首次登上伦敦的舞台，那种逼人的青春和现场富有张力的演出，让他们魅力四射，夺人眼目而有种一览众山小的感觉。他们的脱颖而出成为了那一年音乐界的大事，被人们称之为和当年有名的山羊皮乐队（Suede）一起将成为明日的希望之星。人们的预测没有错。

阿什克罗夫特那忧郁而变幻无常的歌声，麦凯布那精彩绝伦超凡拔俗的木吉他，是神韵的灵魂。加上鼓点的激越奔放和贝司那浓重如同海的呼吸，一阵阵涌来，实在让人着迷。谁能想到，就在他们出版了第二张继续好评如潮的专辑《一个北方的灵魂》的那一年1994年，由于阿什克罗夫特的女友离开了他，让他痛不欲生，掉了魂似的，护照一连丢了几个，最后一醉方休麻醉自己，酒精中毒导致全身脱水，送到医院抢救才脱离危险。麦凯布帮助不了阿什克罗夫特，因为这时不仅阿什克罗夫特一人酗酒成瘾，鼓手彼德一样饮酒闹事而且遭到警方的逮捕，出来后和阿什克罗夫特一样不思改悔，两人一起常常不穿救生衣就坐上划艇划进深海，拿自己的生命开玩笑不说，实在影响演出和录音的正常进行，为此，麦凯布没少跟阿什克罗夫特争吵，两人的关系越来越紧张，友情终于如弦断裂，乐队只好解散。

在这第二张专辑里有一首《历史》的歌，是首悲伤的浪漫曲，没想到成了他们的挽歌，乐队刚刚成立4年，竟一下子成为了历史。据说乐队解散时，只有麦凯布一个人没说什么，独自一人回家和女儿待在一起，不再轻易动那把木吉他，只是时不时地玩玩电子音乐。

对于艺术家来说，甜美的爱情和不甜美的爱情，都有可能是艺术的腐蚀剂。只是因人而异，有的可能是被甜美的爱情糇坏了嗓子，有的却可能是被不甜美的爱情刺伤了心。阿什克罗夫特这一次显然属于后者。音乐这只小鸟为爱情之箭射中，竟如此不堪一击，神韵就地倒下，呜呼哀哉。

如果不是1997年神韵重组，再次亮相摇滚歌坛，也许他们真的昙花一现，寿终正寝了。不过，一个曾经把音乐看得那样神圣的乐队，甘心只是因为爱情和友情就把音乐放弃，大概是不可能的，因作为一个真正的音乐人来说，只有音乐才是唯一的，才是第一位的。

1997年，这一年阿什克罗夫特决心复出，在心头拂拭不去的音乐，肯定又如迷失在暴风雨中的船扬帆归来，是其重要的因素，但我以为，另一个不可忽视的因素，是阿什克罗夫特又恋爱了（一个乐队的键盘手），爱帮助阿什克罗夫特让音乐复活。

这一年，阿什克罗夫特已经作好了50支歌曲，憋足了劲就等着重整雄风。他找到了老朋友鼓手彼德和贝司西蒙，唯独没有去找麦凯布，想想当初两人的不欢而散，自尊让他放不下面子。他先后找了几个吉他手顶替麦凯布的位置，却怎么也找不着感觉，就像全身的衣服都穿戴好了，就是贴身的衬衣不合身，伸胳臂动腿都觉得别扭。他心里明白是因为缺少了麦凯布，缺少麦凯布那出神入化的吉他，乐队就不再是神韵，就好像缺少了星星的夜空就不再是真正的夜空，只能是一片黑暗一样。他必须找到麦凯布，他找到了麦凯布，其实，麦凯布也在等着他，当真的见到了他，一切

前嫌便都冰化雪融了。

爱情和友情，给神韵插上了一对飞天的翅膀，让他们再次起飞。

他们出版的这第三张唱盘《城市赞美诗》，是他们的巅峰时刻。第一首歌《又苦又甜的交响乐》就那样动听。手风琴声中夹杂着的婉转的鸟鸣，电子乐作出的交响的效果，浑厚的背景里那种浩渺，强有力的鼓点和悠远的贝司中出现的阿什克罗夫特的歌声，唱得格外开阔，有种高空作业的俯视的感觉，身后是湛蓝湛蓝的天空，真是让人提气。一直到最后一首歌《快点》，结尾时手风琴声中竟然出现的细微的婴儿的啼哭声，一阵阵如天籁之鸣，和开头曲的鸟声遥遥呼应着、共鸣着，一种以前神韵里没有的自然之声，让人听了心旷神怡，忍不住想起他们的故乡那遥远而远离尘嚣亲近自然的小镇维根和录下他们第一盘唱盘那海阔天青的康沃尔。

就像在这盘《城市赞美诗》中那一首《一天》中略带忧郁的平静唱道：

“一天或许我们再次跳舞，
在蓝天之下；
一天或许你会再次爱，
爱将永远不会死去………”

爱情和友情将永远不会死去。这是没错的。

虽然神韵再次分手各奔东西。

据说，阿什克罗夫特今年再次出山，只是这一次是自己单挑，出版了他的唱盘，名字叫做《独自面对所有的人》。他有着他从来没有过的勇气。只可惜，虽然依然有着他俊秀的面容和他忧郁的歌声，他的这张唱盘却没有得到什么好评，面对上一张神韵的巅峰之作，独自面对所有人的阿什克罗夫特，没有给人们带来什么新意。

人们说，他再一次跌入爱河。

按以前的惯例，阿什克罗夫特的音乐是和爱情连在一起的，但这一次爱情没有帮助了他。因为帮助他的音乐飞翔的双飞翼另一只翅膀——友情，他到底还是缺了。

神韵，就这样离我们远去。

据说，阿什克罗夫特本来定好要到美洲去巡回演出，现在说是因病无法前行了。缺少了老朋友尼克、西蒙和麦凯布的阿什克罗夫特，他无法独自面对所有的人。

天堂里的那一场暴风雨，已经属于过去的记忆。

# 不要在地铁里睡觉

1995 年的彼得·莫菲（Peter Murphy）和 1979 年的彼得·莫菲不一样，和 1983 的彼得·莫菲也不一样。他没有了在《平地》和《天旋地转》或《内部燃烧》中的低沉和黑暗，伴奏音乐似乎也少了一些喧嚣和阴冷，显得动听而且丰富了许多。不知为什么，听起来，彼得·莫菲的声音更浑厚迷人了。如果把背景音乐去掉，会越发动听，流畅得很，他似乎从原来的一条夜色里浑浊的河水，在自己不住地流淌中变成了一道阳光下清澈的瀑布，毫无遮拦地倾泻下来，水珠四溢，让人感到清凉了许多，湿润了许多，惬意了许多。

不知为什么他会有如此的变化，也许，只是我听时感觉的变化，彼得·莫菲还是彼得·莫菲，并未真的洗心革面。不过，听音乐，还是要相信自己的感觉，哪怕很主观，却一定很准确。彼得·莫菲的嗓音确实变化了，变得动听得多了。就像岁月能够将一株树木或变得绿叶葱茏枝干挺拔或变得树皮老皱枝叶凋零而改变得面目皆非，当然也会把一个人的嗓子改变了，就像一株树慢慢地长大。

彼得·莫菲的嗓音本来就很有魔力，弹性十足，如今变得更成熟，更富于男人味。比起 1979 年他和伙伴成立“咆嚎嘶”（Bauhaus）乐队时和 1983 年解散了“咆嚎嘶”时，彼得·莫菲确实显得成熟了，我明显感到他的嗓音的变化，从嗓音确实能够看出一个男人的成熟。如果说以前像是萋萋野草，虽曾经尽情地摇曳在蓝天骄阳之下和畅快淋漓的长风之中，现在已经长成了一株粗壮的树，年轮不动声色地刻进了自己的木纹之中，也渗进自己的嗓音里。那是一种从小伙子变成了一个男人的味道，也许更能够被我所接受。是那种嘴唇很厚、胡须扎人、胸膛宽阔、目光如炬的那种男人，绝不奶油，也不是那种西服革履上衣袋口特意装一朵花或喷洒了香水的手帕的男人，更不是那种一身囊膪皮带只能系在肚脐眼下面的男人。

在英国摇滚音乐史上，“咆嚎嘶”是 20 世纪 80 年代一支重要的乐队，他们注重音乐的效果，将歌剧、戏剧、芭蕾、电影里的恐怖片的效果统统结合起来进行实验的音乐，实在是迷倒了一批人。作为“咆嚎嘶”的主唱，彼得·莫菲一直是整个乐队的主宰和灵魂。他的生命力是那样野草丛生一般的旺盛，解散“咆嚎嘶”后，他单飞至今依然魅力不减，而且在不断变换着自己的风格，这样的音乐轨迹，并不是每一个歌手都能够划得出来的。

不过，对比“咆嚎嘶”而言，我更喜欢今天的彼得·莫菲，他不再那样的冷漠，他的感情色彩变成暖色调了，明显地表现在他的歌声和音乐里。当然，并不是浓艳的那种的感情，而是有节制，有点看破春秋演绎的劲头。在我看来，日子已经沉淀下了许多以往的黑暗阴沉和喧嚣，让水流呈现出一些少见的透明和蔚蓝。

当然，也可以这样说，他似乎更向流行靠近，失去了原来摇滚的色彩和力度。有时候听着听着会觉得忽然有那么一点约翰·丹佛的味道，这感

觉很奇怪，也许只是一时的错觉。但明显民谣的特点，是不会错的。说彼得·莫菲向现实靠拢，向抒情投降，也不会错。听他的有些歌，那样的昂扬向上，一种透明的心态，一种戴着太阳镜驾驶着敞篷汽车开足了马力飞奔在高速公路上的感觉，快速的风和路旁的树一起水流一般从身旁兜过，心里和歌里明亮的感觉一并犹如头顶上的天空。只有在高音区上，才泄露了彼得·莫菲的本色，到底没有约翰·丹佛的那种高遏云天的特有明亮，显得多少有些浑浊。

我听的这盘磁带是1995年的出品，名字叫做《小瀑布》。我非常喜欢听他在里面唱的一首叫做《地铁》的歌，他唱得格外温情脉脉的那种样子，一开始就那样缓缓低飞如同飞机要平稳安全着陆到家的感觉，充满着他歌中少有的温馨，让我觉得不认识他一样，不敢相信他居然也能唱这样温情的歌。他反复地唱道：

“不要在地铁里睡觉，
不要在倾盆大雨里睡着。”

真的让我感动，像是很少听到的一种叮咛，尤其是在冷漠如冰的今天，在熙熙攘攘人流如潮的拥挤中，在擦肩而过的匆忙的地铁里，这种叮咛是那样感人而清新。他接着这样唱道：

“恨是一种罪恶，
这条道很窄，
像冰一样的薄，

我们却可以在这里的某一个地方遇到。”

我确实得佩服彼得·莫菲，他能够准确地捕捉得到生活中微妙的瞬间，让我们在某一个地方和他不期而遇，听他为你唱出那难得的温情和叮咛、宽容和期待。他不是那样大而化之，没有我们的歌中常常听得到的只是色彩艳丽的名词和形容词垒加的空洞，而是浓缩到最能够打动人心的一点上，让他的歌声飞溅出魅力四射的水珠，湿润着我们的麻木而干涸的心。

听这首《地铁》，总让我想起的无论是东京还是在巴黎还是我们北京的地铁里，见到的那些司空见惯的在摇摇晃晃的车厢里的人们，也总让我想起吕·贝松导演的那部叫做《地铁》的电影，那些镜头里的奔忙如鲫的人流，冷漠如木偶的面孔，和那震耳欲聋的地铁的穿梭不停对生活的回避，对现实的逃离，孤独的流浪，漂泊无根的无奈，还有那里面的一支摇滚乐队……便总会叠印着彼得·莫菲的影子，情不自禁地跳跃进彼得·莫菲的这首歌中来。那种日子对人生的重压，一天的繁忙对人心的蚕食，地铁车轮撞击铁轨的隆隆单调声响，正是对人疲惫麻木和昏昏欲睡的最好伴奏。仿佛他就在电影里，就在地铁西直门或东直门站的哪一个角落里，抱着他的吉他，悄悄在唱着这首歌，告诉你：

“不要在地铁里睡觉，
不要在倾盆大雨里睡着……”

在这盘磁带里，还有一首歌，叫做《宽恕的雨》。在这首歌里，他唱

着和《地铁》同样的主题和旋律：

“你愿不愿意和我一起散步，
如果我跑开时，
你会不会原谅我？
你会不会从河的那边游过来？
让我们成为在宽恕雨中跑来的人，
当我害怕穿越河的时候，
请当我的桥。”

宽恕和宽容，原谅和理解，关爱和呼唤，竟变成了他的歌的主旋律。

这盘磁带的最后一首歌是《希望》，他唱的还是这样的主旋律。他用类似裴多菲一连串排比式的语言，将希望唱得非常朴素、迷人而感人，让人听着是那样亲切自然：

“我希望这是春天，
我希望这是你的房间。
我邀请在你的篱笆外徘徊的乞丐。
我希望我是你的树，
我希望我是向你鞠躬致意的一缕烟。
我希望我们穿上快乐的大衣，
我希望我们在海滨有海风吹拂，
我希望我是你的镜子，

给你我的魔杖。
我希望我是你的镜子，
是你美好的阳光。
我希望是一个流浪汉，
住在你的土地上。
我希望我是一个爱尔兰的修鞋匠，
从你的手中接过玫瑰汁的芬芳。
我希望我是一个乞丐，
等待在你的门槛上……”

听着他这样的歌，会很自然地想起裴多菲的那首名篇《我愿意是急流》：

“我愿意是急流……只要我的爱人是一条小鱼，
在我的浪花中快乐地游来游去……”

或者想起我国青海的民歌：

“我愿意是一只小羊趴在他身旁，
我愿意是他拿着皮鞭不断温柔打在我身上……”

无论哪个国度，人们表达自己的感情的方式连同习惯用语竟然都是如此的雷同，便也就如同水流一样，不管是从遥远的哪里流来，都能够迅速地找到汇合点流到一起来。音乐无疑是最快捷的沟通方式之一，歌声便是

连接起我们相互走近的桥。可以清晰地看出，彼得·莫菲向民间靠近的姿态，他确实像是一缕弯腰鞠躬的烟。这是一个贴切的比喻，是彼得·莫菲的一幅写意的素描。

还有一首《野鸟群向我靠近》，我也很喜欢。在这首歌里，他唱得有些奇怪：

“一个有蓝眼睛的孤独的男孩，
头发滑到了地上，
从文字中读出了语气，
从一个他自己的国度里，
所有的嘴唇都像一个波浪……
你是羔羊，
你是国王，
你是太阳，
你为什么要躲藏？
你像画挂在墙上，
没有人看见你的光亮。
你只在我的视野里，
你年轻的泉水，
像火焰里诞生的飞蛾，
带着我们穿过屋顶到蓝天上……”

然后，他在最后莫名其妙地唱道：

“野鸟群向我靠近，
为了伙伴而高唱着摇滚。”

他好像从现实的《地铁》中，一下子飞到野鸟群靠近的漫天飞翔的幻想之中,。你弄不清他的野鸟群到底象征着什么，为什么要向他靠近。但无论现实也好，幻想也好，野鸟群也好，飞蛾也好，抑或是在歌中多次出现的地铁、桥、雨、刀子、小瀑布……一个紧接着一个的意象（不知为什么在这盘磁带里出现了这样多的缤纷意象），彼得·莫菲和原来的样子确实不大一样，我能够感觉到他的心并不因不再年轻磨出厚厚的老茧而油盐不进，却更为平实平易，而且还没有失去幻想和向往，在他的心中一下子放飞出这样多缤纷的意象，像是放飞出一只只洁白的鸽子。一个唱了20年的歌手，能够做到这样算是很不容易了。

也许是年龄的关系，我更能接受现在的彼得·莫菲。在这盘磁带中，音乐作得也不错。特别是背景里的回声，非常漂亮。在以前“咆嚎嘶”时代，也曾经出现过回声，比如在《天旋地转》里就有回声，但现在的回声变化很大，而且富有感情色彩和音乐本身的丰富的色调。或高或低，或远或近，或迟或缓，或扬或抑，回声此起彼伏，和他的歌声呼应得异常和谐，让你觉得他的歌声忽然像是在回声中荡漾的船只，那些回声像是远航归来的船帆前迎来了漫天飞翔的海鸥，透明的翅膀上驮着清凉的晚风温暖的晚霞，一起辉映在船头和水手的身上。在那激越的鼓声和电子合成器制作出的浑厚的效果中，显得格外出色和明亮。那种感觉是一路平安的归来，是风荡漾起海浪一层层雪白的浪花亲吻在港湾的堤坝前，化为一湾波

平浪静。

在这盘磁带的封套里有一页满满地印着的一张一个小男孩的照片，而彼得·莫菲和伙伴的合影只占着偏僻的一角，可以看出他对这张照片的重视。金发小男孩笔直地站在刻有红十字的门前，身穿白衣黑短裤，胸前背着一条宽宽的绶带，双手合十，明亮的大眼睛望着前方。不知道这个男孩子是不是《野鸟群向我靠近》里的那个蓝眼睛的孤独男孩子，是不是那个能够从每一个嘴唇看到一个海浪的男孩子。不管是不是，这种虔诚纯洁的感觉，正是彼得·莫菲心中的向往和渴望。他有意用这张照片为他的歌声做了形象的表达。

真的，无论什么时候，只要一听到“不要在地铁里睡觉”，不要说是歌声，哪怕只是一句轻轻的诉说，也足以让人感动的了。现实的生活里，除了自己的父母，谁还会在意这样一句“不要在地铁里睡觉”的嘱咐和叮咛？就是自己的亲兄弟姊妹也都在各自的奔波之中，人们变得越来越自私越来越现实，就像罗大佑在歌里唱的那样：“人们变得越来越有礼貌，可见面的机会却越来越少。”客气的礼貌，并不是真正的关心和爱，生日的豪华蛋糕和九百九十九朵玫瑰，代替了日常琐碎一点一滴的关照。温馨和温情，已经被挤压得如同人们品尝咖啡时壶底的碎末或嘴里含过的干话梅核，可以随手扔掉。谁还在乎这样一句话？

而彼得·莫菲却在经历了人生沧桑之后，抱着一把吉他，站在喧嚣拥挤的地铁的角落里，轻轻地为你在唱着：“不要在地铁里睡觉，不要在倾盆大雨里睡着……”我们应该为他而感动，值得停下脚步听一听他的歌唱。

2001 年于北京

# “赶时髦”的 20 年

一个乐队坚持了 20 年，就像是一些朋友相处了 20 年，并不是那么容易的事情。20 年，不是一个小的数字。20 年，走过了一个人整整的青春和一个人一生最宝贵的年华。不用说别的，大家还能够在一起，就不是一件容易的事情。更何况，他们还能够唱那么好听的歌，而且，一点不比 20 年前差，甚至更好听。容易吗？

我最初听“赶时髦”乐队（Depeche Mode）的唱片时，听的是他们 1990 年的《违反者》、1993 年的《信仰和奉献之歌》和 1997 年的《极端》三张唱片，就是这种感觉。《违反者》已经不错了，其中的《夜晚的等待》、《享受寂寞》、《私人耶稣》就很好听了，再听《信仰和奉献之歌》，尤其是听到《犹大》这首歌，更好听了，不停地唱着“假如你希望我的爱”这句歌词，一遍又一遍不厌其烦地重复着，加入了女声的伴唱，最后加入的男声，像是突然从各个地方冒出了泉水，喷涌不尽，千曲百回，柔肠寸断，是摇滚里少有的唱法，实在是让我的眼睛一亮。当听到《极端》后，眼睛就更亮了。听到最后，几乎曲曲动听，《爱贼》、《家》、《它不好》、《无用》、《夜晚的姐姐》、《感悟》……还是老主题，唱的却

依然动听，随意之中依依的舒缓吟唱，仿佛老朋友在夕阳下温暖的聚会把许多往事兜上心头，诉说不尽，或欲说还休。

年轻时是多么的美好而令人回忆。年轻时该有多少梦想星辰般璀璨地开满天空。21 年前，1980 年，他们在英国东部巴西尔登在成立了这支“赶时髦”的乐队，当时只有文斯·克拉克、安迪·弗莱彻和马丁·戈尔 3 人，是那种很简单的贝司、鼓和吉他的三重奏，他们没有想到就是这样简单的乐队有一天会在整个英伦三岛乃至世界震撼。当戴夫·加恩作为主唱加入他们的乐队，他们就如虎添翼，更加威风凛凛。那时，他们才都十八九岁，音乐是他们的异想天开的梦想，也是他们青春挥洒的娱乐，他们又买来极其便宜的廉价计算机和电子合成器，便开始将简单的三重奏变成了摇滚，一切就像是孩提时代的搭积木，或玩的鸡变鸭的魔术，那样好玩，那样神奇，音乐就那样渐渐地长成了一棵开满芬芳花朵的大树。年轻时怎么能不美好？年轻的友谊和音乐一起开始启程，怎么不令人向往？

很明显，他们的音乐来自民谣的营养。戴夫·加恩的简单而随意的吟唱，更有些街头和酒吧里演唱的味道。谁能够在当时想到就是这样的简单的吟唱，竟然一下子进入了英国的排行榜，从开始的 50 多位进入到 20 几位。他们真的才是早晨八九点钟的太阳，一天天在蒸蒸日上。

我想，并不只是如我这样一把年龄的人能够接受并喜欢这样的音乐，年轻人照样也喜欢这样的音乐。说明在摇滚需要缤纷多彩，说明有时简单并不是单薄而是一种单纯的境界，对比汹涌和浑浊的水流，清浅的溪水和清澈的泪水是另一种选择。有时我们需要大江东去浪涛惊岸对天长啸，发一声喟然的叹息，也需要发泄一下胸中的郁闷而狂喊几声怒吼几下，但我们有时也需要这样轻轻的浅吟低唱。

“赶时髦”的音乐适合几个朋友坐在家中慢慢地听，一个人的听的效果也会不错。如果是夜晚会更好，如果是下雨或下雪的夜晚就更好，如果再有几瓶酒就着戴夫·加恩的歌当下酒菜，喝的听的一并脸红耳热就更好。

有句俗话说是年轻时不懂爱情，其实也可以说是年轻时不懂友情。“赶时髦”的4个年轻人的势头正好的时候，才一年多，富有才华的贝司手克拉克突然退出了乐队，去组建另外的乐队。在此之前乐队的音乐都是他的创作。他一走，乐队塌了半拉架子，元气大伤，不少人以为“赶时髦”很难再时髦下去了，甚至得垮台。这时，马丁·戈尔挺身而出，担纲出任歌曲创作的角色。同时，另一个年轻人叫艾伦·怀尔德替补了克拉克在乐队的位置，也算是进出平衡吧。摇摇欲坠的乐队也才多少得到了一些平衡。只是马丁·戈尔开始写的歌曲没有得到听众的认可。一直到两年后他写出了《人总是人》、《每一条罪状》几首新歌，才彻底让乐队稳定，像是一艘颠颠簸簸的小船又扯起风帆乘风破浪起来了。

就凭着年轻的这股劲头，就凭着这样简单却富有浪漫色彩的吟唱，“赶时髦”乐队在20世纪90年代越发红火起来。他们的唱片轻而易举地畅销，他们的歌曲随心所欲地进入了排行榜的冠军，他们走马灯似的在世界各地到处进行巡回演出。他们风光无限，风头出尽，他们成为了新一代年轻摇滚迷的偶像。他们在热浪般的掌声和欢呼的簇拥下飘浮在成功的云端。

他们毕竟还是年轻，他们没有老人睿智的先见之明，不知道糖吃多了不甜。他们不知道就在这时候潜伏的危机正在四散。1995年的元旦，在

艾伦·怀尔德生日的这一天，谁也没有想到他宣布退出乐队。紧接着，一直陷入吸毒而难以抽身的主唱戴夫·加恩自杀未遂。乐队这艘小船一下子竟然在鼎盛之时千疮百孔，他们的友情再一次面临着考验。

有时，想一想，一个乐队坚持下来，真是不容易。他们没有铁饭碗，或挂靠一个单位。在密植的摇滚界，他们野草一样自生自灭，没有新歌的新唱片，被喜新厌旧的歌迷遗忘，是太平常的事情。一个仅仅 4 个人的乐队，突然失去两员大将，这阵实在是没法子布了。“赶时髦”乐队沉寂了两年多。

我对“赶时髦”乐队所知甚少，仅就我所知道的这一点点情况，他们也算是多灾多难的了。不过，不少摇滚乐队和他们的情况差不多，吸毒在摇滚歌手并不鲜见，和因为利益分配声誉平衡等原因，乐队成员分道扬镳的也不在少数，于是，半路夭折的便也就屡见不鲜，摇滚界里的人比文学界里的作家还要各领风骚三两年就蒲公英一样四处飘散，连个人影都找不着了。不过，“赶时髦”乐队比这些流云一般的乐队命运要好，两年之后，1997 年，他们大难不死，戴夫·加恩、安迪·弗莱彻和马丁·戈尔又走到了一起，他们 3 个人推出了新的唱片，就是我听的那盘《极端》。他们的音乐和友情一并重新光彩照人。历经磨难的乐队 3 人驾驶的小船终于再一次驶出浅滩，潮平两岸阔，风正一帆悬。

听说，今年，“赶时髦”乐队又出了一盘叫做《兴奋剂》的新唱片，可惜，我还没有买到，不知道里面唱得怎么样。不管怎么样，也是值得一听的。只要想一想，一个乐队的人数再少，心思也不会像是旗子似的顺着风的方向往一面吹，按下葫芦起了瓢发生矛盾是自然的，更何况唱摇滚的都是个性极强的人，能够走到一起，坚持走了20年，并不是一件容易的事情。

走了20年，音乐和友情就都走出了厚厚的老茧。

2001年于北京

# 死亡并没有结束

在摇滚歌坛中，真是有一些文学素养极高的歌手。他们不是那种文化水平只表现在龙飞凤舞地给歌迷们签字上面、除了歌词没有读过其他什么诗、除了唱别人写的歌词更没有自己写过一首歌词更别提一首诗的歌手。以为仅凭着一副嗓子再加上一张漂亮的脸蛋就可以闯遍天下，是不少这类歌手的对音乐的误解。

尼克·凯沃（Nick Cave）在这方面应该是他们的老师。他在唱歌的同时还曾经出版过《国王的墨水》和《驴见到了天使》两本书，前者是他的散文集，包括他创作的歌词和一个独幕剧，后者是他的一部被严肃评论界称之为“现代史诗”的长篇小说。他不是那种只会出版写真集或雇佣枪手写用化妆术涂抹过的那种自传的歌手。他一手拿着笔，一手拿着吉他，将文学和音乐在他的心中盛开出并蒂莲。不敢说在摇滚歌坛中他的歌文学性最强，但我敢说他的歌中那种独有的叙事性确实是别人难以企及的。有谁能够在一盘唱盘中集中一个主题一口气唱出10个故事来？或许叙事不是音乐的所长，圣桑早就说过：音乐起于词尽之处。但他却偏要拿文学这支矛攻音乐之盾，在一盘叫做《谋杀的音乐》的唱盘中，一连唱了10首关于谋杀的故事，其中一首《奥马雷酒吧》竟然把一个故事唱了15分钟之久。

这位出生在澳大利亚的歌手曾经是澳大利亚摇滚史的风云人物，他所组建的“生日聚会”乐队（Birthday Party）20世纪80年代初期最初出道时是以哥特式风格著称，横扫当时摇滚歌坛，那种恐怖狂暴乖戾的重金属般的歌声，被称之为“后朋克时代最无序和野蛮的音乐。”足足地闹腾了几年。只是后来他不满足这种原始情感宣泄的音乐，开始向布鲁斯、民谣学习，同时向歌剧学习，让自己的文学天分渐渐得以发挥。1984年，“生日聚会”乐队解散，他成立了“尼克·凯沃和坏种子”乐队，出版发行了第一张唱盘《从她到永恒》。这张唱盘获得好评，德国导演威姆·温德斯导演的当时风靡一时的电影《双翼的欲望》中就用了《从她到永恒》作为主题曲，邀请尼克·凯沃在电影里现场演唱，让尼克·凯沃又出了一次风头。1985年，尼克·凯沃出版发行了第二张唱盘《头胎已死》，从名字就可以看出他不满足于过去而求新求变的迫切心态。1988年，他遇到后来成为他妻子的维维安·卡内罗，1990年出版的新唱盘《好儿子》，风格忽然变得和“生日聚会”时决然不同。在我听来，一种过去所没有的旋律性、亲和性和文学的叙事性，在这盘唱盘中初露端倪。谁也无法否认一个人的经历总会在他的作品中打下烙印并能雕刻般将其改变成一副新的模样来的。

《谋杀的音乐》是1996年的出品，它确实是一盘不仅尼克·凯沃从未有过的也是所有摇滚歌手没有过的音乐。只有尼克·凯沃才会有，因为他不仅懂音乐，同时懂文学，他将这两者成功地嫁接在这盘唱盘中。这实在是一盘非常出色的唱盘，他用他那沉郁而带有苍凉感的歌声为我们叙述了

10 个令人心碎的故事。他是那样杰出地发挥了自己文学的潜质，运用了歌剧的元素，融合了艺术摇滚的特点，将一盘唱盘制作得非凡无比，让人听得感动。10 个并非一般的故事，而是 10 个和凶杀有关的故事，一唱三叹，回旋不止，激荡不已。虽都是和谋杀和暴力有关，但他并没有唱得那样晦暗那样凶残，而是将他对暴力的憎恶，对死亡的怜悯，对善良的渴望，倾诉得那样一往情深，旋律性极强的歌唱得那样心神俱碎。他用自己的良知为我们捧出一束聚集在一起的花束，置放在那些因暴力死亡的无辜者的墓前。那一束鲜花因颜色浓郁而像膨胀得愤怒的心，格外令人瞩目而心动。

这盘唱盘中又特意请来的女歌手 P. J. 哈维、凯莉·米诺格、阿妮达·莱恩，和尼克·凯沃对唱，给这盘唱盘增色不少。几位女歌手实力不凡，唱得非常动听，和尼克·凯沃配合得异常默契，像是刷上了一层明亮动人的底色一样，衬托得尼克·凯沃的歌声剪影般的突现而越发凄美迷人。尤其是 P. J. 哈维，这位 20 世纪 90 年代另类摇滚歌手的代表，嗓音和唱功都是美不胜收。我特别喜欢听这盘唱盘里的《野玫瑰在哪儿生长》和《死亡并没有结束》两首歌。男女的对唱，此起彼伏，委婉不尽，听得人真是只想掉泪。前者特有的弦乐和钢琴的伴奏，让我尤其耳目一新，是在摇滚之中少有的。柔软而优美的弦乐，增加了音乐的抒情性和丰富性；间或出现钢琴的跳跃，清亮的水珠一样溅起几分感伤的色彩。男女声起伏摇曳，让人能想起那随风起伏到遥远地平线的草原，橙红色的落日中归家的黑鸟成片地飞进日头的阴影里，鸣叫得像是哭一样飘荡在风中，跌落在草原里，撕扯得人肝肠寸断。

《死亡并没有结束》是这张唱盘里的最后一首歌。没有我们听惯的那种愤怒以及嘶鸣呐喊式的高潮，将歌声和乐队一起亮相，让架子鼓尤其击打得漫天轰鸣震耳欲聋。男女声就是那样反复地吟唱着，唱着唱着，歌声没有了，只剩下了音乐的伴奏。渐渐地，伴奏的音乐也越来越轻，然后便突然地消失了，就像一个人突然地走到了悬崖边无声无息地掉了下去，或是一步步走进了海里，悄悄地被一簇簇涌来的浪花淹没，消失得没有了一点踪影。袅袅的余音未尽，让你忍不住垂下头来，回想着那句歌词："死亡并没有结束，死亡并没有结束！"歌声还顽强地弥漫在周围的空气里。

# 为何我唱布鲁斯

民间音乐的生命力，旺盛得有时让我们吃惊。它们就像一条从遥远的历史中游来的鱼，既可以存活在出土的古老瓷器的图案里，想象在遥远的岁月里；也可以出现在现实的时间里，振鳍掉尾活灵活现在我们的面前。它们活在两个时空中，游刃有余，呈对称的两极，辉映在音乐之流中。

美国的蓝调音乐即布鲁斯，大概是美国也是全世界最富有生命力的民间音乐之一了。

听到美国的布鲁斯，我会很自然、很感性地想起密西西比河上的天空、得克萨斯州的田野、路易斯安纳的林区……那里是蓝调音乐的发源地，就像肥沃的土壤一定会生长茁壮的森林和牛羊一样，那里生长着绵延至今的蓝调，蓝调是那里盛开的忧郁的勿忘我似的不败的蓝色花朵。

听到美国的布鲁斯，我也会想起电影《飘》和《汤姆叔叔的小屋》，那里面黑人奴隶们在南方炎热的土地上痛苦劳作时的歌唱，那种或是独自忧伤的呻吟、或是群体低沉的合唱，实在是有种比哭泣更让人撕心裂肺的感觉，那种音乐飘荡在空中像是云一样无所不在地流浪，始终笼罩在我们的头顶，飘落下面便像是水能够无所不能地渗透进土里、石缝里一样，一点一滴地渗透进我们的心里，烈酒一样发酵在我们的心里。除非我们的心是一个大漏勺，我们不会不为它湿润为它盈满感动得浑浊泪滴。

记得刚上中学，我背诵并在学校里朗诵过一首叫做《在密西西比河，有一个黑人的孩子被杀死了》。我想，那飘拂在密西西比河上空被残暴害死的黑孩子不屈和不死的灵魂，该就是布鲁斯的旋律吧？

即使时间过去了那么久，只要一听到布鲁斯，我的脑子里总还是立刻就想起了那个死在密西西比河里的黑孩子。我相信许多人听到布鲁斯没有想起那个黑孩子，也一定会和我一样会这样想到美国的黑人，想到美国的南方，就像一听到《紫竹调》和《茉莉花》立刻就会想到我们杏花春雨的南方一样。民间的音乐即使不和民族的记忆联系在一起，也是这样的和自己的土地紧密地联系在一起。

那种挥洒在南方热辣辣的种植园里的汗水和音符搅拌在一起，那种淤积在一代代奴隶心头的愤怒和旋律搅拌在一起，那种收工在夕阳西下时分的火烧云下的尽情的宣泄和节奏搅拌在一起，或者在夜晚昏暗的酒馆里或燃烧的篝火旁那一醉方休的饮酒和疯狂的跳舞踢踏得泥土飞扬的节拍搅拌在一起……我猜想，布鲁斯应该就是在这时诞生的吧？布鲁斯的诞生，不是为了高雅或高贵，布鲁斯首先是和悲伤是和痛苦联系在一起的。它不是那种必须要身穿晚礼服喷洒着香水珠光宝气去欣赏的音乐，它只是那种赤着脚光着胸膛在烈日下热汗流淌的奴隶们的音乐，是那种喷涌着酒气和劣等烟草的烟味以及南方伐木林区和种植园泥土和腐殖质的气息混杂在一起的音乐。是那种砍刀和锄头碰撞、汗珠和血滴相涌、内心呼喊和口中宣泄交织所一并发出尖利如同荒野上嚎叫的狼一般的音乐。布鲁斯的音乐从来打上的都应该是下里巴人的印记，如果打上了假贵族或伪诗人的徽章，就

一定不再是真正的布鲁斯。

那些从非洲移民来到南方这块土地上的黑人奴隶们，把开垦和收获连同辛酸和音乐一起带到了这里，播撒进泥土里开放出布鲁斯这朵勿忘我的蓝色花朵来。那种班卓琴、曼陀铃和小提琴的交融，尤其是吉他的加入，布鲁斯才犹如一个姑娘恰逢其时的成熟，有了经血一般有了气韵有了养殖的生命力，将曲线流溢的身段和丰满的情致荡漾在我们的面前并繁衍了无数美丽的布鲁斯的歌曲，星星一样多得首先遍布在密西西比三角洲。

我所了解的布鲁斯的知识很少，小时候，说起布鲁斯，我只知道保罗·罗伯逊，他也许不算是真正的布鲁斯，不过那纯粹男低音的歌唱，即使几十年过去依然清晰在耳，而且是以后再也没有听到过的男低音，更重要的他是一个黑人，我便不由地把他和布鲁斯联系在一起而自认为是我第一次听到的布鲁斯了。后来，渐渐地长大以后，我知道了 W. C. 汉迪，知道了他的那有名的《孟菲斯布鲁斯》和《圣路易斯布鲁斯》；知道了 J. 布兰德，那首动听而深情的明尼苏达州的州歌《带我回到老弗吉尼亚》，就是他的杰作。

再后来，我知道了 B. B. 金。

说实话，我对 B. B. 金。一无所知，只是在今年的格莱美奖的获奖名单中看到了 B. B. 金。我不知道其实早在 1987 年格莱美就给了他一个终身成就奖。我问儿子，他说："你问 B. B. 金呀，'老泡儿'啦!"我才知道，这位出生在密西西比的布鲁斯大王今年已经 76 岁了，是够老的了。在老一茬的蓝调歌手中，他几乎成了硕果仅存的一位，说他是布鲁斯的一块活化石，大概不为过。从 20 世纪 40 年代一直唱到现在，横跨了半个多世纪，从一个比尔大街的布鲁斯男孩（因为比尔和布鲁斯的英文单词 Beal、

Blues 开头各有一个 B，所以后来简称为 B. B. 金），到如今白发苍苍，还没有一个摇滚歌手能够像他宝刀不老唱得如此长的岁月（鲍伯·迪伦算是摇滚的常青树了，也赶不上他的时间长），唱得歌声和时间一并如雪斑白锁定在布鲁斯的歌声中，不是活化石是什么？

那天，我去买磁带，说起 B. B. 金。卖磁带的小伙子几乎惊奇地问："您买 B. B. 金？"再一问，才知道现在听 B. B. 金的人已经很少了。新的蓝调大王在频频出现，谁还在乎一个老头子？

不过，小伙子很热情地对我说："我这儿还真给您准备着两盘 B. B. 金的磁带。"

一盘 B. B. 金的专辑，一盘 B. B. 金在库克郡监狱的现场演唱会。

我请教小伙子，请他为我推荐其中的一盘。他想了想，把那盘在监狱的现场演唱会的磁带递给我："您还是听这盘吧，布鲁斯的演唱，即兴的成分很强，听现场更有味道些。"

小伙子说得很行家，即兴性和民间性，是布鲁斯的双飞翼。听布鲁斯，当然是现场更见水平，现场的气氛有助于歌手的发挥，布鲁斯的音乐本身就有着这样发挥的成分的天地，一把抱在怀里的吉他就像是一个不安分的女人，时时被他撩拨得如蛇扭动，生龙活虎，风情万种，随着他的歌喉一起交欢，云起风动，出神入化。

这盘现场演唱会的磁带，是 B. B. 金 1980 年的制作，那一年，他 55 岁，正值壮年。他的嗓音非常洪亮，嘶哑的嚎叫都是那底气充沛，和沸腾的听众的对唱对说得此起彼伏，气氛很是热烈，让人想起布鲁斯发蒙时期那种歌声呼应的幽幽韵律和从心底发出的激情。

在这盘磁带里，B. B. 金唱了 20 世纪 50 年代和 60 年代曾经风靡一时

的歌曲，比如《亲爱的你知道我爱你》（1952年）、《每天我都有布鲁斯》（1955年）、《请接受我的爱》（1958年）、《甜蜜的16岁》（1960年）、《你能有多忧郁》（1964年）……看来虽然是在监狱里给犯人演唱，他还是很认真地精选了他自己得意的作品，不愿意应付他们。

20世纪50年代和60年代，正是B. B. 金鼎盛的黄金时候，他上足了发条似的一年有300天在现场演唱，这实在是一个惊人的数字，另外的时间在录音棚里录音。这也就是说，除了睡觉，他把时间都交给了他钟爱的音乐，他身体里的每一个细胞似乎都燃烧在他的布鲁斯里，或者说他的布鲁斯再造了他的生命，他才会具有如此旺盛的生命力，同他唱的蓝调一样喷发着火山般的热力，并奇迹般地将这座火山持久地喷发一直保持到如今76岁的年纪。

这位童年在颠沛流离的生活中成长起来的布鲁斯大王，得益于他的前辈布鲁斯大师博恩·沃克（T-B·Walker）的指引，并受益民间的布鲁斯艺人布卡·怀特（Bukka White），后者发现了他的天才，亲自指点他演奏吉他的非凡技巧而画龙点睛使得唱念做打样样技艺超群。只是在我听来，对比那种狂野的布鲁斯，B. B. 金显得软了一些，少了一些原始布鲁斯的嚎叫和呻吟，多了一些舒缓和抒情，远离了黑人当年移民初期时背井离乡的荒凉和悲伤，以及在南方的种植园里当奴隶时的痛苦和苍凉。也许，是布鲁斯在时代的变迁中已经发展成多种分支，我是不大懂，也分不清，布鲁斯在这样的发展中生长了一些新的东西，也可能失去了一些东西。

或许，这就是B. B. 金。和我想象中的B. B. 金不大一样，和我想象的布鲁斯也不大一样。

不过，我忽然想起同样为民间音乐，我们的《紫竹调》、《茉莉花》，和这些布鲁斯真是大不一样。漫长的封建社会，我们的农民所经受的一切不比黑人奴隶痛苦吗？怎么我们的音乐删繁就简只剩下了轻柔缠绵和小花小草般的玲珑剔透？我们为什么就缺少了布鲁斯那样的粗犷？那种对痛苦的不平的嚎叫对忧伤本能的呻吟以及那合唱般山动地摇的你呼我应？即使是同样表现痛苦的山西民间小调《走西口》，也只是一唱三叹的哀婉而缺少那种内心与外在共有的震撼。也许，是民族的性格特点不尽相同，我们更讲究的是阴柔含蓄和制怒于心里不要外露的中庸。也许，从我们的西北的花儿和信天游的酸曲或蒙古族的长调中能够多少听出这样一些的粗犷和呼号，但多的大概是一唱三叹，还是少了些如沙漠戈壁本性和本能的粗粝荒凉和尖锐。我闹不大清，同时闹不清的是在美国出于民间音乐的布鲁斯在日后的发展中成为了摇滚乐的一支劲旅，而我们的民间音乐只演绎出一台管弦丝竹的演奏或民族唱法的演唱，在我们的流行音乐和摇滚歌坛里，只有舶来的现兑现卖，恰恰没有什么我们自己民间音乐的成分。

1969 年，B. B. 金曾经唱过一首叫做《为何我唱布鲁斯》的歌，但反响一般，和他的那些脍炙人口的歌相比，这首《为何我唱布鲁斯》为人所知甚少。我没有听过这首歌，但我很感兴趣，不知道他是如何自唱自答的。这是一个重要的问题，因为只有回答这个问题："为何我唱布鲁斯"才能够明白历史中诞生在密西西比、德克萨斯、路易斯安纳的林区和种植园里，诞生在黑人奴隶痛苦的汗水眼泪和愤怒的拳头中的布鲁斯绵延至今的意义和价值。

据说，一部音乐纪录片《布鲁斯（蓝调）》，即将拍摄。这部记录布鲁斯发展历史的电影，将由拍过《直到世界的尽头》和《百万美元酒店谋杀案》的著名导演威姆·文德斯、拍过"007"电影《黑色帝国》的著

名导演迈克尔·阿普德等人联手导演，阵容强大，肯定是部好看的片子。在这部电影里，将有包括 B. B. 金在内的一批布鲁斯大师出现。也许，到那时，他们会告诉我们“为何我唱布鲁斯”这个问题。

2001 年于北京

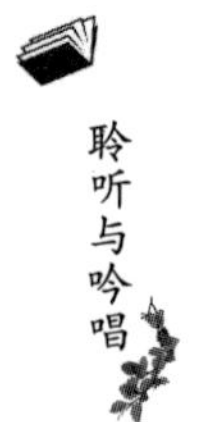

# 汤姆·韦茨之梦

第一次见到汤姆·韦茨（Tmo Waits），是在美国大导演科波拉导演的电影《棉花俱乐部》里。那是一部老片子，汤姆·韦茨在里面演一个并不怎么重要的角色，是个不起眼的小人物，但很有个性和光彩。那时，不知道他居然还能唱那样好听的歌。他不仅能演能唱，还能作曲，科波拉的好几部电影都是他配的乐。他为电影《从心而来》配制的音乐还曾获得奥斯卡提名奖。

其实，他出道很早，早在20世纪60年代末就开始了他的演唱生涯，1972年出版第一张虽然销量不佳而不堪回首的专辑《打烊时间》，但在美国摇滚乐坛中，他也算是一棵常青树了，一直唱到现在，宝刀不老，依然拥有着他自己的歌迷，大概只有比他大8岁的鲍伯·迪伦等少数的几人能和他相比。

汤姆·韦茨出生于1949年，算一算，今年已经52岁了。他实在是够老的了，但想一想今年格莱美奖最佳蓝调获得者B. B. 金，今年都76岁了，他还老什么呢？据他自己说，他是出生在加利福尼亚一辆出租汽车的后座上，而且出生的那一天正巧是“珍珠港事件”爆发的那一天，以后

便以讹传讹传开了。我是不大相信的，他对记者采访每次所说的细节都会变化，只是出生在出租汽车这一点不变，我想这不过是他自己编造的传说，增加一些故事性和传奇的色彩。当然，汤姆·韦茨本人确实经历不凡，他给比萨店里送过外卖，当过夜总会的看门人，生活在底层社会的黑暗和动荡中。那时他能够阅读的东西只有菜单和杂志，那时他最大的梦是拥有一个小餐馆，音乐尚在遥远的天国之外。这样的一个人出生在出租汽车里，很适合汤姆·韦茨，像是一部电影里人物的出场，呱呱落地，为的是引起人们的注意。

我是非常喜欢汤姆·韦茨的歌声的。第一次听到，就立刻被吸引。音乐像是黏合剂，让你的心不由自主地向它靠拢，在那一刻，人和音乐像光影重合一般融合在一起。那是一个冬天的夜晚，窗外正飘飞着纷纷扬扬的雪花，汤姆·韦茨的歌声响了。那是一种格外低沉而粗犷的歌声，粗犷得像是沙漠风中的翻飞的石砾，低沉得像是没有一颗星星的夜。但你会感到他那粗犷低沉的歌声中所包含的心是脆弱柔软的，就像窗外铺满一地的那白绒绒的雪花。

不知怎么搞的，他的歌声让我的心里涌出一种悲伤和感动，那种悲伤和感动是遥远的，是在我的记忆深处的，是不愿意轻易示人的，铁锚似的早已经沉入海底。但被他的歌声打捞了上来，水淋淋的在月光下闪着以往岁月锈迹斑斑的回响。他的歌声有一种浓重的怀旧味道，听他的歌，像是搭乘上一艘虽赶不上泰坦尼克那样豪华的客轮，却是一只船头雕刻着古旧的花纹、白帆上飘荡着往昔风雨的双桅船，沿时光隧道回溯到以前即使并不那么美好却现在看来是水清岸阔的回忆之中。

汤姆·韦茨的歌真的很适合我。我确实喜欢他。他的歌声总给我夜色中蓊郁而林涛澎湃的黑森林，和黄昏夕阳辉映下浑浊而缓缓流动的河流的感觉。在他的歌声中，总有平民的声音，有底层的呼吸，和他多愁善感的心跳。那种刻骨铭心的悲伤和重压下撕扯的呻吟，让我仿佛看到那饱经风霜的皱纹、卷发和油腻腻手指甲中黑乎乎的油垢。总能感到有一种《汤姆叔叔小屋》中飘来的音乐感觉，有一种《老人河》里荡漾的音乐灵魂钻进你的心里，让你不由自主地想起黑人的蓝调，那种萨克斯吹奏的布鲁斯，是在灯光昏暗的下层酒吧或咖啡馆，烟雾腾腾，喧哗嘈杂，蒸腾着醉醺醺的热汗和劣质烟草的味道，混杂着女人的体香和刺鼻的香水气味，和他的歌声一起搅成一杯杯味道独具的鸡尾酒。

起初，我真的以为他是一个黑人歌手。不是，他的音乐只是从黑人的布鲁斯和爵士乐中吸取了精华，他同时从金斯伯格的诗和杰克·克罗克的小说获取过营养。所以，他的歌才会如此丰厚，不是像我们有些歌手只会唱些时令的流行小调，时过境迁之后，便像潮水过后甩在沙滩上的石子一样被人迅速地遗忘。他的歌几乎所有都是他自己作词作曲（其中一些是和他妻子的合作），这更和我们的有些歌手包括现在走红的大牌歌星拉开了无法逾越的距离，因为这些人只永远唱着别人为他们编的歌，就像嘴里永远叼着旁人递上来的奶嘴而无法长大，他们只是起着一个麦克风的作用，他们的歌只是一种机器的声音，而汤姆·韦茨则是从心里发出的歌声。

我听的这盘磁带《弗兰克的疯狂年代》是 1986 年的出品，距离他首张唱片已有 14 年多的历史，想想他的首张唱片是以残败而告终，他实在应该感谢“老鹰”乐队和蒂姆·巴克利，还有赫伯·柯恩，前者翻唱了他的歌，帮他打开了名声；后者是当时著名的“弗兰克·扎帕的‘发明

之母’”乐队的经纪人，是他发现了汤姆·韦茨的潜质而与之签约出版唱片。他的成功还要归功于他自己的努力和坚持。以他那样出身贫困的人，没有这样的努力和坚持，他走不到今天。年轻时是从邻居家的钢琴自学出来的音乐，是在床铺底下准备好纸，半夜里睡不着忽然想起了好的乐句就爬起来在纸上记下来练出的功。当然，更主要靠的是他聪明的天分。据说，他对音乐的兴趣来自他在夜总会当看门人时，一次听到酒鬼一边喝酒一边的对话，他随手记了下来，他忽然觉得这里面隐藏着音乐。他说："我真是开始相信，酒鬼身上有一些有意思而精彩的美国的特性，所以我告诉自己要把这些写出来。"能从酒鬼的对话感受到并谱写出音乐来，确实不是一般人能有的天才悟性。

早期的汤姆·韦茨音乐和他本身就是以酒鬼的形象出名的。其实，这是对汤姆·韦茨的误解，潦倒的酒鬼只是底层带有极致而夸张的一种缩写。汤姆·韦茨的歌，唱出底层人的辛酸、痛苦、悲伤和呻吟的同时，也唱出他们对生活的渴望和从未泯灭的希望。

汤姆·韦茨的歌中出现最多的词的是"dream"——梦。就在这盘《弗兰克的疯狂年代》里，他在《火车之歌》中唱道："我喝光了我每次借来的所有的钱……现在夜晚的黑色就像乌鸦，一辆火车要带我离开这里，却不能再带我回家。那些使我梦想成空的东西，正在火车站上彷徨……"在《我将要离开》中他这样唱道："早晨我将要离开，我将带走每一个正在呼吸的梦……"在《诱惑》中他这样唱道："白兰地生锈在钻石杯里，所有的东西都是梦做的，时间是由蜜做的，缓慢而甘甜，只有傻瓜知道它代表什么……"而在《弗兰克主题曲》中他用排比句式唱出一连串他的 dream："梦幻中你的眼泪消失，梦幻中你的悲伤不再，梦幻中

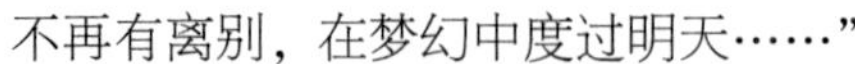
不再有离别，在梦幻中度过明天……”

所以，我说听他的歌，在低沉而粗犷之中总能感受到一些脆弱而柔软的东西，这东西就是他的梦。想一想，所有的东西都是梦做的，而且每一个梦都正在呼吸着，那该是什么样的感觉？那该是怎样的脆弱柔软而多情？所以，他总是不厌其烦地唱着他的 dream。

也许，包括音乐在内的所有艺术都应该包含着梦和来自底层生活这样两个方面，后者是艺术得以生长的根基，前者是艺术能够飞翔的翅膀。汤姆·韦茨的歌恰恰具备了这两个方面，所以，他的歌唱得年头长久，从 60 年代末一直唱到现在，从 20 来岁一直唱到 50 多岁。而且，他的歌没有什么商业的热点和包装，他也从来不进行有些歌星热衷的实际上是为了进行商业宣传的巡回演唱，这更是难能可贵。要说也是人心是尺，人眼是秤，难能可贵的包括他的歌迷。1996 年，他在旧金山进行一次慈善演唱，不到 45 分钟，所有的票便被一抢而空。正在他演唱时，一位他的老歌迷站起来对他说：“嗨，汤姆，最近你到哪儿去了？”他立刻亲切而风趣地反问：“最近你到哪儿去了？还在机场工作吗？”他和他的歌迷、他的歌和底层氛围的那种亲近的融合，一直也是汤姆·韦茨的梦。不是所有的歌手都拥有这样的梦的。

2001 年于北京

# 续汤姆·韦茨之梦

要说真是太巧了，冥冥之中真的有什么东西让我和汤姆·韦茨一线相连，紧紧地，不愿扯开。刚刚写完《汤姆·韦茨之梦》的那天晚上，想休息休息看了张 DVD 的电影，基姆·贾姆什导演的《地球上的一夜》，是部老片子。电影一开始，人物还没出场，图像还没有，只是字幕时，便响起了片头曲，苍凉而嘶哑的歌声，真像汤姆·韦茨。但我不敢断定真的就一定是他，一直看到完，片尾曲又响了起来，还是那样的苍凉而嘶哑。一直到字幕打出来，不是真像，就是他，是汤姆·韦茨！片头片尾曲是他唱的，整部电影的音乐都是他作的。

汤姆·韦茨！不愿意离开我的耳朵，或者说我们实在是有缘分，他的音乐确实渗入我的心里，很长一段时间，他那苍凉而嘶哑、低沉而粗粝的歌声在我的心里回荡，风中总像是飘来他的旋律。

像他这样有才华的歌手实在是不多。歌手涉足电影界的，也有不少，麦当娜、斯汀、比约克、惠特尼·休斯敦都曾在电影中又演又唱。但能够像汤姆·韦茨一样不仅能演能唱，而且还能作曲，不是一支单曲，而是整部电影的配乐，实在是少见的。这样的人，即使把他的骨头碾碎了，大概也是碎了的音符吧?

《地球上的一夜》里的音乐，和汤姆·韦茨其他的音乐一样好听，尤其是他唱的片头片尾曲，更是动听之极。那旋律和味道，让我想起他的《火车之歌》，其中的情感有几分相通，那种漂泊无根，那种冷漠，那种凄怆，苍迈又心不甘，嘶喊而哭泣。他让你的心跟随他的歌声紧紧地揪成一团，刺猬一样扎得慌。

我总以为汤姆·韦茨最大的特色，是他的声音。他不是那种保罗·罗伯逊的男低音，与保罗相比，他没有人家那样气冲丹田的共鸣和厚重的回声。区别于他人的，是他嗓音粗粝之中的嘶哑，那种嘶哑像是钝锯拼命地撕扯着声带，锯未断，声声锯，藕断丝连，杜鹃啼血。重要的是他将他的声音和他的感情那样好地融为了一体，这一体成为了一种歌声的象征一样，只象征着底层人，绝不是贵族或小布尔乔亚似的假贵族。我们的歌，晚会的堂皇度身制作却少了真正的感情，只是纸扎的花的，太多；或是虚情假意、顾影自怜、自己咯吱自己的腰眼、眼里洒满眼药水当晶莹泪花的，太多。

听汤姆·韦茨的歌，总能让你一下子就想起河边沙滩上的纤夫、矿上上黑汗淋漓的煤黑子、风浪过后站在船头的水手，或者低级肮脏酒馆灯光昏暗中醉意朦胧的醉汉。在一盘题为《汤姆·韦茨回顾展》的磁带的说明书上，写着这样的话向我们描述着他：“在好莱坞的卓比坎那旅馆、公爵咖啡店的楼上，你总能看到他。那里的每一个房间，或者被油腻腻的舞池所环绕，或者刚好可以俯视公园的景色。这些地方成为了他生命的栖所，让他更觉得像自己的家一样……汤姆·韦茨走进破旧凋零的酒吧，他想要实践他所有的想法……”描述得很像我想象中的他。他的歌，和电

影中的他，和生活中的他，常常就是这样的混为了一谈，交错地出现，模糊了界限，让你只能去使劲地想象。

有这样三件事，一直在我的想象中，但是怎么使劲地想象，我实在也想象不出它们的样子。

一件是 1972 年他的第一张唱片《打烊时间》发行之后，卖得不好，他再上台演出时听众开始起哄，弄得他很尴尬。这时候，他离开了舞台，离开了美国，去了欧洲，后来到英国伦敦一住好长时间，用我的话说是进行了认真的反思，认真写了好多歌。4 年之后，在他的第二盘磁带《小小改变》中，我知道这些歌成全了他，他改变了他最初的那些乡村音乐和民歌的混合而自己的风格特点不足的唱法，而向黑人音乐尤其是蓝调和爵士学习，同时他的嗓音也刻意发生了改变，渐渐变得像现在我听到的这样，和别人有了明显的区别。但是，我想象不出那失意的 4 年，他是怎样度过的，为什么非要去国离家，跑到异邦去卧薪尝胆？难道只有伦敦才能给他灵感？

另一件是据说有一段时间他曾和有名的乡村歌手斯特尔·盖尔合作，专门演唱不少爱情歌曲。据说，唱得温柔之极。我没有听过这样的唱片或磁带，想象不出他那样粗粝嘶哑的嗓子如何能唱得温柔之极？莫非苍凉的沙漠也能小桥流水细雨江南？他的歌很少唱爱情，只听过一首《我希望我没有爱上你》，也没有听出温柔之极，依然是那种苍凉和沧桑，那歌词很有意思："我希望我没有爱上你，因为爱上你使我变得忧郁……我希望我没有爱上你，房间里挤满了人，我在想着我是否给你留一个位置……"虽然唱着爱情，似乎和爱情离得很远。

第三件是据说他现在正在频繁和人打官司。原因是现在他的嗓音和风格被越来越多人看好，模仿他唱他的歌的人也多了起来，他在和别人打版权的官司。演唱他创作的歌要付费，这是没的说的，但作为音乐的风格和演唱的嗓子，版权如何保护汤姆·韦茨？我实在想象不出。因为我们眼前的模仿实在太多，明目张胆地扒带子攫为己有，有人调侃已经到了后扒带子时期，克隆现象已经是见多不怪了。我同时也想象不出和别人打官司的汤姆·韦茨是一种什么样子，还是用他唱歌时那种粗粝而嘶哑的嗓音吗？或许，这独特而魅力无穷的嗓音正好打动了法官的心？

汤姆·韦茨！

2001 年于北京

# 红房子画家

“红房子画家”，一个动听的名字，隐藏在秋天一片荒寂的黄草丛中。草丛扶疏掩映着一座木桥，桥下有宁静而清浅的秋水。是望穿秋水的秋水吗？是秋水共长天一色的秋水吗？

这是一盘1993年4AD公司出品的CD唱盘的封套。专辑没有名字，就以“红房子画家”这个乐队的名字作为了专辑的名字，一行小小的英文Red House Painters隐藏在草丛中，不仔细看，几乎看不见。封套上的画面很动人，就像里面的歌声一样。

这是我第一次听“红房子画家”。

第一首歌的名字叫做《邪恶》，没有音乐，先是在几声止不住的笑声中说了句“NO”，然后才是电子吉他的前奏和舒缓的歌声。那笑声有些言不由衷，冷笑似的，为那不动声色的歌唱伴奏。平和的调子，却让人感到一丝阴冷。

第二首歌叫做《泡影》，开头的两句那么像是约翰·丹佛，但后面再没有了约翰·丹佛的明朗，阴云飘了过来，有雨滴淅淅飘落下来。是那种看似清澈的水，却是冷冽的，不是阳光焐暖的河。但非常动听。

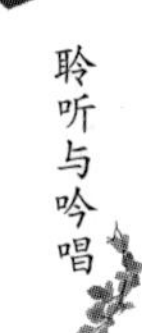



又听了一首《乔叔叔》，高亢的声音，高八度似的，和前面的絮语般的吟唱不大相同。一遍一遍地唱着乔叔叔乔叔叔，遥远的呼唤，呼唤着一种遥不可及和不可能，几分诉说不尽的忧伤，让你的心沉浸在远处，消失在那袅袅的余音里。

美国新音乐杂志“称红房子画家”是一支“最强烈的悲伤和凄美的乐队”，说这张唱盘“脆弱但有具有奇特暖意的荒凉的音乐”。也许，地域和民族的不同，我一时听不出来这样多的凄美与荒凉，但明显的民谣特点，感性的唯美色彩，还是一听就能感受得到的。乐思的简单，旋律的明快，声音的清澈，有些像是印象派点彩的画作或美国画家韦思画的那种出现隐约人物背影的迷离风景。

后来我知道这支乐队成立于1989年的旧金山。只是不知道为什么取了这个“红房子画家”的名字。乐队的灵魂是主唱马克·科泽莱克（Mark Kozelek），红房子画家所有歌的词曲都是他一人所作，实在是个天才。他从俄亥俄州搬到亚特兰大，遇到了鼓手Anthory Koutsos，一见如故，两人又到旧金山招募了吉他手Gordon Mack和Jery Vessel贝司手，便打出了红房子画家的牌子，到处流浪。一直到1992年被4AD公司的伊沃·瓦特拉塞尔慧眼识中，对他们的6首歌曲进行了修改和重新混音录制，才在这一年的9月推出了他们的第一张唱片《在五颜六色的山下》。有评论说他们的音乐“似乎永远围绕在那个凄风冷雨旧金山港湾，种种如迷如雾的爱情伤痛与挫败不如意的人生经验始终萦回于听者的心头”。

我听到他的这张唱盘是他们的第三张。在这之后，他们还出过3张新唱盘：1994年的《震撼我》，1995年的《海滩》，1996年《蓝吉他之歌》。1999年4AD公司又出品了一套双碟他们前5张唱片的精选《回

顾》。红房子画家所有的作品都在这一共 8 张唱片里了，他们不是那种走俏而蹿红而唱片发行量大得多么惊人的乐队，但他们是非常值得一听的乐队。《震撼我》和《海滩》，我没听过，《蓝吉他之歌》，我听过，这是红房子画家离开了 4AD 公司之后由美国另一家著名 Supreme 公司出品的。不知为什么，只有科泽莱克一个人出现了。

在这张盘唱盘中，科泽莱克把配乐做得更加精致，也稍稍将节奏拉长而更加舒缓了，他唱得也更加平和，似乎将内心的一切化解在他的歌声中，即使是礁石也把它们掩藏在水底，表面上水波不兴，深潭下面摇曳着的只是深深的水草和滑腻的绿苔，还有不尽的圆滑的鹅卵石而让尖利的石子沉在泥里。在这张唱盘中唱得最动听的无疑是那首他反复唱了两次的《蓝吉他之歌》。吉他的独奏，伴随着梦幻般的电子乐声，一长串夜色中闪烁着灯光的列车缓缓驶过来，科泽莱克才从车窗中露出头来。他唱得很纯净，男摇滚歌手很少有他唱得这样纯净的，仿佛六根剪净一般，端坐在莲花般的佛陀之上，直望着眼前并不干净的天空。尤其是后来的女声加入之后，真是非常动听，像是摇曳在蓝天中的风筝，一高一低地款款地飘，时而闪烁着阳光透射下来的光彩和阴影，一起沉甸甸地笼罩在你的头顶。音乐也非常好听，吉他和电子乐交响辉映着，清清的涟漪一样一圈一圈地荡漾开来然后消失，平静得只有习习的微风知道。

科泽莱克这样解释着他的音乐："已经在内部被划伤，永久性的。"只要知道他的经历，就知道说出这样的话，他是极其痛苦的。他 10 岁吸毒成瘾，14 岁戒毒，内向的性格让他将自己痛苦找到了音乐为唯一解脱的方式。除了唱歌，他大部分的时间就是孤零零地待在卧室里。他不喜欢接受采访和拍照，所以他的唱盘的封套上一律都是和他一样寂寞的风景照片。他隐遁在他平静而美好音乐和他孤独寂静的卧室里。

他说："以前我的生活依靠的是毒品，后来我依靠的是我身边谈论着我的问题的人。我不希望依靠任何东西，我到了十七八岁的时候，仅仅想过我自己的生活。"他所说的生活就是这样的生活。音乐是他生命存在的一种方式，是他内心表白的最好的语言形式，而不仅仅是他的职业。只有他感到必须时才会唱，而这个必须不是为了名为了钱为了浅薄的出镜或无聊的排行榜，而是他的忧伤他的恐惧他的憎恨他的孤独（他说是强加在自己身上的孤独）。还有就是他认为人与人之间麻烦的关系。只有在这些时候他才会小心翼翼地唱出来。

他还说过："我不喝酒，现在也不用药品。我过着美好孤单的生活，如果我的女朋友跟别人好了，或我跟别人好了，我们不在一起了，我的反应就是写歌唱歌。我对生活很严肃，我并不怕检讨自己。"他曾经和一个叫做苏珊的女孩子好过两年，后来分手了。他确实如他所说的那样，分手之后他写歌唱歌，就在他的第一张唱片一首叫做《药瓶》的歌中。那是一首很好听的歌。

一个人的生活或者说一个人的生命，就是这样紧密地和音乐联系在一起，他才会哪怕将自己的日子挤压得那样痛苦不堪也要把音乐做得那样唯美动人。那种渗透进骨髓里的悲伤才会显得并不那么强烈，因为音乐如一剂良药医治了一切，歌如一把刀子早已削去了强烈的部分，将其碾成粉末撒落在音符里。音乐便不仅仅是为了发泄，更是为了倾诉和寄托。所以，他的歌冥想和回忆的成分更多些，总是显得水落石出一般，往事历历清晰却又有些灼人一样让人感慨和唏嘘，无奈而叹息。命中注定，他不会表现得那样愤世嫉俗般的另类，那只是披在身上披风之类的演出服，是为了给

别人看的；他只会抱着他的蓝吉他唱着他心中想唱的歌。

有人说得极对：“如果没有乐队在后面，他只能害羞地坐着，吸着饮料里的吸管说他不能表达自己。”

2001年于北京

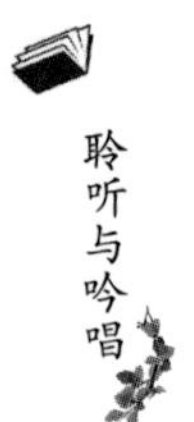

# 梦幻的色彩和声音

虽然进入了20世纪的90年代，他们还在顽强地出唱片，毕竟已是尾声，影响力大大不如从前了。风起云涌的摇滚歌坛，很容易喜新厌旧，葵花向阳一般的脸总是偏向于年轻和新潮。

想想也是，从“橙色梦幻”自1967年成立以来风光了30多年，乐队的灵魂人物埃德加·弗罗斯（Edger Froese）今年都是快60岁，一脸褶子，到了我们法定要退休年龄的人了。作为一支太空摇滚的先锋乐队，“橙色梦幻”（Tangerine Dream）已经滑出了历史的轨迹。30多年了，是该到了落幕的时候。不过，他们制作的音乐，在我听来非常好听，起码我非常能够接受。我听的这盘唱盘是他们1994年出品的，名字叫做《潮汐的转折》。当然，如果和当年相比，几乎已经面目皆非了，不仅音乐的风格变化很大，就是乐队的人马也翻天覆地的变化，除了当年的创始人弗罗斯扛着大旗尚在，其余的都已走马换将。

也许，同其他形式的艺术不同，比如绘画和文学毕竟要靠有形的色彩和文字，而无形的音符就像是无形的空气到处在弥漫一样，使得音乐存在和可能的空间比它们都广为宽阔，最容易让人想入非非，让任何一个音乐

人对于音乐都充满着各自不同的梦幻，无边无垠。弗罗斯的与众不同，在于他不想像有的摇滚歌手那样在歌词和配曲或舞台表演装束等方面做文章，以一种前卫的姿态和时代的叛逆者的形象出现，给听众以尖锐的刺激。大概因为是音乐科班出身，他只想回到音乐本身来，借助于器乐本身尤其是现代电子乐的发展来实验一下现代音乐区别于古典音乐到底有大的潜力，那电子合成器所发出的声音到底能创造出什么样的效果。因此，他基本摈除了人声，让他的电子乐尽情地发挥，上天入地，梦想着无处不在、无所不能、独行大侠般一次次地出招而所向披靡。

如果说 1970 年的《电子沉思录》、1971 年的《马座阿尔法星》、1972 年的《时空》最初的几张唱盘，可以听到明显“大门”和平克·弗洛伊德乐队的味道，说是电子在沉思，实际上还是大提琴、管风琴、长笛许多传统的乐器在他的乐队里当家做主。但是，很快，到了 1974 年从新的唱盘《费德拉》开始，作为乐队音乐的制作者弗罗斯（他是正经学音乐出身的）就开始毅然决然地放弃了这些传统乐器，而向电子合成器电子铜管乐发起了猛烈的进攻。可以说，从 70 年代中期到 80 年代，“橙色梦幻”在摇滚歌坛上电子先锋的革命意义不同凡响，弗罗斯似乎想让音乐在电子天地中天马行空，驰骋出一片新的世界来。他对传统乐器的抛弃，而痴迷于电子乐，创造出来的全是虚拟的声音，便会觉得像是一位安徒生或格林一样的童话作家一样，他面对的是一片梦幻的世界，用电子乐想象并调动着、演绎着他的千军万马。

我敢肯定这就是弗罗斯的梦幻，他始终在幻想着区别于真人声和真乐器而来自另外一个世界里的声音的魅力。那个虚拟的世界，让他的电子乐的潜质更是让他的想象力得到了最大能量的发挥，让他创作的乐曲如梦如

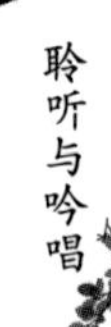



痴，神秘莫测，玲珑剔透，空灵悠长。所以，有人说他们是“太空摇滚”，有人称他们是“氛围乐队”，都是不差的，在整个80年代，他们出尽了风头。他们将他的梦幻气息弥漫在他起伏摇曳的音乐织体里。

如今，人们已经不会再像80年代那样的热情痴迷于这张1994年的《潮汐的转折》了。但是，它依然那样动听，并没有那样气数殆尽，尘埃满面。而且弗罗斯照样那样才气十足地别出心裁，让他的电子乐韵味缥缈地荡漾，开头模拟的水声铃铛声和马蹄声在渐隐渐强中奏出的竟是穆索尔斯基《展览会上的图画》的开头曲，然后是紧接着七首乐曲连缀而成，除了最后一曲《潮汐的转折》有一些人声的吟唱是在为乐曲伴奏外，没有任何人声，更没有一句歌词，不间断地倾泻而下，宛如一湾山泉水一路带着花香草香和树荫里跳跃下来的阳光清澈而蜿蜒地流淌下来，一路逶迤，千姿百态，直落进深深的潭底，将訇然作响的回声和溅落的清冽水珠一起撒向蔚蓝的空中。

弗罗斯巧妙地将古典移植到他的现代音乐里，让对摇滚已经麻木的人眼前为之一亮，尽管他们一时难以接受，并不那么喜欢。难道摇滚可以这样作吗？举起双手向古典的“老泡儿”们投降？或许，这就是弗罗斯告别了青年到如今这一把年纪时的梦幻吧？但是不是在告别了青年的同时他也告别了摇滚精神的本意呢？不管怎么说，他将电子合成的音乐作出了如此交响乐的效果，他似乎要告诉人们他能虚拟出一切声音的效果，他便在摇滚中撒上了点儿古典的胡椒面故意调侃了我们一下。他以保守的姿态向他梦想的声音进军，将声音作得五光十色，迷离动人。尤其是新加入乐队的女乐手琳达·斯帕（Linda Spa）的萨克斯和圆号吹得格外凄婉迷人，给整个乐队镶上一圈优美的花边似的，让乐曲摇曳生姿成一匹月光微风中

的丝绸般柔软而飘逸。如果说梦幻真的有色彩和声音的话，弗罗斯认为梦幻的色彩是橙红色的，那么梦幻的声音就该是这样子的吧？是用现代电子数字化的合成，融入了古典中他可以接受那些迷人的元素，搅拌成的一杯醉眼蒙眬的鸡尾酒的样子吧？

不知别人以为如何，“橙色梦幻”虽然已经淡出了摇滚的歌坛，但他们的音乐并没有仅仅存活在以往的岁月里和历史的册页上，依然还有着生命力，并非已经如有些徐娘半老的乐队赖在舞台上迟迟不愿意谢幕。起码在我听来，雅尼和喜多郎都多少有他们的影子。重温“橙色梦幻”，除了感受他们经久不衰的魅力之外，也为他们尤其是弗罗斯 30 年来对声音一直梦幻般的追求而感动。同其他艺术形式最大的不同，音乐本身就是一种最适合梦幻的产物。电子的合成器为他又添上了飞天的翅膀。

2001 年 3 月 23 日

**【附记】**

今天黄昏，随便拿出一盘唱盘听，竟然是“橙色梦幻”乐队 1975 年的《卢比肯》(Rubyeon)。它的动听，让我折服，让我忍不住想起一年前第一次听他们时的情景。好音乐和好朋友一样，是总能够见面，而且只要一见面就能够认识得彼此的。

一年的时间就这样过去了。

《卢比肯》虽然那是 27 年前的作品，时光并没有让它有什么褪色，依然那样生机勃勃，无与伦比的美丽。电子合成器织就的那种异质的美，仿佛天外来客，长袖曼舞，环佩叮当，腾云踏雾，梦雨仙风，一种不知今夕何夕、此曲只应天上闻的感觉涌上心头，感动得直想落泪。

同上一次听到的《潮汐的转折》相比，似乎这一盘更加迷幻，直跌进梦境之中无法拔身；也更加柔曼，小心磕碰一般，轻拿轻放一般，像是手心里托着一只羽毛未丰的小鸟，生怕轻轻一动小鸟就会飞走。

同和他们先后脚在德国成立的“发电厂”相比（“橙色梦幻”成立于1967年，“发电厂”成立于1968年），虽都属于电子乐队，都将合成器最大能量地发挥，而且基本都摒弃了人声，但路子和内涵毕竟有差别。“发电厂”的音乐的怪异，冰冷，且有意模拟现实世界的声音。“橙色梦幻”则比他们稍加暖色的调子，有意离现实远些，在这盘《卢比肯》中也有类似对大海涛声的模拟，但你也可以以为那是太空里异样的回声。况且，“发电厂”的模拟充满着机械性晦涩的灰色，而“橙色梦幻”则很美很清很亮。

如果说“发电厂”更多的是向非人性的物化世界责问，那么，“橙色梦幻”更多的是向梦境进发。“发电厂”是入世，“橙色梦幻”则是出世。

夕阳西下，西窗前洒满温暖的阳光和“橙色梦幻”的音符，就这样一起渐渐地飘散消失，真是一天来最美的时刻了。

# 来自希腊的风

外国人作流行音乐，有时很有意思，常突发奇思妙想，超出我们常人之外。而我们常人所认识的流行音乐，也实在太有局限，只要一说流行音乐以为只是刘欢和那英，或者只是披头士或重金属式的摇滚。因此，对流行音乐的误解也实在太多，便以为流行音乐不是甜得太腻味，就是闹得太厉害。其实，民谣和披头士，摇滚和重金属，只是流行音乐的一部分。有的流行音乐，并不只是一味地添加牛奶巧克力那么甜，或只是知道翻跟头打把式的那样闹。

万格利斯（Vanglis）就是这样的一位音乐家。他所创作的就是这样的一种非常别致的流行音乐。甜和闹，被他关在门外，他闭门造车所追求的是另一种境界。

我听过他的一盘磁带，叫做《向埃尔·格里柯致敬》（*A tribute to El Greco*）。光看磁带的名字，就让我奇怪，埃尔·格里柯是一位16世纪的希腊的画家，流行音乐一般更关注现代人情绪和感情，怎么他居然一下子钻进时间的隧道，上溯五百年的历史，和一个老得掉牙、旧得需要掸掸尘土的什么埃尔·格里柯联系起来，而且要向他致敬？如今的人们，尤其是听流行音乐的人们，有多少人知道或关心这个稍稍冷僻的埃尔·格里柯的吗？即使是画家，人们一般也只知道个剪掉了耳朵的梵·高，弄一幅《向日葵》的复制品挂在家中去附庸风雅。将完全属于文艺复兴时期之后的巴洛克的古典，于现在的流行音乐的结合，本身就是一件看来有点儿驴唇难对马嘴的事情，像是赶着一辆旧式马车，虽然是车是金碧辉煌，马是四蹄轻风，却非要在高速公路上跑，怎么也让人感有些古怪。这样的跑，不是会出车祸，就是会跑出一道风景来，就看驭手万格利斯的本事了。

这盘磁带一共10个乐章，所有的乐章，不论是器乐还是男声、女声或男女声的合唱，都可以听得出他是在有意向古典靠拢。那种音乐有些像是从教堂的彩色绘画玻璃窗传来，辉映着斑驳筛落下来的灿烂阳光，有几分庄严，几分虔诚，和浓重的宗教味道。只是那音乐不仅仅是教堂里的管风琴和钢琴，而是多了现代的电子合成乐。从音乐的情感和制作的效果来看，或许能听出布鲁克纳和勋伯格的一点影子，但更多的还是现代音乐的元素，尤其是那种模仿山风猎猎、海浪滔滔，一派天籁，仿佛来自天国的回声，涂抹的完全是流行音乐的色彩，可以从恩雅，甚至从雅尼的音乐中的找到相似的轨迹。不过雅尼的音乐更多了电子乐和打击乐，闹腾得如同一锅滚开的水沸腾着翻滚的水泡，而万格利斯多的是宁静和崇敬，是将情感深藏于水底的深深的一泓湖水，表面是平静的，却也是浩瀚的，平铺千里，连接着遥远的远方。

万格利斯说自己是纯音乐，从本质上讲，他是属于现代的New Age一类的音乐。如果让我将他来和雅尼、恩雅比较，雅尼是向现代靠拢，恩雅是向自然靠拢，万格利斯更多则是向古典靠拢，雅尼更注重音响效果，恩雅吸收了更多民间音乐的营养，万格利斯则多一些古典的元素。如果雅尼

是夏天里的热风淋漓，恩雅是春天里的清风习习，万格利斯则是来自天堂的天风，清澈透明而回声激荡。如果雅尼是红色的暖色调，恩雅是绿色的中色调，万格利斯则是蓝色的冷色调，多少有些深藏不露，这在流行音乐中是少见的。

细想一下，万格利斯对埃尔·格里柯如此感怀至深，用整整一盘音乐缅怀不尽，肯定是有其道理的。他将这些道理都融入了他的旋律之中，我只能边听他的音乐边做主观的猜想。他和埃尔·格里柯同为希腊同胞，共同的感情是可以想象的，只是画家与他相距漫长的半个世纪之久，为什么他舍近求远，偏偏对这位16世纪的画家的情有独钟？是不是他的足迹踏遍欧洲，在英国待了整整15年，但最后他还是回到了希腊，这一点上他和埃尔·格里柯有着极为不同，画家在意大利生活多年，人生最后37年是西班牙终其一生而未能返回祖国，但画家的名字格里柯就是希腊人之意，又与他怀有同样落叶归根的怀乡病？是不是对埃尔·格里柯那种不满足那种在文艺复兴时期之后完全写实主义、而力求在普遍的宗教画作中独辟蹊径以风格主义的阴冷色调渲染超现实气氛的创新精神怀有崇敬之情？对于希腊本土悠久的爱琴文化的一种精神的寄托，而在埃尔·格里柯的身上找到了宣泄来浇自己胸中之块垒？如果真的是那样的话，我们在他的音乐中听到来自爱琴海畔来自画家的出生地——希腊最大的岛屿克里特岛四周翻涌的大风浩荡和海浪轰鸣，以及那橄榄树飘来的清香，就不是什么怪事，虽然有些不动声色，却是一浪涌来一浪，浓重地呼吸着，变幻成深沉的旋律，实在是难得而美妙感人。

也许是我孤陋寡闻，对万格利斯了解甚少。我们对雅尼和恩雅更为熟悉些，我们极其容易削足适履，将一切流行音乐时尚化而成为人们嘴里咀嚼的同一种口味和牌子的口香糖。不过，据我仅了解的一点资讯来看，据说这位今年58岁的音乐家是以键盘手开创音乐生涯，70年代之后才开始独自发展为电影配乐真正出道。但是，他4岁就开始了演奏生涯，6岁就有自己的作品演出，小学期间就组织了自己叫做Torminx的乐队，这简短的履历表足以证明他实在是个天才。能够做出这样美妙音乐的人，应该是个天才。

万格利斯的作品极多，《向埃尔·格里柯致敬》只是其中之一，这是一盘他在1998年出品的磁带。据说当时乐队是在雅典豪华的Grand Bretagae宾馆大厅里演出的，一边演奏，万格利斯一边将埃尔·格里柯最有名的《奥尔加斯伯爵的葬礼》、《托列多风景》等油画用投影仪打在墙上。在这里，音乐和绘画相通，古典和现代呼应，万格利斯和埃尔·格里柯拥抱在一起。

2001年于北京

# 不老的云

杰索娄·图尔（Jethro Tull），被现在的人们称为是一支过了气的乐队。也是，早在70年代中期，它就开始隐退，从喧嚣的都市退隐到乡村，渐渐地像水蒸气一样蒸发进了云层。现在，人们只能在遥远的历史的回忆里，或者从一些尘埋网封的打口磁带里寻找它依稀的影子了。

杰索娄·图尔乐队1968年在英国成立，想一想，如今乐队成员都是半大老头了，再鼓的皮球，里面的气也快撒光了。不过，当初它红火的时候，曾经有大批追随者，它的磁带只要一出来，就会立刻摆满了大小唱片店的摊子上。他们有他们的促销策略，把看演出的小望远镜、芭蕾舞鞋、上发条的八音盒，和他们新出的唱片一起出售，给人们添一点惊喜和热闹。他们爱搞点噱头，就如同他们演出时爱哗众取宠一样，但是，听众很高兴看到他们这样的与众不同。据说，他们唱片这样热销的劲头，在英国只有大牌Yes乐队可以和它相比。

我买了一盘它的磁带，没管它过气没过气，是磁带洁白素净的封套上有一幅单线条的钢笔素描，像一笔画似的，极其干净连贯地画着一个单腿弯曲蹦着吹笛子的男人，一下子打入我的眼帘，引起我的兴趣。现在连古典音乐的磁带的封套制作的都开始越来越花哨了，这样素朴的磁带便越发“素中俏”一样地打眼。那素描很生动，那男人的装束有点东方阿拉伯人的样子，像是从古老的壁画上临摹下来的，非常有意思。

儿子在一旁告诉我：这是这个乐队的主唱伊安·安德森（Ian Anderson）的习惯动作，他唱歌时特别爱出这样的风头，一条腿抬着，一只脚翘着，跟只仙鹤似的，吹着长笛，边舞边唱。而且，安德森上台时总是穿得破衣烂衫的，要不就穿得花里胡哨，弄不清是出于什么目的。据说，安德森长得眼睛暴突，跟龙睛鱼似的，怪吓人的。虽然如此古里古怪莫名其妙的，却渐渐地成了乐队的招牌，颇为吸引观众，也算是一招鲜吃遍天。

真是林子大了，什么鸟都有。与古典音乐的乐队实在是没法比，古典中的西服革履正襟危坐，被他的仙鹤似的长腿蹦跶得音符如同瓶子里的糖豆散落一地，消解成一种游戏了。或许，这就是摇滚存在的意义，对于传统形成的程式、套式和模式磨起的老茧，起到了一种搓脚石的作用，然后，又别出心裁地将这块搓脚石摆成一块上水石让我们来观赏。

这是一盘杰索娄·图尔的精选，所选的是他们70年代的作品，应该是他们鼎盛时期的精华，最能够代表他们的音乐水平了。拿回家一放，很好听，很叙事的样子，很明亮的声音。明显的民谣的风格，是毋庸置疑的。据说在1988年格莱美却指鹿为马给了他们一个重金属乐队的奖，弄得他们和大家都有些啼笑皆非。仿佛他和大家开了一个玩笑，大家又和他开了一个玩笑，弄得彼此都开怀哈哈大笑起来。

即使听不懂听不清安德森在歌里唱的究竟是什么，也不妨碍我爱听。吉他声有时很响，响得天昏地暗，雷雨大作似的，劈头盖脸浇得你浑身湿

透；有时又轻轻的，絮语般的，风平浪静，夜一样安谧。长笛真是很跳，摇滚乐里用长笛的不多，就显得更跳，黄颜色一样在深色的画布上格外的醒目，清亮的如同晶莹的露水珠在宽大的荷叶上撒了欢似的滚动。这是安德森的拿手好戏，那种露水珠是莫奈画的莲花上的露水珠，那黄颜色是米罗愿意泼洒在画布上的柠檬黄，让你不能不跟着一起心动。

安德森的嗓音属于很流行的那种，和他的长笛一样清亮，流畅得犹如水银泻地，吸引人当然也是很正常的。但是，最吸引我的还是他的长笛。在整个摇滚史上，安德森的长笛绝对是别具一格，让人过耳难忘，一下子就能够记住的。研究摇滚音乐的法国学者亨利·斯科夫·托尔格曾经特别说到长笛在摇滚乐的作用，他认为长笛这种乐器特殊具有的旋律的纯净性和能够模拟各种声音的这两方面的表达力，恰恰是一切流行音乐需要的，也很方便容易融入其乐器设定的框架。他专门说起安德森的长笛："伊安·安德森和杰索娄·图尔乐队在这两方面都能够巧妙地表达，使长笛演奏达到既表现旋律性休止，又表现隐而不显的强度的高峰。这种乐器的幽雅悠长的声音，从来不会暴烈地炸响；一切都是内在的，它隐隐约约表现的力度往往胜过喧嚣的轰鸣。"

托尔格说的可能挺专业，不知怎么搞的，安德森给我的总是一种街头流浪歌手抱着吉他敲着鼓点吹着笛子唱歌的那样感觉。很随意，在自娱自乐，和听众逗逗闷子，收点碎银子和掌声，还有他们自己的笑声。

命中注定，杰索娄·图尔不是那种激进疯狂的摇滚乐队，不是那种顽强介入现实想对社会发言的摇滚乐队。人们把它划归于那种艺术摇滚的范围。不管标签贴得如何，它显得确实很平庸，在民谣的保护下，在古怪的台风遮掩下，在长笛的拨弄下，和你交流，倾诉他们的自怨自艾和胡思乱

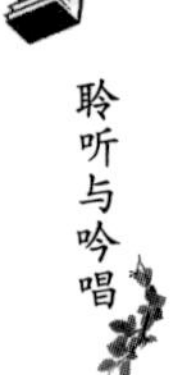



想的自言自语。如果说前者有点愤世嫉俗和趾高气扬的样子，它是弯下了腰弓下了身，有些玩世不恭，一切都无所谓，爱谁是谁，只管自己一路唱来，长风送爽，清露滴香。

《水肺》是他们1971年的成名作，现在听来，已经听不出当年的风光，但依然很好听，节奏动听，一串吉他弹拨得像是一条溪水淌来，将水底的鹅卵石冲了下来，硬硬的却水淋淋地闪着光。

《厚如一块砖》里长笛声伴随安德森的歌声，跳跃得真是非常的美，像是一个活泼的美人挽着歌声的手，从山坡上一路轻盈地跑来，惊得野鸟乱飞，野花野草摇曳，美不胜收。

《运动的呼吸》前奏里的吉他出色得很，快速的长笛声声，像是列车欢快的车轮摩擦铁轨的那种感觉，在地脉里传得很远。

《胖男人》清脆的鼓点和手铃，隐隐几分东方音乐的韵律，颠倒了阴阳，乱了方寸。鼓和手铃敲打得极其熟练，撒豆子似的，一粒粒灿烂金黄，圆润可爱。如果再有一条蛇在笛子上柔软地舞动，绝对就是在印度或巴基斯坦的什么地方了。

《没有事情是容易的》最后一段鼓点和笛声落霞与孤鹜齐飞，发闷的吉他伴随着安德森清亮的歌声跳跃着出现，茂密林子里风吹动叶子时而从叶间筛下一点阳光一样的感觉，真是妙不可言。

有这样多值得一听的地方，看来，杰索娄·图尔当年有那么多人喜欢他是有理由的。除掉他们第一盘专辑《水肺》、第二张专辑《厚如一块砖》、第三张专辑《基督受难剧》有那样多关于对宗教和社会责问的概念之外，他们后来的作品似乎没有那么多的理性，当然，他们后来也就没有那么多的东西出现了。但是，只要出现了，更多的是童话寓言和超现实的

幻想，还有一些莫名其妙的东西，有时你会觉得不知安德森在唱着什么，他只是翘着一只脚边吹着长笛边在不停地唱着，就像一个沙漏在沙沙不停地滴着，滴走了时光和幻想，却滴不走长笛声和心里的歌。

总能够不停在唱着，这就够了。一个人，30 多年一直有歌在不停地唱，实在是让人羡慕的。所以，我开头说得不对，虽然 30 年过去了，他们并没有老得像撒了气的皮球。

听说，现在杰索娄·图尔仍然有唱片出版。

一只鹰、一株树或一座城都容易老。但一朵云，只要还在空中飘而没有变成雨落下来，就不会老。

2001 年于北京

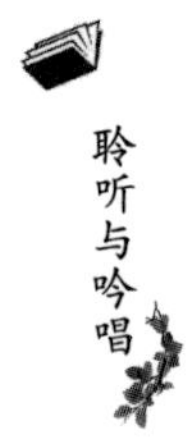

# 黑色也是一种颜色

在摇滚音乐里，噪音是其组成的重要元素，而且，还可以细致地分为工业噪音、电子噪音、金属噪音等并不科学却极为流行的多种形式。白色噪音就是其中的一种，虽然到现在我也不明白为什么要称之为白色噪音，难道还有黑色噪音和它对应吗？难道它不是电子器乐所制造的噪音吗？它和电子噪音有什么区别吗？也许，提出这样的问题，就是十足的外行。噪音就是这样自然而然、理所当然地出现在摇滚音乐里，分类只是人为的好事而已。

在古典音乐里，是没有噪音的。因为古典音乐崇尚的是谐和、平衡、高雅、持久、匀称，源于古罗马拉丁语古典 classic 一词，在拉丁语里就是这些含义，噪音显然是被摈弃之外的。尽管现代音乐的创始人勋伯格（Arnold Schoenberg）曾经尝试地将噪音运用在古典音乐里，终究没有成为古典音乐的主流，而是被认为有些离经叛道。另一位现代音乐家拉赫玛尼诺夫（Sergei Rachmaninov）在世时曾经敏感地预言：噪音在下个世纪将成为重要的组成部分，但下个世纪真正到来的时候，噪音始终也没有能够成为古典音乐的组成部分。

命中注定，使噪音成为音乐重要组成部分的，不可能是古典音乐，而只能是摇滚音乐。从这一点意义来说，说明古典音乐的局限性，也说明摇滚音乐的开创性，所谓尺有所短，寸有所长。背负着悠长历史岁月和高贵而骄傲的古典音乐，便也背负着沉重的包袱，靠自身是不能打破自己的局限的。运用古典音乐制作的模式，可以虚拟和再造出17世纪古典音乐天空的辉煌，但星光灿烂辉映出的已经不再是巴赫和莫扎特生活的17世纪的天空了。新的天空毕竟要出现新的星辰。

可以说，将噪音制造成音乐的人，是和创作古典音乐并排的人。

它拓宽了音乐自身的疆域，并创造出了新的音乐美学标准。

因此，与其说它使得音乐变化了内容和另一种可能存在的形态，不如说它是在用新的方式对现实世界的情景进行描述和诠释。对于他们来说，秦时明月汉时关，只属于古典时代，绝对不再属于现代，现实的情景中也绝对不复再现。

生活在古典音乐时期的人们，追求的是人性善良美好的一面和自我的心理平衡，向往的是梦与现实混淆的境界而回避和规避着一些现实。而生活在摇滚音乐时期的年轻一代，表现的则是人性扭曲和压抑的一面，梦是灰色的，现实则是如同头顶上污染的天空一样，雨后很难再见到彩虹。

也许，对于我们这样一代，如丝如缕的小提琴和清亮透明的钢琴以及荡气回肠的交响乐最适合我们，让我们哪怕是枯涩的回忆也发酵变得美好而诗化起来。对于年轻的一代，噪音则是他们赖以生存的这个躁动不安充满着战争、骚乱、尔虞我诈、欲望膨胀的背景，是他们由此激发的感情的外化和生存状态的一种形式。不用说，回荡在他们生命之中的尽是这样的噪音，就是回忆里的诗也散乱了韵脚而成为了浑浊的杂音。

我猜想，噪音在最适合淋漓尽致地表现年轻一代情感的摇滚音乐之中，大概就是这样应运而生。

我不知道是什么时候噪音开始出现在摇滚音乐里的。据说，早期的布鲁斯时期，就有摇滚歌手不满足做一个仅仅对社会负责任的行吟诗人了，他们就开始大胆妄为地做古典音乐不能做的事情，将噪音引入摇滚世界。在欧洲曾经涌现出的浮士德运动中，便有工业噪音在摇滚音乐中生机勃勃地躁动，认为自古希腊歌剧中和教堂圣咏中的人声已经变得不那么重要和主要，而拎起了人们从来难以接受的噪音残酷而真实地表现后工业时代的冷漠。即使到了摇滚的新古典主义时期，以4AD公司出品的一系列唱片，不食人间烟火，逃避现实，唯美主义盛行，如凯特·布什等依然也出现了白色噪音。到目前为止，噪音在摇滚中几乎比比皆是，见惯不怪了。就好像水果中的榴莲，最初吃起来会觉得有股子怪味而不习惯，吃习惯了会觉得是一种特殊的香味呢。

就我个人而言，不是什么噪音都可以接受，比如重金属，总感觉太闹得慌，过于嘈杂而沉重。但白色噪音是能够接受的。我不知道它源于何处何时何人，以我听摇滚有限的经验和知识来看，似乎不是最早也是较早的60年代出现在“地下丝绒”乐队（The velvet underground），而后被80年代初期的“耶稣和玛利亚锁链”乐队（The Jesus and Mary Chain）学得了奥秘，80年代末出道的“我的血腥的情人节”乐队（My bloody valentine）则是明显地受益于这两支乐队的影响。我很喜欢“我的血腥的情人节”这支乐队的演唱，他们让我对噪音有了全新的认识，对白色噪音有了感性的了解。它和我以前的想象不一样。

也是，以前，对噪音多的只是固有的印象和无知的误解。

1984年，以天才的凯文·希尔兹为首，做着音乐、弹着吉他，和鼓手科·奥索尔伊格、歌手戴夫·康伟、键盘手蒂娜，一起组建了“我的血腥的情人节”乐队。这名字有些古怪而匪夷所思，据说乐队的名字来自一部恐怖电影。他们一共只出过两张唱片：《非物》（1988年）和《无爱》（1991年），但数量少并不妨碍他们的出色。据说他们在演出时只是静静地站在舞台上，只顾自弹自唱，并不和听众交流，被人称之为“自赏派”，也算是我行我素，自成一格，花开花落两由之。我喜欢听它的音乐，他们所制造出的白色噪音，不似重金属那样震天动地，满耳轰鸣，他们似乎将那噪音别有用心地拉成了一条条丝线，织成了一缕缕亚麻的布帘，密麻麻地飘荡在我们的面前，不停地晃动着，晃得我们有些眼花缭乱。吉他声很难听到，只能听到噪音制造出的短促的音符在不断地重复着，就像电影片子卡住了，总是来回放映着同一个片段。但节奏很明显而清楚，这样有节奏的噪音循环往复，有一种大弦嘈嘈如急雨的效果，那情景不像是在机器轰鸣的车间，而像是在黄梅天披着雨衣或撑着伞走在车水马龙的大街上，地面上积下的雨水在哗哗打着漩涡往地沟里流着，身旁流过的是脚步急匆匆而面孔冷漠的人们，眼前是灰蒙蒙的雨雾一片，什么也看不大清，只有雨水不断线地在下着，香烟一支接着一支在抽，酒一瓶接着一瓶在喝，脚下的浑浊而厚重的雨水哗哗地在流。

这种白色噪音制造出的噪音墙，隔住了什么，却也在隔住的空间当中让人感到了一种与世隔绝般的自己的天地。那种由此产生的孤独，多的不是愤世嫉俗，而是有些凄婉和隐约的美。那种美不会让人感伤或震惊，却有一种隐隐的痛让人无法言说。没有那种重金属噪音所宣泄出的声嘶力竭、撕心裂肺的疯狂，不是那种痛不欲生、呼天抢地的发泄，而是一种压抑却不想迸发的情感、慵散而有些颓废的情绪、无所事事脑子一片空白却依然存有一丝梦幻的灰烬残存地闪烁，雨蒙蒙中带有几分瑟瑟的凉意，一起随音乐袭来。有点像戴望舒的《雨巷》，只是在巷子里多了一些隐隐约约的噪音。

我听《无爱》这盘唱盘时，窗外正下着濛濛冬雨，这种感觉就越发的明显，密密的雨丝和密密的噪音墙一起在飘忽在了眼前，不知是音乐在为冬雨伴奏，还是冬雨在为音乐伴奏，两者的形象那样相似，一种空虚而孤独无助的气氛袅袅地弥散开来。音乐里散发出的噪音仿佛通过了弱音器，进入了一个魔盒子似的，再出来变成了另外一种装束。间或主唱并不明显而是有些含混不清的声音，絮语般的和噪音此起彼伏，像是把噪音当成一只只雨中淋湿了的鸟在逗着玩。噪音便不像是平常日子里分贝数字吓人的杀手，而像是一位天才的雕塑师，为我们雕塑起了另一种音乐的形象。

“我的血腥的情人节”中绝大多数的音乐出自凯文·希尔兹之手，他杰出的音乐天赋，确实为我们展示出噪音的想象力和创造力。

想起画家马蒂说过的一句话：“黑色也是一种彩色。”噪音确实也可以化腐朽为神奇而成为是一种音乐。

2002年于北京

# 电子寓言的标本

可以把“发电厂”（Kraftwsrk）和“退化”（Devo）两支乐队放在一起听。

我猜想因为隔开的时间太久远了，会有不少人早就遗忘了他们，或者根本就没有听说过他们，他们的影响力的确已经微乎其微，如今找他们的磁带都不那么容易了。

摇滚乐史上，实验性和小孩子恶作剧式的玩闹常常混在一起，真正的先锋和混世魔王有时都挥舞着同样的电吉他和架子鼓做武器，门派林立，各式乐队纷纷过招，走马灯似的飘来飘去，多得让人眼花缭乱，那劲头一定就跟雨后的林子里一样的热闹，既长蘑菇，也出狗尿苔。但是，“发电厂”和“退化”这两支乐队绝对不是狗尿苔。在70年代风起云涌的哥特运动中，电子摇滚作为新生事物出现时，让许多听惯了木吉他的人是多么的不可接受。再如“发电厂”和“退化”一样将电子乐走向极端，肯定会更加令人大哗。当然，他们之前还有“罐头”（Can）乐队的实验努力也会让人侧目。不过，正是他们哥几个这样轮番折着跟头似的一痛极端的表现，才让当时的人记住，也才让后来的我们想起，翻箱倒柜重新把他们拾起。有时候想想，就是这样，生活追求的是安逸，而艺术追求的就是折腾。

这是两支先后成立的乐队，只要把他们的磁带拿出来听听，就会发现他们之间承继的关系和脉络是很清楚的。“发电厂”是德国的一支老牌摇滚乐队，成立于1968年，出版第一张专辑是在1972年。德国的摇滚一般内敛而不像英国和美国那样张扬，但正如它在古典音乐有着深厚的传统一样，摇滚同样具有马力极强的原创力。在摇滚史上，是德国开创了先锋电子乐和哥特式摇滚的两个重要的开端。这意义同他们在古典音乐中出现了巴洛克时的巴赫亨得尔和浪漫派的舒伯特门德尔松一样的无比重要。“发电厂”便是在60年代末70年代初涌现出的电子乐中浮士德摇滚的主力，他们让现代化出现的科技融入了音乐，孵化出了古典音乐中不会产生的崭新的元素，让音乐拥有了更为丰富的多种可能性。他们给电子加上了人声，为音乐添上了技术，他们企图让本来冷漠的科学和原本感性的音乐硬性地结合起来，就像让天上的雷催生地上的石头开花。在同时期英美的摇滚正在朝着爵士和古典发展去做概念专辑，他们却在德国自行其是让音乐越发的电子化、机械化，着意扩展了艺术摇滚与激进摇滚的声音的种种发展的空间。

“发电厂”1972年出版了他们的第一张专辑《发电厂》，之所以起了这样的一个名字，据说是他们看见了他们身旁的密布在莱茵河两岸的工业区里的发电厂。当然，如果真的是这样，那也绝不是偶然，他们为什么偏偏只看见了发电厂，莱茵河两岸还有许多别的景观，科隆大教堂就在那里矗立着嘛。只要再看看他们以后出版的专辑的名字就一目了然，1974年的《高速公路》，1975年的《放射性》，1977年的《欧洲高速列车》，

1978年的《人工智能机器》，1981年的《计算机世界》，1986年的《电子咖啡馆》，一直到1991年最后的《混音》，我们就清楚地明白了，他们的意图是明显的，他们并非只是为了那电子乐来和听众逗逗闷子，而是用这样的电子音乐作为对这个越来越物化的世界的一种发言。芸芸众生可能只会在从放射性到计算机，从高速到电子的发展中得到了生活实际的好处，像狗一样伸出舌头舔着或吮吸着现代化分泌出来的种种便利与实惠，而作为艺术家却得了便宜还要卖乖似的偏偏不满足，非要鸡蛋里挑骨头，不满足现代化带给人的异化和人与人之间的隔膜，非要做惊世骇俗之举，批判电子时代带给人们的心灵上的变形和锈蚀，以及情感上的苍白与堕落。

于是，“发电厂”在他们的音乐里用电子乐和合成器模拟出轰轰烈烈的机器声响，那种铺天盖地的机器前呼后拥地层层地包围着我们，冰冷、生硬、单调、机械地极其有规律、黏稠血型般固执的音响，织就了黑色的瀑布一样，从天而落，哗哗如雷，蒙蒙一片，雾气弥漫，遮住了我们眼前的一切。我们只要听听他们在《高速公路》中那长达23分钟汽车在公路上行驶情景的绘声绘色的机械式单调的模拟，听听他们在《欧洲高速列车》中依然是长达13分钟漫长而单调旅程的模拟，只不过是将汽车换成了火车而已，高速没变，单调没变，冰冷没变，一切还是那样沉重，还是那道黑色瀑布从天而落，黑乎乎地遮挡在我们眼前。

听他们这两盘唱片，让我想起80年代末我从他们的家乡杜塞尔多夫出发沿着高速公路到多特蒙德一路上看到的情景，那是德国西部的一片老工业区，密布在莱茵河两岸轰隆隆的机器声早已经没有了，原先的工业没落了，莱茵河虽然没有想象中的清澈，但还是很漂亮，而高速公路上的单调也不似以前，因为路两旁的绿化非常的好，明亮而葱茏，没有了他们歌里的那种感觉。因时代的变异，音乐有时显得隔膜了许多。

也许，他们猜得出的我的这一想法，在《人工智能机器》中，他们不再满足于对汽车和火车的模拟，而是让机器人粉墨登场了，让这个世界，同时让他们的音乐一并变得复杂了起来。高科技诞生出来的机器人，远不是汽车和火车那样司空见惯，而是让人们如观动物园里新展出的动物一样感到好奇，甚至让人们为它们的无所不能的功能而欢呼。但那貌似被现代化咬合得齿轮纹丝不差、设计得程序滴水不漏，那种严密轻巧乃至优美背后的冰冷，是和高速路上的汽车和火车一样，永远无法与有血有肉的真人一样拥有同样的感觉的。可怕的是真人毫无察觉，逐渐在被异化，如同机器人一样没有体温了。

在这盘专辑里有一首被许多人称赞旋律完美得近乎“令人发指”的歌叫做《模特》，但那模特不是站在梯形舞台上活生生的模特，那模特不过是人与机器交媾的时代产物，是一种象征，如同用玻璃钢或什么现代材料做成的一尊雕塑，立在貌似繁华却是机械化复制过的千篇一律的闹市广场上，已经不再是亨利·摩尔或罗丹，更不是米开朗琪罗的那些富于生命力的雕塑了。

“发电厂”就是这样从60年代末期到90年代初期20多年的时间里顽固地唱着他们的电子寓言，用他们激烈和激进的电子音乐提醒着已经变得麻木迟钝的我们。

“退化”肯定是和“发电厂”同宗同祖，并得天独厚地继承了“发电厂”的衣钵，只不过走得比“发电厂”更远。这从他们乐队的名字就可以体会其中一斑。如果说“发电厂”还只是对现实的一种象征性的比喻，“退化”则是赤裸裸的呐喊了，还要他妈的什么拐弯抹角的比喻！

有时，真的是让人无可奈何的感慨，难道我们人类不是在一步步地退化和堕落吗？还要责怪这有两对兄弟做主唱和键盘手和一个同在俄亥俄州艺术学校的同学做鼓手成立了这个叫“退化”的乐队吗？而且还要去责备他们把电子音乐作的如此疯狂并愤世嫉俗地喊出了：“我们是人吗？我们是退化”——这是他们第一张专辑的名字。在这1978年出版的第一张专辑里（比“发电厂”出版第一张专辑晚了6年），他们一遍遍反复地唱着：“我是一个机器人，两支机械的胳臂两支机械的腿，一个2加2的人，我感受膨胀，我工作得很好，我想要你所想要的东西……”开门见山地直指荒谬的现实世界。

他们的确比“发电厂”走得更远也更极端。他们演出时全身穿着宇航服一样的衣服把自己从头到脚套得严严实实的，脑袋套着一个布套，头顶着的是一个硕大无比的灯泡。他们要把自己从音乐到外形都弄得与众不同，彻头彻尾地变成了“发电厂”所唱的那种机器人。他们从一开始就如堂·吉诃德大战风车一样，与这个异化与物化的世界不共戴天，先知似的预测着人类的缥缈莫测的未来，企图做一个现代伊索式的寓言家。

“退化”以如此怪异的音乐、怪异的装饰和怪异的表演形式出现，曾经被当成摇滚的笑柄，一时让有些人难以接受，却让有些人趋之若鹜。如果说他们是出现在摇滚最具有活力的时候的一个怪胎，不如说是摇滚为他们创造了这样离经叛道的舞台，先锋艺术总是爱用这样极端的方式来标新立异，就像故意用一把尖锐的锥子刺一刺我们人类已经老皮老茧的肉，看看还能不能扎出殷红的血来。在某种程度上，先锋艺术是对于人类世界的一种恶作剧。我觉得他们有些像是当时绘画界的野兽派，愿意把浓烈的色彩疯狂肆意而无序地泼洒在画布上。也有些像是如今小剧场的先锋戏剧，充满实验性而忽略了或者不管观众的接受能力。如果把他们和摇滚同做比较，当死亡金属在自己的音乐里歇斯底里地把世界唱得一团糟，而悲观地预示着人类面向无可救药地走向死亡的话，他们则是局外人甚至非人似的机械地站在一旁，冷漠地预示人类在走向现代化的同时被现代化的种种机器挤压得无可奈何地失去了自己的天性和人性。

如今，时间的潮水已经将“发电厂”和“退化”冲远，涌现出来许多新的摇滚乐队的面孔遮掩住了他们当年曾经年轻而怪诞的脸。但他们在70年代和80年代所起的作用是不可忽视的，即使他们现在被岁月风化成枯萎的标本，也能够让我们依稀看到他们当年的风采，他们对那个进入现代化时代所带给人类物质的进步和精神的萎缩双重的思考，至今依然是沉甸甸的，而他们所做的寓言式的歌唱，并不是疯子的呓语，而依然是今天醒世的箴言。

他们在音乐上对于摇滚的意义，也应该给予充分的评价。他们极度地发挥了电子音乐的特长，丰富了摇滚的语言。日后不少摇滚乐队曾经得益于他们，“赶时髦”明显地能够看到他们的影子，这从当年“赶时髦”《101》那盘唱盘的现场中观众激动无比的场面来看，就可以看到当年他们在电子音乐中所制造的冰冷世界中已经有了一种感动的追求，无形之中将电子音乐发展到了新的高度，虽然依稀能够找到他们的影子，但却已经远离当年他们的初衷了。而在再后来的万格利斯等的电子音乐中，同样也能够找到他们当年埋下的种子在后来的日子发芽的轨迹。至于那些如今的流行音乐中对电子音乐的借鉴就更是多得见多不怪了，“喜多郎”、“雅尼”，都可以毫不费力地找到他们当年呼吸出的气息。只是当年他们初出茅庐的时候如带刺的玫瑰一样清新而充满锐气，到了“喜多郎”、“雅尼”

的手里被改造得磨去了刺，光滑得如同保龄球和痒痒挠了。

一种艺术当年被认为是可笑甚至是大逆不道的先锋之举，时间可以将它磨洗得面目皆非，那些原来显得惊世骇俗的内容已经随时过境迁，变成了老太婆，但它所创造的形式却可以被后人实用主义地为我所用，变得依然如妙龄少女一样历久长新。

2001 年于北京

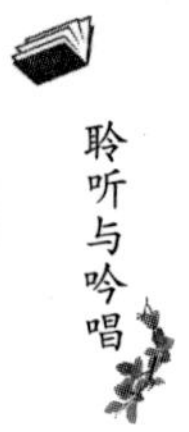

# 黑色传教士之歌

将近四十年前，他们的专辑只卖出了500张，少得可怜，还赶不上街头的小贩一天卖出的雪糕的数量。现在，2002年立春过后的第二天，他们的专辑《黑色传教士时代》竟传到了一个中国人的手上。音乐就是有着这样奇特的魔力，穿越时空，能够跨时代和我们握手相逢。

许多摇滚歌手都是从模仿开始的，这一点都不奇怪，正说明摇滚具有一般流行都具有的传染的杀伤力。尤其是在大约40年前披头士的年代，摇滚乐是以披头士前所未有的朝气、雷霆万钧般的成功和席卷全球的风靡，而成为几乎所有年轻人趋之若鹜的象征，城市的中心花园和商厦一样吸引着人们不由自主地向他们走去，不到此一游，等于没有在那个年代里生活过一样。玩摇滚的就更不用说了，披头士的旋律、歌词、三和弦的节奏，乃至他们的服饰和一律油光锃亮向后梳的发型，都成为了玩摇滚的约定俗成的模式，被心甘情愿地复制而四处招摇。60年代的中期，在整个欧洲，特别是在英国和德国等一些地方，披头士就是这样所向披靡，攻无不克，战无不胜，领衔主演于那个时代的舞台之上，不是潜移默化而是明目张胆地改变着人们的生活方式，重新组装着人们的大脑。我现在已经无

法想象那时他们以及他们追随者疯狂的样子了，那绝对不是现在我们那些追星族可以相比的。我想大概是像我们60年代中期对所谓的“革命”的那种疯狂吧，那时的语录歌如披头士的歌一样唱遍了城市乡村的每一个角落，而撩起一阵阵久久散不去的狼烟。或者像如今的足球才能激发起如此亢奋的激情狂澜，那种伴随着人浪起伏的“啦啦啦”的无字的球迷之歌，无需翻译成为了所有球迷相识的名片，成为了大家在球场上烈焰燃烧般欢呼和发泄的点燃物。现在，回过头来看，披头士在那个时代所起到的作用，就是这样近乎成为了一种神而得到了歇斯底里的崇拜，颠覆着旧有的时代所建立起来的一切的价值体系和传统根基。在一个需要或正在变革的时代，音乐特别是摇滚有时就是这样起着先知先觉的作用，或破坏着，或建设着。

“传教士”（Monk）是在这样的一个披头士主宰世界的时代出现的，他们不是想跟着披头士轻车熟路地惯性地走，而是异想天开，另起炉灶，起草了反披头士的革命宣言，显得是多么的可爱天真，又是多么的不合时宜。他们无异于拿起鸡蛋向石头上碰，但一个时代如果都是死硬死硬的石头而没有了鸡蛋，该是多么的可怕。那么，即使鸡蛋碰破了就破了吧，毕竟还发出了另外的一种声响，流出了鲜黄如同小太阳一样的蛋黄来让世界看了一看。“传教士”的第一张专辑其实也是他们唯一的一张专辑，只卖出了500张就卖了500张吧。我们到现在也只得承认披头士还是石头而且是巨石，“传教士”是鸡蛋而且是破鸡蛋。但是，他们以自己的声音和自己的形象竖立在那个时代，并能够让我在今天还能够看到他们虽然弱小却是属于他们自己的黑色身影，哪怕只是一个破碎的鸡蛋皮的影子。

回想最初他们所走过的路，和那个时代玩摇滚的年轻人没什么两样。

这几个从美国内华达州的卡森城走到军营来的年轻人，在单调乏味的军旅生活中，在漫长的越战空气的弥漫下，蹉跎着自己的青春，一年年没有挂上梦寐以求的勋章而一事无成。他们厌倦了，却没有别的法子可以超脱，因为围在他们四周的都是厚厚的墙。但他们喜欢音乐，只有音乐才可以帮助他们。他们便只有选择了音乐，以为音乐是他们的救世主。在他们退伍的时刻，他们听从了一位喜欢他们唱歌的经济人的建议，没有回美国，来到了德国。那位经纪人只嘱咐了他们一句话作为临别赠言："就是别让听众睡着了。"

那时，他们当中的人只有一个人会吹小号，适合演奏爵士乐，但当地没有爵士乐，只有摇滚，其中一个摇滚乐队缺贝司，这个小号手立刻买了一个贝司，现扎耳朵眼现上轿，开始了他们德国的摇滚生涯。在艺术和生存的同时挑战下，艺术暂时要让位于生存。那时，他们到美国大兵常常出现的酒吧里唱，和那时许多年轻人一样，他们是从卖唱起家，也是从模仿起家的，唱披头士，也唱"滚石"（The Rolling Stones）和"奇想"（The Kinks），谁也无法逃脱披头士蝙蝠般巨大翅膀遮住的 60 年代中期摇滚歌坛上的影子。他们给自己的乐队起了一个名字 Torquays，完全是披头士风格的翻版。

时过境迁之后，他们说在那样艰难的时候他们曾经这样安慰着自己："当年德国的酒吧一个挨着一个，人们从一个酒吧进入另一个酒吧，想看看人们在干什么。那时，摇滚是新生事物，只要你会弹三和弦就能够找到一份工作，每个人都在弹着一样的东西，只是弹得好坏而已。这时候我们说，等一等，等一等。"

有时候，等一等，是需要的，也是重要的。在耐心的等待中，更清楚

地观察对方，认识自己，寻找在世界的位置，不在等待中死亡，就在等待中爆发。

他们首先开始发起了对正在鼎盛时期的披头士的批判。这不仅需要反潮流的勇气，因为我们每一个人都生活在潮流之中被潮流裹携着，身不由己或习以为常容易，而跳出潮流之上去做一把冲浪的弄潮儿是不容易的。同时，更需要的是内心的底气。这 5 个退伍的美国大兵这样评论披头士："披头士是一个伟大的东西，创造了甜蜜的东西，比如《她爱你》、《一周八天》。在我们的印象里，他们是甜甜蜜蜜的，他们的摇滚真他妈的好。但他们主要是甜美的和弦，而我们想可以有其他的路可走。所以，有一天我们不约而同地说我们已经厌烦了谈论'你多可爱'和'这世界多美好'之类甜蜜的垃圾。这世界并不美好，德国本身就是被灾难困扰的地方，而这里就是我们生活的地方。"

思想的批判永远走在行动的前面，理论的武器比任何真的武器都重要。虽然，他们并没有什么高深的理论，但没有被甜蜜生活磨出厚厚的老茧而还拥有着敏锐的直感，和不满足于现状而挑战得过且过的勇气，对于一般人来说也足够受用的了。况且，他们还有识别甜蜜垃圾的能力，并不是什么人都有这样的能力的，不少人视甜蜜为最大的享受甚至躺在垃圾堆中以为是躺在绿草丛中的。

他们酝酿新的乐队。

在成立新乐队的时候，他们记住别制作那些甜蜜的垃圾，也想起了那位经纪人的话："就是别让听众睡着了。"

他们要和披头士的三和弦彻底决裂，那种，弥漫整个欧洲的主和弦、下属和弦、属和弦的三和弦，已经让他们忍无可忍，再这样下去就会让听众睡着了。他们向披头士传统的乐器下手，去掉了架子鼓旁的镲，早期非洲的梅素布达亚人演奏音乐时用鼓也用镲，但不把鼓和镲一起用，他们恢复了原始鼓的声响，并加了一个印度手鼓 tom-tom。他们又莫名其妙发现并启用了一种叫做班卓琴（banjo）的乐器，我不知道这是一种什么样古怪的乐器，只知道这种乐器不产生旋律，但能够产生强烈的和更多种多样的节奏。只是当时他们谁也不会弹这种琴，他们就想当然地给它安了6根弦，用弹吉他的方法去弹奏了，再在琴前面放上两个麦克，加大它的节奏效果。他们特别强调乐器音响的效果，他们说："如果你说这个声音不错，它很快就会老去；如果你说这种声音很脏、很可怕，那你将喜欢上它了。班卓琴就能够给我们这种感觉。"

他们同时向歌词开刀。他们厌烦了那种甜蜜而冗长的歌词，他们要自己的歌词和旋律一样的简单明了。他们说："我们要让所有的人理解我们说的话，在德国如果说的话太多，妨碍在失去跨越语言桥梁上理解的可能。所以，简约主义的歌词是必需的。"他们所唱的歌词只是反对越战和非人社会以及爱恨女孩这三大主题。

他们最后向自己动手，在装束和演出形式上求得改变。他们反感披头士那种油光锃亮向后梳的发型，而将自己的头上只留下两侧一圈头发其余全部剃光，连同穿戴都变成传教士的样子。

1965年，他们给自己这个新乐队起了一个名字："传教士。"

他们把他们的歌声和每一件乐器都当成了节奏来使用。粗暴尖利的吼叫声和对教堂唱诗班恶意的模仿和嘲讽，高音量、快节奏、低噪音的乐器音响，所充斥的是光怪陆离、阴森可怕的回声。如果需要一点旋律，他们只用手风琴。不过，那手风琴在这样的黑色音乐里像是荒村里的野鬼孤魂

一样，越发显得神经兮兮梦魇般阴气逼人。那种森森的恐惧和怪异，30年之后，他们自己也说："如果让一个人待在一个单元房里听我们的音乐，他肯定会疯的。"

他们这种发疯的音乐，倒是没有让听众睡着，但当时听众很难接受他们。在德国，他们不是被当成摇滚来看，而是把他们当成行为艺术，觉得新奇，又觉得迷惑不解。仅仅两年，1967 年，他们这支"传教士"乐队就昙花一现解散了。

逝者如斯，整整 30 年过去了，在人们已经早把他们淡忘的时候，他们才如同在越南运回来的士兵尸体或弹片残骸一般，从德国返回到美国，在自己的国家重新出版了他们的唱片，得以重见天日。1997 年，以专门再版以往年代先锋摇滚专辑的美国独立品牌 Infinite Zero 公司，不知怎么突然想起了他们，把他们如出土文物一样重新挖掘出来。应该感谢 Infinite Zero 公司，如果不是他们，我无法听到当年只发行了 500 张唱片的"传教士"。虽然，披头士在他们的反抗之下毫毛未损，到头来他们是以失败而告终，但他们的反抗并非没有意义而只是一种螳臂当车的无用功。他们对于潮流的反抗，对于权威的蔑视，对于音乐形式的尝试，都能够看出一种难得的勇气和活力，为以后的朋克音乐和噪音音乐开了先河。更何况，在这盘新出版的唱盘里，他们做了新的编排，不仅有第一张专辑里所有的歌，还增加了 7 首未曾收录过的歌。仅看他们编排的曲目就可以看出他们的锐气依然不减当年，第一首《闭嘴》，第二首《我恨你》，第三首《混乱》，第四首《醉酒的圣母玛利亚》……他们依然没有原谅甜蜜，依然对于宗教以反讽。他们依然以自己简单粗糙的音乐来做社会和摇滚反叛的愤怒礼赞。

我有时在想，如果没有他们曾经在军营的那一段经历，而同一般年轻人一样在平静中或只是在甜蜜的生活中长大，他们便很可能面对一切习以为常，跟在披头士的后面招蜂引蝶自得其乐。有的人一辈子总是在津津有味地吸吮着别人喝剩下甚至是喝光了的汽水瓶中的麦管，有的人则觉得吃别人嚼过的馍没味道。哪怕是作为失败者，“传教士”乐队过眼烟云般的存在也是有意义的，即使只是流星倏忽一闪，也闪出别样的光彩来。

2002 年于北京

# Lo-Fi 中的“西巴多”

Lo-Fi（低保真）是 20 世纪 80 年代末 90 年代初出现的一个新名词。显然，它是针对“高保真”这个词的。我们现在在商店里买电视或音响，对“高保真”这个词都不陌生，它是音响技术的一种科技发展的显示。Lo-Fi 就是对它要反其道而行之，成心和它开玩笑。

Lo-Fi 出现的意义，不仅仅是对技术的一种简单的倒退，而是和高科技发展下越发物化世界的一种针锋相对的对抗。只是 Lo-Fi 不是拿起同样先进的高科技武器，而是茹毛饮血退回到原始的老路上，操起了简陋笨重的大刀长矛。这样的举动，有点像孩子，对抗大人用高级的建筑材料盖房子，我就撒尿和泥也盖自己的泥房子。

据说，提起 Lo-Fi，流传着这样的笑话，不知是嘲讽，还是揶揄，或是现实里的真实？说只要你有一把音都不准的烂吉他、一台简单的四轨录音机，再有一份失恋的经历，你就可以在家里制作摇滚的经典了。

一位叫做迈克·鲍曼的 Lo-Fi 歌手曾经写过一首《在 Lo-Fi 高速路上》的歌，他这样唱道：“在 Lo-Fi 的高速路上，看烟头在烟缸中堆积如山，听那颗失落而疏离的心灵，在家里作出了摇滚歌曲。”

两者有着异曲同工之妙，对 Lo-Fi 的描述都八九不离十。Lo-Fi 出现在物质高度发达的时代，以粗糙的手去触摸细腻的丝绒，以锈钝的刀去裁秀美的云彩，以漏洞百出的篮子去装甜美红润的苹果，这种刻意为之的反差，居然在 90 年代的摇滚史上制造出了一幕生机勃勃的风格剧来，是非常有意思的现象，吸引我听听它，不知道梨子的滋味，就去亲口尝尝。

我找到的两盘唱盘是“西巴多”乐队（Sebadoh）1994 出版的《卖面包》和 1999 年出版的乐队同名专辑《西巴多》。谁也弄不明白他自造的这个“西巴多”英文到底是什么意思，就如同如今在网上署在那些帖子上自造的莫名其妙的笔名一样，只是和你逗逗闷子，给你找一个乐。

这个 1989 年在麻州阿莫斯特城成立的乐队，其他成员走马灯频繁在换，主将是洛·巴娄（Low Barlow）和埃里克·加菲尼（Eric Gaffney），虽然也矛盾重重，却依然坚持着成为乐队的中坚，所有的歌都是出自他们两人之手。迄今为止，他们已经出版了将近 20 张专辑，在 Lo-Fi 的热潮中是支颇具活力和实力的乐队。从他们这支乐队的出道可以看出 Lo-Fi 大同小异之路。当时，洛·巴娄在著名的 Dinosaur Jr. 吉他乐队当贝司手，不幸被乐队踢出，一个人跑回家，没钱没事没爱情，无所事事中遇见了无所事事的埃里克·加菲尼，又遇见了无所事事的鼓手贾森·洛韦斯特坦（Jason Lowestein）。三个人没有了大乐队的支持，一受到了主流乐队的精神挤压，二受到了口袋里兵力不足的经济压力，只好另辟蹊径，跑回家里，就像是我在前面说的那样，用不着花什么钱，找到一把音都不准的烂吉他和一台简单的四轨录音机，就开始招呼，大干快上，以那种噪音丝丝

乱响、木吉他如同断了弦的呕哑周折的声音所制造的粗糙已极的怪异效果，出版了他们的第一张专辑《自由男人》。

自由男人，是他们的自况，也是 **Lo-Fi** 的象征。

回顾以往，一部摇滚史是充满着自觉的有规律的律动的整体。不断地激进地超越自我，再激进地偏离自我，然后重新回到自我，是不少乐队前赴后继留下的轨迹。民主和自由，从来都是摇滚得以不断搏击云天的一对翅膀。

其实，只要想一想摇滚最初的出现，就是以这样自由和民主的姿态，面对当时古典音乐强悍地主宰的世界。摇滚那时的意义就如同我们清朝时剪掉了盘在男人头上的长辫子、解放了女三寸金莲的小脚。摇滚脱掉了古典音乐繁文缛节臃肿的华丽外衣和白手套，走出枝型吊灯和铺着猩红地毯的殿堂，而让民间粗俗的音乐赤裸着身子和脚丫踏在尘土飞扬的路上。并且，他们以自己的表演形式来打破古典音乐的听众必须要衣着晚礼服鲜艳如同新出锅的虾的贵族模式，而可以和他们一起狂歌狂舞，将内心的感情不再压抑不再中规中矩不再假模假式而如喷泉一样淋漓尽致地水珠四射地喷发。随着进入 20 世纪各种民主化进程中，摇滚就是这样以贫民的姿态，在打破以往被贵族和假贵族把持的学院派和经典派的实践中，迈出了音乐民主化进程的有力而赫然醒目的一步。

如果我们再从摇滚自身音乐发展的历史来看，摇滚刚刚有了自己的声势，就出现了艺术摇滚不满意粗糙的现状，企图用古典和民谣相结合，以一种后退的折中主义让当时的摇滚出彩儿。但是，马上就又出现了朋克，重新以更加的粗糙愤怒地反对艺术摇滚的保守。以后又出现了后朋克，不

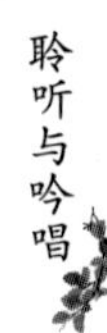


满意朋克的粗糙的直抒胸臆，使得音乐和感情更加复杂压抑曲折甚至幽暗……摇滚就是这样激烈偏颇且肆意的不断否定再否定着音乐的内容和形式，书写着自己的历史。一代一代摇滚乐队竖起的墓碑，就像是犹太人的墓地里那些墓碑一块一块、一层一层叠叠垒压着，彼此反对着、对峙着，也彼此衔接着。

如果我们再从摇滚的乐器来看，当三大件丰富了简单的吉他，日后成为定势之后，合成器出现了，电子音乐突破了原来的器乐定势，成为了新的工具。马上又有人不满意，开始加入颤音器、非洲达姆达姆鼓、萨克斯、长笛、铜管乐，小提琴、钢琴，甚至整个交响乐队。然后，便出现了对这些越来越好听越来越丰富也越来越复杂的繁文缛节乐器的反动，就是Lo-Fi，退回到原始的粗糙和简陋。

如果说摇滚里有许多东西是代表着时代的精神的，那么，60年代的代表应该是那些政治性的民谣，70年代的代表应该是那些激进的朋克……Lo-Fi则是代表着90年代摇滚精神的重要组成部分。Lo-Fi的出现，告诉我们或是提醒我们，在中产阶级和小资纷纷出笼而最容易把音乐当成附庸风雅的时代，音乐其实就是这么简单，没有那么多故弄玄虚的深奥，而是这样的简陋这样的平民，这样的可能让你羞愧觉得不能像是掏出香水罗帕或情人节的巧克力和玫瑰花一样拿得手。它同时告诉并提醒我们，在高科技到来的数字化时代。音乐工具发达如同机器可以吞噬人性的时候，Lo-Fi回到了农业时代的小作坊，让音乐重新充满人性和私密性。Lo-Fi走了一个螺旋式的回头路，又回到了朋克当年的DIY精神，那就是自己动手，丰衣足食。

他们不再惧怕自己的势单力薄，不再惧怕自己是丑小鸭而去做灰姑娘的梦，他们不再惧怕高科技的气势逼人，不再惧怕正统社会的政治与商业社会的经济对他们的双重挤压，他们可以不必依附任何势力而很简单地就完成了自己的音乐制作和创造。这就是 90 年代摇滚的精神：自由和民主。

Lo-Fi 让我想起美国曾经流行过的黑人的涂鸦艺术和现在流行的 DV 拍摄影片，它们和 Lo-Fi 殊途同归，本质都是将所谓高雅贵族的艺术让每一个普通的人都可以简单易行地玩得了、玩得起、玩得成功。

Lo-Fi 也让我想起现在流行的一个口号：回归自然，回归自我。

摇滚总是这样能够从它自己独特的角度来注释历史。

从这样的角度来听“西巴多”，多了一份别样的心情。《卖面包》非常好听，是最受欢迎的一张专辑，封套上那个光屁股的小孩伸着小手在厕所的便桶里探索，有着乐队顽童的戏谑。《西巴多》是他们的新专辑，封套上简单稚拙的线条画面和字体，同样体现着他们的顽童的气息，他们就是要调皮地和你在音乐中玩耍。

这两盘唱片的味道，和他们最初出道的唱片肯定不大一样了，但仍然可以听出他们的一些风格，那就是万变难离其宗的粗糙和简陋。洛·巴娄的歌是民谣类，嗓音粗粝而浑浊，却很动听，一种隐隐抒情的野花藏在乱石丛中。埃里克·加菲尼的歌是朋克的翻版，迎风嘶喊着，像是风中猎猎抖动的旗，一种狂躁情绪的发泄，粗壮的蟒蛇一样在沉闷笨重的吉他声中迅疾地游走。听他们两人的歌，在这样风格不同的两极中上下起伏，如同坐船颠簸在大浪翻涌的江河中，忽而涌上浪的高峰，忽而又跌进浪的低谷。体会那种冲浪般的快感。而那些丝丝不断的粗糙噪音像是自己家里笨拙的录音，给你一种亲近感，让你觉得和他们离着并不远，一伸手就能够摸得到他们的手和他们的那把破吉他。

# 卷二

# 我是你的一面镜子

## ——关于尼可

现在看尼可（Nico）年轻时的照片，已经分不清她是否真的漂亮。并不是岁月已经把漂亮洗刷殆尽，我所看到的有关她的照片都有些模糊不清，只能隐隐看见她那一头金发好像曾经飘逸过，也曾经被人温柔地抚摸过。也许，是她的身材漂亮，她毕竟在巴黎做过一段时间的时装模特。或许，一切都并重要，重要的是那时她非常年轻，青春就是一张最漂亮的通行证而畅行无阻。她和“地下丝绒”乐队合作那盘著名的《地下丝绒和尼可》唱盘时才22岁，正是花样的最好午华。

要不地下丝绒的鲁·里德和约翰·凯尔不会都那样喜欢她。以致因为她而闹得地下丝绒分裂。

一个年轻的姑娘如果仅仅有才华，或者仅仅漂亮，都会是幸事。但一个年轻的姑娘既有才华又漂亮，不见得就一定是幸事。因为这非常有可能一半毁在世俗的手里一半毁在超越世俗的艺术手里，一半毁在男人的手里一半毁在女人自己的手里。

尼可命中注定不会一帆风顺。

这位我们现在看来是哥特摇滚的创始人，在20世纪60年代初期不到20岁的年龄却是籍籍无名，她独自一人离开家乡德国柏林。其实柏林也不是她的家乡，只不过她后来加入了德国国籍而已。她出生在匈牙利，父母分别是西班牙和南斯拉夫人，注定了漂泊就是她一生的命运。她先是跑到意大利，然后又跑到法国，跑到美国，早早地开始了她的漂泊无羁的生涯。当我看到她这一经历，忽然想到现在我们许多年轻人不是也和她一样在年轻而美好的年华时离开家乡和祖国跑到遥远的国外，开始了和她一样的漂泊生涯，为了什么呢？还不是和她一样用青春做一盘赌注，期待着只有一次的最可宝贵的青春能够出现梦想中的奇迹，体现出最大的价值来吗？年轻的时候，梦带他们到远方，谁都会像长了翅膀的鸟一样，可劲地往外飞，外面不可知的地方，往往最具有诱惑力。他们不会想到那些地方可能是你起飞的弹跳板，也可能是美丽而温柔的陷阱。

从某种角度说，尼可应该是这些出国淘金梦的幸运者。她就凭着她漂亮和才华这样两个条件，以为可以所向无敌。她的确在开始的时候并不像有的人撞得头破血流便轻易地撞开了世界的一扇扇大门。她在巴黎竞争那样激烈的地方当上了时装模特，在意大利当时颇负盛名的导演费里尼的电影《甜蜜的生活》里担任过角色。而后又凭着能说七国语言的天赋，带着她不到20岁时和阿兰·德隆生下的儿子的照片，像带着胎记或名片一样，她来到了美国，没头苍蝇似的乱撞，先是遇见了安迪·沃霍尔，在沃霍尔的电影《切尔西女郎》里出演一个并重要的角色；然后又尝尝鲜般去唱歌，在她刚过20岁的时候录制了一首单曲《最后里程》，也并不成功，却也无所谓，照样还是在闯荡。青春就是在这样一次次的跌撞之中褪去了一层层青春痘而磨起了老茧。

1966年，尼可22岁的时候，由安迪·沃霍尔的推荐参加了地下丝绒乐队。这一步对于她至关重要，可能连她自己当时都没有想到，这一步等于揭开了她人生新的一幕。在模特、演员、歌手等多枚棋子的乱碰之后，她的终身事业演唱生涯莫名其妙地正式开始了，她的名气也悄悄地开始了，而不再仅仅是跟在费里尼和安迪·沃霍尔的后面，笼罩在他们身后的影子里了。

其实，尼可和地下丝绒合作的那盘经典唱片里，一共11首歌中，只有尼可唱的两首歌：《所有明天的聚会》和《我是你的一面镜子》。但就是这两首歌成全了尼可的一生。

但也过早地结束了她的一生。

两首歌中，《我是你的一面镜子》是鲁·里德特意为她谱写的，是献给她的一首爱之歌。但爱情对于一个拥有才华和漂亮两种财富的女人来说，有时可以是一道让人艳羡的变色口红，有时却也可以是一枚好看不好吃而且难以消化的无花果。我不知道最终鲁·里德和尼可为何没有将这一首爱之歌唱到底，我只知道并不止鲁·里德一个人和尼可有染，约翰·凯尔、杰克逊·布朗、吉姆·莫里森、伊基·波普、鲍伯·迪伦……很多当时鼎鼎有名的歌手和她的关系都非同一般。当然，不能是说这些人害了她，其实是这些人帮助了她，他们其中不少人专门为她以后出版的专辑写过歌，没有他们的帮助，不会有她日后的成功。但是爱有时就是这样呈相反的方向带着人不由自主地走，爱的越多越大，加速度就越猛，便如滑下坡的滚石一样无法遏制。况且，这到底是不是真正意义上的爱，就是连她自己恐怕还很值得怀疑。

从30岁到40岁之间这十来年中，尼可在这样的山坡上做这样的滚石运动。她身不由己又乐此不疲。一般女人也是在这样的年龄阶段容易被爱包围或迷惑，弄得心旌摇荡、精神疲惫而将一生的日子失去了平衡。只不过一般女人靠性靠梦或眼泪或混乱放荡来维持这已经倾斜的心和日子，而尼可在这段时间里是靠更为可怕的毒品来维持的。

毒品让死亡更加接近了尼可。

而在那次著名的欧洲巡演的现场，尼可对观众们说："我是为你们的死而来演唱的。"她刺激她的观众，其实，也是事先留给自己的谶语。

除了《地下丝绒和尼可》之外，60 年代，尼可还曾出版了《切尔西女郎》，70 年代，她出版了《大理石目录》、《戈壁滩》两盘专辑，80 年代出版了《行动或死去》、《流放剧》两盘专辑，1991 年，在她死后的第三年出版了《空中花园》，其中有她死前最后的一些珍贵录音，并有她重新演唱了鲁·里德和大卫·鲍伊的一些歌曲。在整个 90 年代，出版了各种版本的她的精选。在这些张或成功或不成功的唱片中，人们听不出她在这 20 年来的真实心情，找不清她的脉络轨迹，只能听见她 20 年来一如既往的冷漠和悲凉，镜中花、水中月一样，似是而非，迷蒙一片。她把自己所有的心情和感情都隐藏在她这样的歌声中了，她大概以为这样才更加符合自己和这个世界。摇滚为她遮挡起隔绝世界和我们的一道厚厚的墙。

尼可曾经这样解释自己的歌："我不是为观众演唱，我尽可能保持独处，不和任何人接触。我喜欢那些悲伤的歌，我喜欢即兴演唱，把当时的感情抒发出去。"

一般音乐界评论尼可的歌是晦涩阴暗、鬼气森森。不知为什么，我听她的歌却听不出这种感觉，在听她在《地下丝绒和尼可》中演唱的那两首歌时，冰冷确实是冰冷，冷漠确实是冷漠，但在冰冷和冷漠之中却有一

种寥廓霜天清净浩渺的感觉，她那浑厚得听不出一点女性化的嗓音，在不动声色之中变化着渗透出一种神秘感。有时候，我会觉得她像是一个阅尽春秋的老人在街头卖艺时那种凄凉卖唱而毫无表情的样子，有时我又会觉得她像是一个世事未谙的孩子在教堂里唱圣歌那种纯净的样子。如果说她的歌如冰一样的冷，确实是有那么一点的冷，却也冷得如冰一样的清澈洁净甚至透明。她的那种在寒冷浑浊中洁净透明感觉，实在像是开放在污泥中抖动在秋末寒风里洁白的枯荷残莲。她是飞翔在黑暗中的白鸽子，而不是蝙蝠。我很为自己突然感受到这种感觉而奇怪。

当然，这只是我自己的感觉而已。

1988年，尼可44岁。这一年，她一直孤独一人生活在西班牙一个叫做伊维萨的小岛上。一天，她上街买东西，忽然一个跟头倒了下去，便再也没有起来。脑出血，她就那样孤零零地倒在街上，让血在脑袋里别人看不见地在突然之间奔流破裂，戛然而止。过往的行人那么多，却没有一个人认识她。毕竟在这个世界上听摇滚的人不多，听哥特式摇滚的人就更不多。谁也不会想起或知道她就是那个曾经和地下丝绒一起唱过《所有明天的聚会》和《我是你的一面镜子》的人，她只是一个44岁被毒品弄得有些苍老的女人。

她突然一个跟头倒地的情景，总是像电影里不断重放的慢镜头一样浮现在我的眼前。这篇文章写到这里，我到台湾去了一个月，在台湾的日子里，奇怪得很，尼可的影子总是不时地并不清晰地掠过我的脑海，便让我想起临离开北京时匆忙写下的这篇文章，不能就这样结尾呀。在那些个远离家的日子里，也许多少能够体会一些尼可短短44年漂泊的生涯。她一辈子是在孤独漂泊中度过的，一辈子没有找到自己的国和自己家的感觉，只是最后的几年时间里生活在曼彻斯特和伊维萨岛，想图个清静，谁想到伊维萨岛竟成了她生命的归宿。

可以说，尼可是这个世界上第一个多媒体时代的明星，和她同时代的玛丽莲·梦露也是明星，但只是电影明星，不是多媒体明星。只有她是，在三维的屏幕上，在服装模特的T型台上，在演出的舞台上，她都是明星。但是，她生得有些不合时宜，她所开创的哥特摇滚风格，在她死后出现的后朋克才红火起来，她也才被重新提起，比她后起的“治疗”和“西克苏女妖”乐队生正逢时，享受了本该她享受的荣誉。她像一个遥远的先知一般，在后朋克时代到来之前突然死去，有点像我以前看过的电影《中锋在黎明前死去》，那些迟到的鲜花只好摆放在她的墓前和再版的唱片里，或者李代桃僵送到了别人的怀中。

不过，既然她是一个先知，她生前就并不在意这一切，她像是早就看透了这一切似的，逃遁在这一切世界之外，跑到了伊维萨小岛，以为那里是她的世外桃源。她就像是一个交通四通八达地方的隐居者。她成了现在资讯疯狂发达的时代却连自己的出生地都不能确定的一团模糊的影子，淡出在阳光灿烂的云天之外。

我有时想，她也算不上是一个先知。她只是一个女人，只是比一般女人多出了漂亮和才华两样东西。这两样东西使得在她的身上出现许多悖论，比如引领她成名的她那特殊的嗓音，这沙哑低沉的嗓音明显像是男人的声音而牺牲着自己女性的特征，她是这样先天无意识地向男人靠拢着，并且事实证明她的这种靠拢暂时得到了这个以男人为主宰的世界的承认，那种承认只是男人在听完她的歌后喝口酒抿抿嘴点点头而已，就像和她上完床之后拍拍她的肩膀或屁股一样。她的这种投怀送抱的靠拢，最终并没

有得到这个男性的强权世界的爱护和认同。男人的世界在运用了她、利用了她之后，最终是拒绝她，抛弃她，甚至背叛她。

难道不是这样吗？和她交往的人，无论鲁·里德也好，约翰·凯尔也好，鲍伯·迪伦也好，安迪·沃霍尔也好，或者是导演费里尼和菲力浦·卡雷尔也好，或者是在她仅仅 20 岁就和她生了一个儿子的阿兰·德隆也好，都是我们所说的大腕儿。可以说，她没有向他们任何人索取过什么，她不像那些自甘下贱的女明星利用这些大腕儿为自己的前程铺平道路，起码可以不那么孤独地死去而一时无人知晓那样凄惨。她是一个天生害羞的人，即使陌生人和她讲话，她都要回过头去，不好意思看人。可以说，都是这些大腕儿向她索取，都想在帮助她的同时得到她的一些什么，不要说阿兰·德隆和她生了儿子后再不去理她了，就是这个儿子不也是后来用她的命运写了一本关于她的书来赚钱吗？更不要说她的朋友在她去世之后拿走了她生前最后的录音出版唱片去赚钱，和她有过一段感情的法国导演菲力浦·卡雷尔在她死后用这段感情拍了一部电影《余声不再》，菲力浦·卡雷尔甚至对那个饰演她的女演员提都没有提起过她这么个人，以致到拍片结束后这个女演员买到她的唱片才知道自己看到的是她的照片听到她的声音。他们在她生前用她的肉体和感情满足自己的需要、在她死后用她的名字来图名谋利，他们更是如蚂蟥一样一直在吸吮着她的血。

我有时在猜想，也许正是她看透了这残酷的一切，才背叛了这个世界。这个无情的世界便也残酷地背叛了她。

离尼可 1988 年去世已经 12 年过去了。现在再来听她的歌，冰冷如冰一样的歌，黑暗如夜一样的歌，心里真不知是一种什么样的感觉？如今，约翰·凯尔、杰克逊·布朗、吉姆·莫里森、伊基·波普、鲍伯·迪伦……都还健在，不知他们会是什么样的感觉？鲁·里德也还健在，他还会在偶尔之中听听他曾经特意为她谱写的那首《我是你的一面镜子》吗？那飘逝在过去岁月里的音符还会保鲜到今天吗？

2001 年于北京

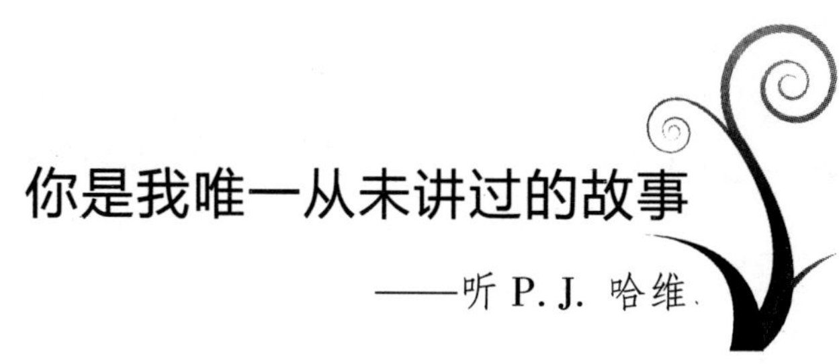

# 你是我唯一从未讲过的故事

## ——听 P. J. 哈维

第一次听 P. J. 哈维（P. J. Harvey），是在尼克·凯夫的那盘《谋杀音乐》的磁带里，她和尼克·凯夫一起唱最后一首歌《死亡并没有结束》，唱得非常动听，她的带有神经质的低沉嗓音在忽起忽落里含有一种异样的种子，电吉他和架子鼓只轻轻一撩拨，便立刻在歌中开出奇异的花来，格外打眼。

我记住了她的名字：P. J. 哈维。一个很好记的名字。据说，她和尼克·凯夫为这首歌而有一腿，传闻传得到处都是。我不关心这些，即使真的如此，尼克·凯夫和她都是摇滚界的顶级人物，好也是很正常，惺惺相惜嘛。只是听说后来尼克·凯夫又和澳洲的歌手凯莉·米洛好上了，凯莉是个美女，但作为歌手远不如 P. J. 哈维有名。当然，这只是听说来的传闻。

在摇滚歌手里，有人天生就是诗人，有人唱一辈子只是唱歌的歌手而已。这种区别很重要，不敢说如天堂地狱一般悬殊，但像一边是大树一边是草的比喻应该是分明的，草当然有茂盛铺满一地的样子，但难有大树的参天和葱郁。尼克·凯夫和 P. J. 哈维应该都同属于诗人一类。虽然，他们都有点神经质。也许，诗人都有点神经质。这样说，不仅仅在于他们都是自己写的歌词和音乐，那些歌词都是诗，而且在于他们在演唱的同时把声音也化为了诗，诗和音乐一起融入他们的血液里。不是每一个歌手都能够做到这一点的，有不少歌手怎么唱也只是一嘴口香糖和爆米花味。

只是在有一段时间里，我闹不清 P. J. 哈维长得是不是漂亮。也许，这只是男性在听歌时对女歌手的一种下意识的想入非非。听音乐就是听音乐，管她是不是漂亮干吗？难道漂亮就可以使得歌声也同样漂亮起来，不漂亮就有损她的歌声吗？漂亮和歌声是两回事，虽然这两样都是上帝给予的，漂亮纯粹是爹妈给的一份福分，歌声毕竟是上天赐予的一份天才。我倒是懂得这个道理，只是因为我第一次看见 P. J. 哈维的照片是她穿着性感十足的泳衣人高马大地在街头上拍照的，给我的感觉并不美，有点招摇的感觉。

况且，P. J. 哈维确实重视性感，从歌的内容到她自己的装扮和她性感撩人的表演，彻头彻尾的重视，淋漓尽致的表现。她的头三盘专辑《干》（1992 年）、《干掉我》（1993 年）、《带给你的爱》（1995 年），都极力张扬她对女性性别、性感和性欲的力量的过分热衷。她那种哥特式摇滚方式以及她那狂放不羁、幽暗阴郁的嗓音，都和歌的反叛内容那样炽烈吻合相得益彰，烈火干柴般燃烧起彼此。有人这样评价她的这些歌：“仿佛无可逃脱的情欲漩涡般的令人窒息。”而她那种故意的浓妆艳抹、一袭豹皮大衣随时可以滑落在地露出雪凝肌肤那种带有挑逗意味衣随风动、金豹狂舞的煽情，都让人忍不住本能的性欲翻腾，当时被称为“性目标”（sex object）。她的音乐和她本人都被当成性的化身了，让我对她总有点看

法似的。

当然，这样的节外生枝和她的刻意并不妨碍我喜欢她的歌。

一直到了我听了她的《是欲望吗》和《双城故事》之后，看到她在这两盘唱盘上的照片，才洗刷掉以前对她的那种印象。还是说不上有多么的漂亮，虽然她曾经入选过《人物》杂志全球50名酷女之一。前者上的照片在幽静的水边，一身白衣的她像个孩子；后者上的照片在夜色中的大街，一身黑衣的她文气了许多，大鼻头也俏皮了许多。一个歌手的风格和内心远比几张照片要复杂得多。

这位出生在英格兰养羊农场的歌手自1992年花了不到3千英镑出版了她的首张专辑《干》之后，近十年来一共只出了6张专辑。数量不多，但在摇滚界里，她的影响不小，说她是女摇滚歌手里的尼克·凯夫一点不为过。不像我们有的歌手的磁带出得和鱼甩子一样的多，就是没有一首歌让人记住的，都死在自己的歌里了。《是欲望吗》是她的第五盘专辑，1998出版；《双城故事》则是在2000年最新出版的一盘专辑。前者是她自己一人连唱带吉他，后者则由大名鼎鼎的尼克·凯夫乐队的贝司手米克·哈维和RADIOHEAD的主唱汤姆·约克前来助阵，搞得轰轰烈烈的，一时间搞得媒体上到处都在说这张新唱片，P. J. 哈维的面子够大的。

两盘专辑的变化很大。她对自己曾经宣泄过的性欲有了内敛式的反省，性欲并不仅仅是女性自身解放的标志，她开始成熟一些地思考性欲、情欲和人生与社会更为复杂和深刻的关系了。从音乐方面，也有了相应的变化，前者，P. J. 哈维单纯的声音配着单纯的鼓点，纤细的歌声像走在钢丝上，有一种凄绝的美，尖细的声音让你担心她会从钢丝上跌落下来。

这盘磁带中大多数歌唱得都跟耳边絮语似的，犹如杨花似雪，漫天飞舞，柔软地铺满一地，却只是虚幻的雪花。而她自己弹拨的吉他狗一样望着主人间或凄凉地叫几声。时而迸发的尖叫，如同金属的利器划过磨花玻璃，余音颤抖在干燥的空气里，是前几盘专辑里少有的。

后者的音乐丰富了许多，P. J. 哈维的嗓音也极尽变化。据说 P. J. 哈维在创作这盘新专辑时在美国的纽约和英国的多西特两地分别完成的。就像她在一首《好感觉》的歌里唱道的："有时候我可以穿过水火，从英国到美国，可以看到很远的地方。"这盘专辑的名字《双城故事》或许即是她这样想入非非之意的一种表述。多西特位于英格兰西南部濒临英吉利海峡，是哈代曾经描写过的宁静的乡村田野，是美丽的苔丝姑娘生活和恋爱过的地方，绿树和野花在没有污染的风中清新地呼吸着，和纽约人流鼎沸的喧嚣形成了鲜明的对比，当然会影响着 P. J. 哈维的这盘音乐的制作。奇怪的是为什么 P. J. 哈维要这样选择如此迥异的两个地方？就为了让对比的鲜明昭著而使得心和音乐都有些承受力和承载力吗？故意让音乐像是鸟一样飞翔于双城之间，让自己的歌多一些纽约的灯红酒绿，也多一些多西特田野和海滨的风？还是多西特的乡村是她的故乡，淳朴的泥土气息撩拨着她的心扉？但是，音乐的创作天然是从心灵中流淌出来的，而非由地域生长出来的，旋律不可能像是橘易地而成枳一样变化简单明了，更不会像是生孩子非要选择一个产房才保险。这种双城对比的故意选择，明显地带有一种刻意。无论是从商业的角度出发，还是从音乐的标新立异出发，都已经离开了艺术的本质。

在这盘唱盘里，可以听到如同上一盘类似的絮语般的歌声轻扬，细雨柔风，林深草密，山岚雾影，只是多了贝司、电子钢琴甚至合成器，还有

贝司手和鼓手人的回声，极尽迂回曲折之妙；更多的能够听到 P. J. 哈维的另一面，热情奔放，她的嘶鸣般的呼喊，节奏强烈，电吉他打足了气似的，像是风助火势，让她的歌声变得风雨中的鸟似的，飞翔的那样惬意。但有时也像是淋在大雨中的花朵，一朵朵被雨水蹂躏得变湿变软，飘零一地，花容失色，却不甘心似的从地上借着风吹起，还梦想着能够像是鸟一样飞上天空。

当然，也可以这样说，她的音乐的这些变化似乎更向流行靠拢。有些歌唱得太像帕蒂·史密斯了，简直就是帕蒂·史密斯的现代版。

不过，她和汤姆·约克合唱的那两首歌，还是非常动听。不知是她特意为汤姆·约克度身制作的，还是本来他们就是天作之合，那两首歌唱得如风相随，琴瑟相合，格外清爽宜人。在《美丽的感觉》中，P. J. 哈维一人抱着吉他轻轻地弹唱，汤姆·约克只是作柔和的吟唱，如果不仔细听，几乎听不出他的声音，却轻柔地起伏摇曳，恰到好处地衬托出 P. J. 哈维的声音来，高超的喂球让 P. J. 哈维上篮得分。而在《我们所处在一团糟里》里，突出的是汤姆·约克，P. J. 哈维一下子收心敛性，变得像是听话的猫似的了，依偎在汤姆·约克的歌声里。汤姆·约克的歌声充满感情的张力，委婉之中浸透着哀婉，丝丝缕缕的，抽心裂肺一般有着穿透力。在最后汤姆·约克唱着“我不能想我们再次相遇……”时，P. J. 哈维在一旁用同样话的诉说，宛若飘落下枝头的两片叶子在风中挽手散步似的，明朗的阳光在叶子的上面闪闪发亮，飘拂的韵律是那样的和谐，连周围的风和空气的律动都那样一致。当 P. J. 哈维在副歌中唱道“城市的太阳升在我的头顶”时，汤姆·约克假声伴唱，上下起落，一种云遮月的感觉，非常的美。在这首歌中，如果说汤姆·约克是一株树，P. J. 哈维是绕着树的一湾溪水的话，那感觉便是树醉秋色，溪弹夜弦的图画，树旁有溪水潺潺，水中有树影婆娑。

同有些另类女歌手比如 Cocteau Twins 中的伊丽莎白·弗雷泽那样吐字含混不清的歌声不一样，P. J. 哈维的歌声吐字很清楚。前者听的只是一种感觉，是一种氛围，江流天地外，山色有无中；听 P. J. 哈维听得清清爽爽，脚踏实地，歌词和音乐融为一体形成的摇滚是一种化学反应，诞生的是诗，所以，听 P. J. 哈维时，是掬水月在手，弄花香满衣的感觉。

在另类女歌手中，P. J. 哈维是少数被主流音乐所认可的一位歌手，曾经获得过格莱美大奖和三次 Mercury 提名奖的破天荒的纪录，是因为有她自己突出的特点。她的嗓音、她的音乐、她的诗人的文采、智慧和气质，还有她对生活的基本态度，当然，也应该包括她对商业运作的态度。在这张她的《双城故事》中，她表现并探讨了性、家庭、命运、信仰等社会问题，同时她也关注并歌唱着爱，在阴沉的底色中有一抹难得的亮色，在摇滚的进程里偏师于世俗的一面，让她乖巧地讨好两面。在这盘《双城故事》里有一首名叫《这就是爱》歌，有一句这样的歌词：“你是我唯一从未讲过的故事，你是我弄脏了的小秘密。”在这句含有感情色彩也富于流行味道的歌词，透漏出她的一些心绪。或许我们可以这样以为 P. J. 哈维并非真的是对这个世界上唯一能够使得人美好起来的爱的一种保护和向往吧，而只是她摇滚生涯的一个变数，是为了市场和她的歌迷，而不仅仅为了她的心目中的音乐。

不过，我总觉得这样来说 P. J. 哈维，有些苛刻。就我个人而言，我还是喜欢她的这种变化，摇滚走得疲惫了，另类走到极端了，便又走回到世俗，关心一下普通而正常的感情和家庭，并不就非得是摇滚的逆

子佞臣。那么，无论是弄脏了的小秘密，还是从未讲过的故事，都小心翼翼地把它们变成歌变成诗保存在 P. J. 哈维和我们各自的心底，有什么不好呢？

2002 年于北京

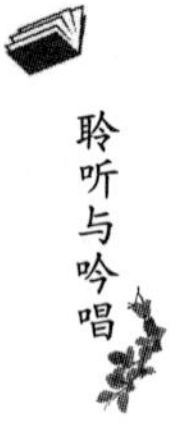

# 整个故事的一个开头

## ——关于凯特·布什

凯特·布什（Kate Bush）是那种一听就会立刻喜欢的歌手。她的歌声有一种命定般的磁力，一定能够让人别无选择。起码对我是这样。

凯特·布什出的磁带有许多种，我听的只是其中的两种：1986 年的《整个故事》和 1993 年的《红舞鞋》。但就是这两盘磁带也足以让我领略了她歌声的力量和魅力。虽然，很遗憾我没有听到她在 1978 年刚刚出道时出品的第一张带子《内省》和第二张带子《勇士》，尤其是《勇士》的封面上是她很前卫的一张照片：金发披肩赤身裸体，做一头狮子扬鬃怒吼状，颇具有象征的意味，她曾经被称为狮女，她就是这样以奇思妙想不同凡俗而惊艳于世的。不过，即便《整个故事》和《红舞鞋》这两盘磁带也很能够代表她的音乐风格和水平。前者让她在第 16 届英国 BRIT 大奖中获得了最佳女艺人奖，后者让她首次挤进美国排行榜的前 30 名。

况且，《整个故事》是她 1978 年到 1986 年这 8 年间作品的精选，一网打尽她的好歌 12 首，其中有她 17 岁就开始演唱、1978 她 20 岁时青春最美好季节正式推出的第一首成名之作《呼啸山庄》。这盘磁带里的《呼

啸山庄》是她1986年28岁时重新录制的，8年的光阴似乎没有改变她什么，倒是把她的歌声磨炼得越发精粹而耐人寻味。听她8年之后依然一遍遍在高声呼唤着她的同胞艾米莉·勃朗特的小说《呼啸山庄》里的主人公的名字："希斯克利夫，是我——凯西，我回来了；我是这么的冷，让我进入你的窗户……"那疾如密雨的音速，那尖利如同刀刃划过透明玻璃的嗓音，细弱丝弦，时时有迸裂的危险，却时时在高空中钢丝上的精灵一般盘桓，实在让人听了柔肠寸断，撕心裂肺。

据说，是凯特·布什当年看了根据小说改编的电影《呼啸山庄》，电影的结尾是女主人公凯西死了，但她化为了灵魂穿越茫茫荒野回到了呼啸山庄，希望重新获得她的恋人希斯克利夫。这个结尾很让凯特·布什感动，她认为表现出了人类当得不到自己想要的东西时应该如何对待这个冷酷的现实，她觉得凯西是一个被命运折磨的女英雄。在谈到这首她最有名的歌时，她说："我要站在凯西的角度上写这首歌，凯西想要得到希斯克利夫的灵魂，那么即使死了她也不会孤独，在那个精神的世界里，她和希斯克利夫也能够生活在一起。"凯特·布什是站在了摇滚的角度上看待凯西，才会把凯西当成了主角，更把凯西当成了女英雄。想起是她17岁时创作的这首歌，一个17岁的小姑娘竟能够冒出对爱恨情仇和生死命运这样奇特的想法，实在让人叹为观止。再想起她的名字本来不叫做凯特·布什，而是原来就叫做凯西，和小说的女主人公的名字竟然如此巧合地雷同，便不得不相信冥冥之中的确是一定存在着命运这个东西的，要不她为什么和小说中的凯西一样为了所爱的人和所爱的艺术不惜赴汤蹈火，精卫填海一样，如此轰轰烈烈，让后人即使看不到她的面容只是听到她的声音也要为之惊异为之肃穆。

在这两盘磁带里，其他的歌也都是那样的美丽动人，出神入化，那纯净得没有一点杂音的歌声，透彻得如同深山里清澈的瀑布，高悬天外，飞流而下，虽有几分孤独而冷冽，却那样的爽然，玉洁冰清又奋不顾身跌落下山，不惜粉身碎骨也要迸发个飞珠跳玉，让那激越的回声响彻旷远的山谷，余音袅袅，丝丝不绝，那种幽幽清寂的感觉是在世俗世界里少有的。尤其是那高亢入云、缥缈云天般的嗓音，云雀般的撩拨得人心忍不住随她一起轻盈地往上在飞，在飞，一直飞到望不见影子为止，仿佛能够立刻随她的歌声羽化而成仙，让人觉得一下子就远离了喧嚣的万丈红尘之外，有种冷绝的意味，有种孤绝的气息，有种世外桃源的感觉。

听她的歌，总让我想起在新疆过天山果子沟时见到的那耸入云天的冷杉。那种笔直，那种苍绿，那种迎风不动声色的呼啸，那种枝叶兵士排阵般枝枝昂首向上的凛然，那种树冠辉映着积雪和阳光晶莹剔透无言自威的鬼魅神光……真的，一一都是那么的像她的歌声，是她嘴中飞溢缥缈出来的歌声在冰雪世界的结晶体。如果，歌声在这个世界上也有属于自己对应的造型的话，这种在雪线上的冷杉就是凯特·布什，而其他的歌声也很动听，但也许只是雪线之下那些树木花草了。自然也是缤纷多彩的，芬芳万千的，但都不会有冷杉那样不同凡响冷冽的绰约风姿的。

作为70年代出道的女摇滚歌手，一直在歌坛上以自己的特色风靡了20年，凯特·布什的开始和存在都是具有开创意义，她是女子摇滚中醒目的坐标。像她一样所有词曲都是她自己一人创作，集演唱表演舞蹈于一身的女歌手，并不多见。听她的这两盘磁带，我常想起这位出生在英国肯特郡乡村的女歌手，最初的音乐天分真的就表现在家乡稻谷仓里那一架破旧的老风琴上吗？她总是爱跑到稻谷仓里去弹那架老风琴，那弥漫着英格

兰乡村风味的琴声伴随她的歌声是否就已经在那时无可避免地烙印下她的风格的印记，就如同血液一样流淌在她的脉管里，才会让她的歌喉如同乡间田野上空自由而高渺的流云一样狂放无羁了吗？一个歌手天生的歌喉真的就早早的和她童年的梦想和她故土的水土胶粘在一起而在那遥远的以前就庇护着她成全着她了吗？

同时，我也常想起当年她刚出道时《滚石》杂志对她那鄙夷不屑的评论，说她的磁带可以最好不用买。时过境迁之后，这样的话显得是多么的不公平，又是多么的可笑。而今，谁还敢这样说吗？多少女歌手要坦白甚至骄傲地承认汲取了凯特·布什的营养，自己的歌声里有凯特·布什剥离不掉的影子。

于是，我便想到这样的一个问题：在一个本来由男性主宰的硬性摇滚歌坛里，女子摇滚歌手的出现并梦想取得成功，该是多么的艰难。比起女作家、女画家、女导演来说，女摇滚歌手的确更艰难些。因为无论是女作家也好，还是女画家女导演也好，她们本来都可以躲在自己所创作的作品的背后，用文字或用色彩或用影像来曲折迂回，即使我们能够看到她们印在书上本人的玉照，也只是她们化妆过的，有了有意或无意的遮掩，让人们看着似是而非。即使是那些标榜用身体或用隐私写作的作家，人们看到的也只是她们由文字编织的虚幻的天地，而非她们的真人再现。只有女摇滚歌手不再是间接地出现在我们的面前，而是最为直接地将她们的性别昭然若揭，自然，她们的压力就会更大。作为女摇滚歌手，她们除了要用自己的身体在舞台上去和男摇滚歌手去做一番殊死的搏斗之外，再有的便是用自己与男子不同的声音了。

可以说，从某种程度上她们是以自己声音来抗争着这个男性霸占已久的摇滚歌坛的，以自己的声音来塑造自己的艺术生命和形象的，撑起自己眼前一片天空的。

于是，我回想在半个多世纪的摇滚历史中涌现出来的那些个卓尔不群的女歌手，并自作主张地从声音上给她们分了这样几类——

一类我把她们叫做天籁之声。无疑，凯特·布什是这类天籁之声早期的先驱，她把女性最美好也是最特长的嗓音发挥到了极致。以后由4AD公司先后推出的“双生鸟”乐队的弗雷泽、“腹腔”乐队的唐莉、“能者善舞”乐队的莉萨，以及90年代出名的托里·阿莫斯，无一不能追溯出来自凯特·布什的渊源。

二类我把她们叫做浑浊之声。她们本身的嗓音就具有男性化的特点，又特别有意向男性靠拢或掺杂了男性的特征，而将女性的阴柔淡化或重新处理，在阴性的水中注入了棱角分明而呈阳性的冰块或泥沙，使得透明的水变了一种新的色彩和样子。早期参加“地下丝绒”乐队有杰出表现却不幸早逝的尼可，应该是这类浑浊之声的代表和领衔人物。她之后的帕蒂·史密斯、P. J. 哈维和戴·格拉斯，都是尼可的变种或延长线。

三类我把她们叫做寓言之声。很显然，这类的代表属冰岛的女歌手比约克当仁不让。她是真正女子摇滚的异类，以独特的嗓音跳出了男女二元对立的事端，越入了机器人和网络时代的非人化的世界，给人以寒彻肌骨的冰冷物化的感觉，那是一种异化的感觉。物是人非之后，再听那种非人化的声音，觉得真正是后工业寓言式的歌声。

如果我俗一下，将这三类的声音拿花做一番比较，第一类应该是莲花或梅花，出污泥而不染，迎飞雪而独艳，特立独行，馨香别致。第二类应该是仙人掌上开的花或铁树上开的之类的花，是属于那种借助于高大粗壮

的铁树和仙人掌为依托，让硕大无比的花醒人眼目。第三类则应该是属于梦笔生花或网络上用特制的文件制作出来的花，惊世骇俗，与众不同，色彩浓丽，却不再以传统的芬芳来袭人邀宠。

如果真的男人是泥、女人是水，那就拿水来将这三类声音再做一番比较的话，第一类应该是清澈而清冽的山泉，是出自没有人烟的莽莽大山里的泉水，没有一丝污染，纯净得如同露水和泪珠；第二类应该是酒，即使不是烈性的烧酒，也该是色泽浓郁的葡萄酒，即使不是如火般滚过喉咙，也是灼热得腾起血花如注；第三类则大概是属于特别调制出来的鸡尾酒，五彩斑斓，味道异常，起码也该是那种威士忌咖啡之类饮料，是水，是咖啡，又已经有了别样的状态和意思，让你能够想入非非，也能够让你沉醉于迷离之夜。

在这三类女子摇滚歌手中，最能够代表女性特质的无疑是第一类，而凯特·布什起到了无可取代的先锋作用。后两类怎么说也是在有意无意向强权的男性靠拢、折腰和融合的意思。现在来听凯特·布什，有时会觉得她的歌声摇滚的味道显得并不那么足，但想一想她在《呼啸山庄》中那女子高腔鬼魅一样的嗓音在吉他的伴奏下大珠小珠落玉盘般清澈地呼唤出“希斯克利夫，是我——凯西，我回来了……”那本身就带有原创性的意义，这意义在我看来她是那样得天独厚先天的注定、又是那样极其丰富的发挥了女性自身的潜质，使之赫赫醒目地孑然独立于男性独霸的世界中。她的意义不仅影响在女子摇滚绵延的承继的脉络里，而且在流行乐中也明显地吸收了她的特点，比如现在流行的莎拉·布莱曼和恩雅，那种清澈如水和高腔入云，都可以轻而易举地找到凯特·布什的影子。只不过，莎拉·布莱曼是将美声唱法带入了流行，恩雅是将民歌化为了流行，而凯特・布什依然坚守在摇滚之中，不那么愿意走流行的路子罢了。

据说，舞台上看凯特・布什演唱，她魔鬼般疯狂，和听她的磁带的感觉不大一样，听的感觉是那样的娴静。我没有看过她演唱的影像，但从心里不大喜欢那种疯狂，便一直保留着听的感觉，其实也是一种想象的感觉，仿佛面对的始终还是一个纯情的少女。今天，听凯特・布什 24 年前的《呼啸山庄》那样纯粹的歌，感觉还是那样的新鲜，那样纯净，时光似乎停滞了一样。仿佛只有遥远的以前的天空才是那样的蔚蓝圣水洗礼了一般而没有什么污染，那样的白云缥缈婴儿的屁股蛋儿一般没有一点渣滓。她的那种扑朔迷离又狂野激荡的高腔，实在是只有在原始的山野里才最适合、在雪落的厚厚没膝沉静的月夜下的森林里才适合是她这样歌声回荡的背景。她那种惊天地、泣鬼神的高拔云天的嗓音，即使听不懂一句歌词，也会让人震撼，并觉得是那样的久违。凯特・布什实在是个天才。如果用她的磁带的名字《整个故事》来做一个引申，她在摇滚的历史中所处的地位和所起的作用，她是所有女摇滚歌手整个故事发展的一个精彩的开头。

现在来看待这样的一点意义，重新审视凯特・布什，很有点像如今回过头来看我们的才女李清照在我国诗歌界的开创性意义，在一直是男性骄傲地雄恃的唐诗宋词之中，是李清照以一个女儿之身的独树一帜让唐诗宋词为之一震，别开生面，而使得李清照的名字和苏轼、陆游、辛弃疾分庭抗礼、并驾齐驱。现在想一想，只会感慨如李清照、凯特・布什这样的女艺术家太少或远遁于我们，而大量的女性艺术家越发向这个男性的强权世界卑躬屈膝，误以为女性的魅力和力量就是展示自己的身体，甚至不惜出卖自己一点最后的隐私和色相，迅速地滑出了可怜的底线。雁字回时，月

满西楼，云中谁寄锦书来？李清照的词成了我们今天的疑惑，“是我——凯西，我回来了”，凯特·布什的歌仿佛是对李清照的回答，却只有让我们心中徒生一片无力的茫然。

谈起自己的音乐，凯特·布什对评论界和听众很宽容地这样讲：“如果人们不能够如我希望的一样理解我的歌，那也没关系。当然，如果人们能够如我希望的那样理解我的歌，那也很好。”

虽然，至1993年《红舞鞋》之后，凯特·布什再没有新的唱片出版，但越来越多她的各种精选专辑的出版，让我相信越来越多的人理解她的歌，并越来越深刻地认识她的存在对于摇滚的价值和意义。凯特·布什的确是个罕见的才女，当年的独行女侠，在男性摇滚的天地里闯出一条血路。她是一个成功的典范，让众人瞩目，而不像尼可，徒有别样的歌喉，却没有爱、没有钱、甚至没有自己的一幢房子、自己的家，脑出血，一个跟头跌倒在大街上，和那些在街头的许多中年女人一样孤独无助地死去，没有人管，没有人问，一直到她的儿子到街上去找才将她那双大眼睛最后合上。同样作为摇滚女歌手，对比尼可的悲剧，凯特·布什是幸运的。我不该再为她感到抱怨。

还应该记录下和凯特·布什有关的这样一段经历，是去年的夏天，我和儿子到昆明特意去云南大学对面的一二一大街上找一个叫做“重金属”的商店，听说那里专门卖摇滚唱片、书籍和服饰之类的。顶着高原上热辣辣的太阳找了半天，最后找到的是一家很小的小店，大概生意不怎么好，里面空落落的，没有什么东西。一排旧磁带七零八落地摆在架子上，落满尘土，很久没人动了。我们翻了翻，大多是价值不大的磁带，儿子称之“糟泔”。但我们忽然惊喜地有了意外的发现，是一盘凯特·布什的《恋

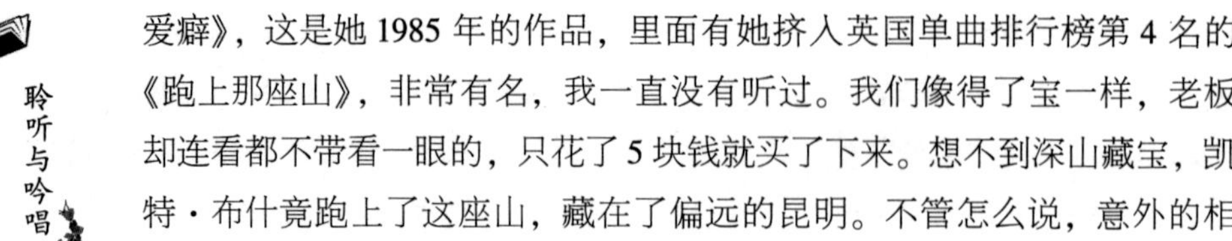

爱癖》，这是她 1985 年的作品，里面有她挤入英国单曲排行榜第 4 名的《跑上那座山》，非常有名，我一直没有听过。我们像得了宝一样，老板却连看都不带看一眼的，只花了 5 块钱就买了下来。想不到深山藏宝，凯特·布什竟跑上了这座山，藏在了偏远的昆明。不管怎么说，意外的相逢，和凯特·布什总是一种难得的缘分吧。

可惜，那盘凯特·布什是坏的，怎么修也修不好，一直到现在也没有听到。

2002 年于北京

# 因为这个夜晚

## ——帕蒂·史密斯札记之一

1977年，帕蒂·史密斯（Patti Smith）已经年过30了。那时，她还没有结婚，也没有出大名。作为一名歌手年龄不算小了，但她出道却短短只有3年的光景。两年前的春天若不是因为唱片公司的老板克莱·戴维斯慧眼识珠，在Arista公司里出版了她的第一张唱片《马群》，她可能还在纽约的哪家俱乐里唱歌（以后她的所有唱片都是由Arista出版）。虽然这张带有60年代怀旧色彩的唱片在当时朋克风盛行之际让人的眼睛一亮，毕竟羽毛未丰。1977年，一场突然的事故，竟意外地成全了她。

这一年，在佛罗里达的演出时，舞台坍塌，她的颈部骨折，整整一年没法登台演唱。躺在床上，她在反思自己这些年走过的路。她年轻时喜欢诗歌、绘画和旅游，最后莽莽撞撞地跌入摇滚歌坛中。她在想："我进入摇滚乐，是一种政治，而非一种职业。60年代死了许多的人，应该坐下来安静地想一想了。70年代，70年、71年……人们并没有感到痛苦，74年，75年……情况越来越糟，没有新东西预示……"她称自己在充电。她要做的事情就是诱导人们响应她的想法，这想法其中重要之一就是让人

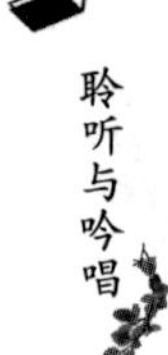



感受到痛苦。对于在惯性的生活中得过且过已经麻木迟钝和粗糙的人们，感受到痛苦，并不是一件容易的事。

这一年，帕蒂·史密斯写了一部叫做《通天塔》的诗集，和一首题为《因为这个夜晚》(Because the night) 的歌。这首歌因当时最富有号召力的摇滚歌手布鲁斯·斯普林斯廷作曲而直指人心，成为了世界性的热门歌曲，20多年来魅力经久不衰。可以说，是这首《因为这个夜晚》让帕蒂·史密斯声名大震。帕蒂·史密斯20多年来唱着这首歌，让时间检验并证明着这首歌是一首好歌，这个夜晚是一个好时候，帕蒂·史密斯是一名难得的好歌手。

前不久，我在Arista公司25周年巨星经典精选的一张DVD中第一次看到帕蒂·史密斯演唱这首《因为这个夜晚》，说老实话，我有些吃惊。她和我想象的是那样的不同，高高清瘦的个子简直像个骷髅的样子，一张过长的马脸风干鱼似的瘦骨嶙峋。她长得可真丑，她的歌却是那样的美，巨大的反差让我都不敢怎么看她。唱这首歌时，她始终闭着双眼，一双骨节粗大的手不停神经质地抖动。这种神态和这种姿势，配她那样嘶哑而近乎呼喊的歌声，真是让人有种彻骨冰冷残酷的感觉。她抖动着枯枝一般的手反复唱着同一句歌词："因为这个夜晚属于爱。"这句歌便像一条粗壮的蟒蛇一样，阴森森地游走在她的心里和我的心里，那种对爱的渴望和爱的不可能所带来的双重痛苦，以及对痛苦近乎绝望却又不甘心的呐喊，让我感到她的歌声在心里久久地压抑着，突然翻涌到喉咙里，烈酒一样滚动着，就像艺人口中喷出的火一样，炽热在周围的空气中，弥漫在她经久不散的旋律中。

在听她其他的歌，能听出许多歌里有这首歌熟悉旋律的影子，因为这

个夜晚，使许多夜晚连同白天都充满着这样沉沉的不见一点星光一样光亮的天空，还有那如神经质的手一样不停抖动的空气和风。

有人说，帕蒂·史密斯的歌有一种中美洲原始部落祭祀仪式上所用的音乐元素。也有人说她的歌愤世嫉俗，唱的黑暗，歌词难懂。这些我不大懂，我只觉得她似乎是把感情压抑到了冰点，声嘶力竭融合着的神经质，使得她那独特的嘶哑的嗓音成为了盛满这种歌声的最为合适的酒杯，让我和她一饮而醉。

1980年，帕蒂·史密斯34岁，她和前MC3乐队的吉他手弗雷德·史密斯结婚了。她所呼唤的这个夜晚终于到来了。迟到的爱情，让她退出江湖。1988年，她重返歌坛，和丈夫合作推出新唱片《生命爱歌》，是他们爱情所诞生的孩子。她却被批评是“一个穿着长裙戴着罗旋丝帽子唱着催眠曲的妈妈。”说那些歌中丧失了她的声音。看来甜蜜的爱情从来都是艺术的杀手，起码帕蒂·史密斯的歌声不适合甜蜜蜜爱情冰块搅拌。

1996年，帕蒂·史密斯出版了她的新唱片《再次消失》，才为她挽回了面子，却是以牺牲了她的丈夫为代价的。在这连续几年里的时光里，先是丈夫死去，接着她的弟弟、过去乐队的伙伴、最亲密的摄影家……一连死去了好多人。这个夜晚命中注定是短暂而无法永恒，痛苦是人生的本质，包括音乐在内的一切艺术只有痛苦磨砺才能使其结晶，大团圆式的甜蜜蜜，只能拾取艺术为自己镶起一道花边，而很难进入艺术的真谛。难得的是，帕蒂·史密斯的这盘唱盘充满对亲人怀念的情感，却不仅仅是在泛滥着的情感，在倾诉内心痛苦的时候也不是以堕落和悲观颓废的姿态出现，她明确地说：“我的秉性有可能是乐观的。我们女人需要相信未来，既然我们是在未来生孩子的人，你就不希望生一个孩子又在火山上掉下

来，你想生一个孩子把他放在天堂。”她还说：“死亡告诉我们，我们已经忘记了怎样去倾听。把它们放在手里，它们流过我的血液。它们将会被找到，在可兰经、在赞美诗、在新旧约里，在所有的诗里、所有神圣的著作里找到。它们迸发爱和忏悔的文字。”她说的真是十分漂亮，在生死之间的彻悟中，她的心和她的歌一起变得敏感如一茎晚风里摇曳的曼陀罗或熏衣草。

我忽然想起在那张 Arista 公司 25 周年巨星经典精选的 DVD 中听到帕蒂·史密斯演唱的《因为这个夜晚》，和她在 20 多年前唱的《因为这个夜晚》一样吗？我没有听过 20 多年前她唱的这首歌，但我可以肯定 20 多年的沧桑会让歌声和心一起苍老，如同经霜之后的树林凋零一半在地上金黄一半在风中。

在鱼目混珠的摇滚歌坛中，有的歌手是一次性的，有的是可以反复听的，帕蒂·史密斯属于后者。她的歌耐听，不仅在于她独特的嗓音，更在于她独具的文学素养。她喜欢兰波、金斯伯格和威廉姆·巴勒斯，比起前两者，巴勒斯没有他们有名，这位当过兵、记者和私人侦探的作家，在 50 年代以写自己吸毒经历而著称，不知为什么帕蒂·史密斯特别喜欢这个边缘化写作的作家？在生活中除了音乐就是写诗能给她快乐了。她曾经这样写道：“我不认为写作是一种安静壁橱式的行为，我认为写作是真正的体力活。当我在家里用打字机写东西时，我会疯狂，我会像猴子一样不停地动，全身的汗水会把自己弄湿。”不是所有的歌手都有这样的素养能力和真情投入的。1999 年，出版了帕蒂·史密斯文集，收集了她所写的歌词、笔记和思考录。这一年，她上了《时代周刊》的封面。

1997 年，她出品了《喧嚣与宁静》新唱片，我很喜欢这张唱片，灰

色的封套上印着帕蒂·史密斯坐在床上拿着笔俯身在本上写作的照片。在扉页上她写着将这张唱片献给巴勒斯。她不是那种拿文学来装点门面的人，她是将诗和音乐当成自己生命的人，因此才会在自家的床头安静地写作，才会在50多岁可以当外婆的年龄的时候登台倾情歌唱。

2002年于北京

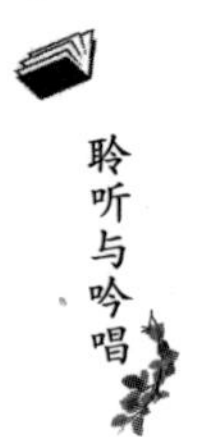


# 镜子里面正望着我的人是谁

## ——帕蒂·史密斯札记之二

能找到的帕蒂·史密斯的唱盘都找到了，从1975年她的第一张专辑《马群》到2000年她的最新专辑《工合》。唱盘里外所有她的照片，只有《马群》封套上的那张最好。作为一个女人，除了高挑的身材，帕蒂·史密斯长得实在不好看，瘦瘦的如同骷髅，一看就是那种命相苦的女人。但是《马群》封套上的那张照片好，黑白的照片，她下穿黑色吊带裤，上穿白衬衫，一件黑外衣搭在肩膀上，黑头发黑眼睛，一切的黑白是那样分明。她显得格外英姿勃发，把高高瘦瘦的身材衬托得很秀气挺拔，用现在的话说，非常有骨感，没有一点后来的沧桑和颓唐。

是啊，那一年，帕蒂·史密斯才28岁，正是最好的年华，那个年龄的女人，即使再丑也是美的。

算一算，今年帕蒂·史密斯已经55岁了。一个女人的最好年华早就过去了。

只有她的歌声没有过去，依然那样动听。应该感谢音乐，为一个人永远的青春和所有值得记忆的岁月保存。

在帕蒂·史密斯所有的歌里，有一些是专门唱给她的亲人的。我知道的有这样四首：《富裕的钱》和 *Kimberly*（可惜我不会翻译这个英文单词），《我的情歌》和《再次消失》。

前两首是唱给她的儿子的，收录在她的第一张专辑《马群》里。年轻的帕蒂·史密斯在新泽西上学的时候和一个大学教授相爱，以致一发不可收，和那个教授生下了这个私生子。那时候，她还太年轻，年轻得除了懵懂的爱没有一点思想准备，儿子就来到了身旁，而幻想中的爱情却随风而逝。她无力抚养这个突然而来的儿子，只好忍痛送人，自己孤身一人到费城的工厂去打工谋生。对于一个女人，这段悲伤的往事是她一生无法愈合的伤口，无处话凄凉，只有用音乐来把它覆盖，让它在音乐之中一遍遍复活她刻骨铭心的伤痛和如今对即使有再富裕的钱也永远无法再见到儿子的思念。

后两首是唱给她的丈夫弗雷德·史密斯的。“直到死才让我们分离。”她以她的深情唱给她的亡夫，不惜铺陈和直白，没有了她喜欢的诗的阴沉的晦涩和重叠的意象。她把深埋在她心头的孤寂和痛苦，借音乐抒发出来，就像飞来的鸟衔来树的种子，在她的歌声中长出一片绿荫，让每一片树叶都化为了她的思念和亡夫浮现的身影。“直到死才让我们分离。”音乐就是连接着这段分离之间的长路。

在70年代的摇滚歌坛中，帕蒂·史密斯的出现，不是惊鸿一瞥，而是具有石破天惊的意义。在男人主宰的摇滚歌坛中，突然冒出个她来，而且是那样的气势不凡，不仅嗓音是那样的与众不同，歌词和音乐也是那样的别具一格，让人们确实耳目一新。帕蒂·史密斯的出现，以女性的视角和女性的意识以及女性的生命体验，为传统的摇滚注入了新鲜的血液，人

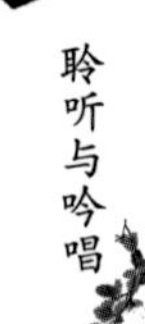


们才开始从摇滚中听到了再不仅仅是男人的声音，而终于有了女人的发言，女人对这个世界的态度：控诉、宣泄、乃至信念的表达、宣言的散发。

只是像这样四首专门来唱给自己亲人的歌，对于帕蒂·史密斯来说是特殊的。因为，她的出现是女性意识和文化意义上的出现，她不是那种儿女情长的歌手，她是代表女性发言的歌手，也就是说，她的社会性胜过她的私人性。正因为如此，她的这四首特殊的歌才格外引起我的注意。我在想为什么帕蒂·史密斯在她最初的和最近的专辑里都要唱这样的歌？这样的歌在帕蒂·史密斯整个的摇滚生涯中的位置和意义到底在哪里？也许，正是因为她这样特殊的生命经历，才会让她对女性在这个世界的生存状态有着比别人更深刻的体验和体会，她才会在生离死别之间徘徊后流露出来的不再像一般女人那样仅仅是充满怨妇的哀怨，而是面对残酷的世界投以尖锐和尖厉的目光，去质疑笼罩在女性周围的宗教以及社会种种不公。同样，她也不像一些女人那样只会顾影自怜去浅斟低吟，只会唱摇篮曲、催眠曲或情歌小调，而是闯入了男人的摇滚世界，朋克旋风般的狂放正好帮助她如虎添翼。

这样，我也就明白了，即使是这样四首完全私人化的歌，她处理的也不仅仅是眼泪，她曾经决绝地说过：“那个耶稣背负着某人的罪恶死去，但并非我的。”

她绝对不把个人的感情当成一己的事情，她才和一般的女性歌手拉开了距离。她把摇滚当成了她生命的化身和精神的寄托，她才在男人统治的摇滚歌坛上矗立起了独树一帜和不可动摇的地位。她是把摇滚和基督等同对待的，她说：“你若能够了解摇滚乐，你就能够知天下大事。”她把摇

滚看得多么的神圣和无所不在。

帕蒂·史密斯就是这样，以女性的身份，以男性的嗓音，以诗人的语言，以叛逆者的姿态，质询着这个男人主宰时间太长的摇滚歌坛和整个的世界。

不过，有时，我也会这样地想并问自己：如果帕蒂·史密斯不是有着青春时期和儿子的生离，与中年时候和丈夫的死别如此特殊的经历，她的音乐风格就一定要有另外的变化吗？她就一定会以另外的姿态出现在摇滚歌坛上吗？

我不知道该不该否定自己的这一疑问。

后来，我看到这样一则消息，是帕蒂·史密斯对采访她的记者的一次谈话，她想起了自己的少年。她说："当时我15岁，我从一个被废弃的小棚子里找到一堆镜子，把镜子放在墙对面。我把手摆在镜子的玻璃上度过了许久的时间，绝望地试验着里面目光正望着我的那个人是谁。"她这个试验和绝望，让我吃惊。她已经是一个15岁的少女了，按常理说不该有这样奇怪的思维，但她就是有这样的思维。她15岁的时候，也就是1962年，正是男孩子梦想马龙·白兰度、女孩子梦想玛丽莲·梦露的年代，她却如此痴痴地望着一堆镜子里面正望着她的那个人是谁而迷惑不解的发呆。她能够是一个一般的女人吗？

整整40年过去了，今年，帕蒂·史密斯55岁。命运从来不相信也不允许如果式的假设，所有生命中经历过的一切，是不能够更改的。

2001年于北京

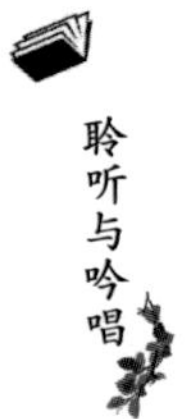

# 抱小猪的阿莫斯

秋天来了。

阿莫斯也来了。

阿莫斯是抱着小猪来的。

起初，我是先看到这盘磁带的封套非常有意思，才听这盘磁带的。封套上的漂亮的托莉·阿莫斯（Tory Amos）一头棕红色的长发披肩，敞着怀抱着一只小猪正在喂奶。那头微微有些发红的小猪那样听话，伸出嘴巴咬着阿莫斯的乳房吮吸。

不知道为什么阿莫斯要拍这样一幅照片？因为小猪在西方是吉祥的象征？还是因为阿莫斯自己就喜欢小猪？或是因为别的？或是什么也不为，只是这样挺特别的，为了追求一种另类的效果。

其实，阿莫斯一点也不另类。起码我买回这盘叫做《火神的祭童》的磁带，后来又买了一盘叫做《轻微地震》的磁带，听着并没有觉得有什么另类。自90年代出道以来，阿莫斯一共只出过三盘带子。《轻微地震》是1991年的出品，《火神的祭童》是1996年的出品，之间还有1994年的一盘《石竹花下》，可惜我没听过。

我听的这两盘磁带，不仅没觉出另类，倒觉得有点向古典向自然回归。或许，这感觉是不会错的，这位看来年龄有30多岁的托里·阿莫斯（Tori Amos），正是一个女人最成熟最美好的时节，她的身材和脸庞长得就有点古典美人的样子。如果她不是抱着一只小猪，而抱着一个婴儿，一定是雷诺阿或戈雅笔下典雅的贵妇人，在秋日里的暖阳下撑着遮阳伞，一身洒满花荫凉。

这样子的女人唱出的歌应该是富于古典味道的，是适合怀中的婴儿（或是小猪）或怀抱着婴儿的母亲听的，而不应该是只给那些荷尔蒙和里比多一样疯狂的年轻人听的。

什么原因让我觉得阿莫斯一定是在向古典和自然回归？

是因为她的声音？她的声音有些甜美，仿佛浸染着一些花的芬芳和树木的清新。不像有的女歌手比如帕蒂·史密斯那样阴冷，而是有点透明和蔚蓝。如果追溯渊源，也许她有点像凯特·布什和比约克，甚至也有那么点像P. J. 哈维。那种单纯的唱法很适合她的嗓音，她似乎有意滤除了庞杂和声嘶力竭，她的嗓子眼只流淌清风清水，有点不食人间烟火的味道。间或她自己的假声飘曳，乳燕出谷一般如丝似缕，和着空气一起振荡着，四下回旋，袅袅不尽；和间或女声的伴唱和唱诗班一般的合唱此起彼伏的伴唱，真是月光如银似水一样流淌，夜色中花动影动香味袭人，实在是曼妙无比。

也许，是和她的音乐有关。她自己拿手的伯森多弗尔钢琴弹得如火如荼、风情万种，和她自己的歌声相拥相吻，水乳交融，而她在乐队加入的古钢琴、曼陀铃、风笛多种乐器的伴奏，在摇滚乐中也是绝无仅有的尝试。这些乐器尤其是她自己钢琴的加入，无疑增添了音乐中古典的成分。

丰富的背景音乐，衬托得她的歌自然也就风姿绰约，让人觉得她不是走向热闹喧哗的现代都市，而是走向以往岁月里僻静的古城堡或荒废的村野。想一想，她一定不是穿着富丽堂皇的长裙皮靴走在枝型吊灯下的红地毯上，而是穿着亚麻布的衣服敞着怀在给她的小猪喂奶，便觉得是对的，是符合她歌的形象的。也就是说，她的歌向古典的流动，只是一种意到神不到的意向，或者说是一种以摇滚的形式和精神进行新的诠释和改造的变种。

或许，是和她的出身和经历有关。这位基督教牧师的女儿从小就是在古典的宗教音乐熏陶下长大的，她4岁便开始在教堂的唱诗班里唱歌并弹得一手好钢琴。她不到20岁就毕业于巴尔的摩的皮博迪音乐学院，一直延续在她身体里的古典音乐的种子，不可能完全被摇滚冲击殆尽，总会变着法儿的萌发出异样的叶子，便也容易杂交一样改良出新的品种来。

很显然，阿莫斯的歌中90年代另类摇滚的味道并不浓，不要说和那些注重外在音乐形式的重金属相比，就是和她同类的并非激进的女歌手相比，她也是属于保守的。以我的说法，她是属于摇滚里的“婉约派”。如果说前者更像是向行为艺术或绘画靠拢，阿莫斯则是向文学性寻找自己的归宿。因此，我也称她是摇滚里的少有的作家。也因为如此吧，电影《碟中碟2》有众歌手加盟为之演唱助阵，其中阿莫斯演唱的《盛筵狂欢》，唱的是那样温情脉脉，格外动人，不仅是有点向古典靠拢，而是向流行谄媚的意思了。

不过，这样的摇滚在我听来却很能够接受和消受。毕竟年龄的关系，太花太闹的有点像是时装表演了。阿莫斯的歌声以一种保守的姿态以退为攻，改造着摇滚的色彩，也改造着我们的口味。对于喜欢重金属或哥特式

摇滚的年轻人来说，阿莫斯也许显得老派了些，但对于喜欢摇滚中“婉约派”的人来说，阿莫斯却是最好的选择。比起 P. J. 哈维和比约克，她没有更多的新意和锐气，但她的歌中一股难得透明的清新和自然空旷的气息，是那样温馨可人，沁人心脾。就好像你走进了茂密的森林，一下子隔开了尘嚣，真的见到了阿莫斯，就站在哪一株参天的古树下或哪一丛灌木中，怀里抱着那只小猪，唱着《火神的祭童》或《轻微地震》里的任何一首歌，《这么多年的沉默》也好，《美丽的女王》也好，伴随着树叶的飒飒声和清风簌簌声，从森林深处传来遥远的古钢琴声和唱诗班的伴唱，你会是一种什么样的感觉？那种梦境般的神秘和远避喧嚣的幽静，还有一丝无可奈何的空虚，一并向你袭来，林中飘散的雾气一样把你打湿。她的歌能够让你想起会在林中发生的故事，是属于文学的，是属于童话的，是属于幻想的。

听阿莫斯歌的时候，是下午时分，西窗下的阳光格外灿烂，梵·高的那种向日葵似的金黄色挥洒进屋里，是秋日里的阳光了，没有了夏天的烈日的炎热烤人，无数可爱温暖的小精灵一样，跳跃在我的电脑屏幕上和正在播放着阿莫斯歌声的音响上。阿莫斯从幽静旷远的林中走到我的面前，她的歌声似乎少了一些梦幻和神秘，却多了一些阳光般的明丽，像果仁外面裹上了一层巧克力似的，镀上了甜美的反光。而那只小猪没有了，她也没有敞着怀露出那并不丰满的乳房。她的歌不是那种蛊惑和诱惑的歌，她的歌只是在我们听者听来有时变幻着色彩，就像是碎玻璃做的万花筒。

听完阿莫斯的歌，打开广播，正在现场转播萨尔斯堡音乐节的音乐会，传来了勃拉姆斯的第一钢琴协奏曲，是阿巴多指挥，波里尼演奏。真是奇怪了，竟然在勃拉姆斯的钢琴里听出一丝阿莫斯的味儿。他们似乎离得并不那么的远。

2001 年 8 月 30 日

【附记】

初冬季节，我来到台北住了整整一个月。一天下午，我来到重庆街，这是一条在台北有名的书店街，一家又一家的书店挨在一起，我在一家叫做黎明书店里翻书，忽然在一本书里意外地见到了阿莫斯，而且还有那张我曾经看到过的阿莫斯敞着怀抱着一只小猪正在喂奶的照片。因为前不久刚刚听过、写过阿莫斯的缘故，一下子有些兴奋，心想竟然在人生地不熟的台北遇见了她，好像她是我的什么熟人，他乡遇故知一般。

在这张照片旁边写着这样的一段话："在发行《火神的祭童》专辑的时候，托莉·阿莫斯照了一张裸露上半身、怀抱一只小猪，为小猪哺乳的照片，用来当宣传照，并且大剌剌地把这张巨幅照片摆在许多重要公路旁。不料，此举引起了许多保守人士的抗议：'会妨碍交通安全。'"这真是我没有想到的。

这本书中介绍说阿莫斯是一头红发，被称之为"红发精灵"。她演唱时特别爱穿一身女神一样的圣洁的白长袍。和我的想象的差不多。还说她1963 年出生在北卡罗来纳州，出版《火神的祭童》时正好是 30 来岁，和我猜想的年龄也差不多。我很为自己和书中写的这几处"差不多"而自以为得意。但是，书中介绍这样一件事是我不知道的，也是无法想象和猜测的。阿莫斯走红是因为她第一张专辑《小地震》中一首叫做《一支枪和我》的歌，这首歌唱的是阿莫斯自己遭到性暴力的伤害经历，她的后

脑勺被一支枪顶着，被压在货车的后车座上强奸。她控诉性暴力，控诉男性的无耻。她还因此联合一些妇女团体成立了“全美反暴力联盟”。我当时看到这里很震惊，我才忽然意识到最初听她的歌时有许多自以为是的误听。

我想阿莫斯的歌并不仅仅是我听出的那样向古典和自然回归，她不可能那样超脱，回避着矛盾，忘却了自身的痛苦。也许，那只是我内心隐藏的一种逃避，便以为她的歌也是和自己的心合拍。听音乐时常常会出现这样的情景，将自己的酒杯里的酒倒进了人家的酒杯，把人家酒杯的酒倒进了自己的酒杯，彼此置换着角色和心情，音乐只是那炽热的酒，音符置换成了液体。

因此，阿莫斯不是摇滚里的“婉约派”，她只是将自己的控诉融合在她的温和之中，将火焰藏在自己的内心里。她不是以叛逆者的另类形象出现在极端化的舞台上，而是以一身圣洁白衣的超凡脱俗的姿态给堕落的社会以清心明目。如果说叛逆者是要芟削毒草的脑袋，那么，她的作用更在于渣滓的沉淀。便也就明白了她没有选择尼可或帕蒂·史密斯的路，从声音到节奏力度刻意模仿男性向男性靠拢，而是秉承了凯特·布什的风格，阴柔之中表现女性自身的魅力和诉求。对于男人和男性的世界，她有她的理由远离和拒绝，她宁肯露出乳房抱着小猪去给小猪喂奶。

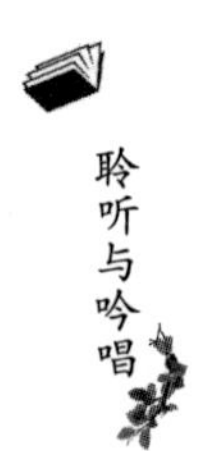

# 乱星的吟唱

总想象着这样的一种情景：一个放学后的下午，坐在教室的窗台上读书，四月的阳光碎金子般地洒在你的书上和身上。忽然，走过来一个人，陌生的人，招呼着你，说来吧，跟我们一起唱歌去吧。于是，你就跳下了窗台，跟着走了，跟着他背着一把木吉他走了，把教室、同学、老师和那四月春日的阳光都抛在身后。

也许，我确实老了，如果是我，我不会跟着他走，去舍弃正要考大学的宝贵时光。跟着一个陌生的人，背着木吉他走？那个陌生人，你了解吗？会不会是大灰狼，专拣妈妈不在家的时候来敲门？而吉他能够是我一生安身立命之本吗？

但我还是感动于那个跟着陌生人走的年轻人。背着木吉他，再旧再破，是自己喜欢的，哪怕未来的路一片迷茫，毕竟有了那么一次的奋不顾身。也许，只有年轻，才会有这样的唐突与随心所欲，抽刀断水的决绝、梦想和想当然。从窗台上跳下来，那动作便是那样的年轻，充满着弹性，淬火般地迸溅出青春的火花。

跟着陌生人走的叫做霍普·桑多瓦尔（Hope Sandoval）。她当时正在

读高中。她就那样不计后果地抛弃了大学，自己选择了前程：那便是摇滚。她的单纯与青春，梦想和轻信，还有那一头披肩的棕色长发和一双迷人的蓝眼睛，去和未可知的摇滚相逢。她就像是一头梅花小鹿，一起步就跑得很快，蹦蹦跳跳跑向远方，她一定以为前面有为她准备好的透明的池塘，水面上覆盖着一片蓝天白云和落花点点。

陌生人叫做戴维·罗巴克（David Roback）。他是一个成熟的男人，为他引见桑多瓦尔的，是他“猫眼石”乐队（Opal）的女歌手兼贝司手肯德拉·史密斯（Kendra Smith），她是桑多瓦尔的老朋友。有意思的是，在一次巡回演出中，史密斯和罗巴克不欢而散地离开乐队独自出走了。不知是什么原因，会是因为桑多瓦尔？反正是小个子的桑多瓦尔正好顶替了史密斯的位置，和罗巴克一起把乐队的名字改成了“乱星”（Mazzy Star）。桑多瓦尔的歌喉，罗巴克的木吉他，相得益彰，高山流水一样，配合得那样的和谐，你唱我弹，真有点“小红唱歌我吹箫”的意思。

一年之后，1990年，他们合作出版了第一张专辑《她辉煌的自缢》（台湾的翻译比这个名字优美，叫做《明月高曝悬》）。他们迅速地走红，惊艳撩人。

想想，这实在有点像是三角关系的青春剧，背景渲染着美轮美奂的迷幻音乐，身后是英格兰平铺天边的青青草原。而且是跨国之恋，因为罗巴克是美国人，桑多瓦尔是英国人。有点儿像韦唯和她的白头发的老公迈克尔，只是罗巴克没有迈克尔那样老。桑多瓦尔便一定比纳博科夫笔下的洛丽塔要美丽。

这么一说，他们的音乐有点脂粉气。其实，对于他们两人之间的关系，外间猜测得热闹，他们却是讳莫如深，他们拒绝关于他们的一切采访，包括音乐在内，因为他们的音乐都在他们的木吉他和歌声里了，留给人们只是想象的空白。

他们的作品不多，十年的光景，一共出版了三张专辑，除了《明月高曝悬》，还有《今晚我才了解》（1993年）和《天鹅》（1996年），却是款款动听。他们的唱片的封套都印得很古典，不做另类花哨的那种。《明月高曝悬》，是蓝色调子的旋转楼梯的一角，可以看到古典式的壁炉。《今晚我才了解》，是玫瑰色的老式花环图案。《天鹅》，更简单，一帧白色天鹅的剪纸，无奈地垂着头，凄婉地乍着翅膀，有点圣桑那曲《天鹅》的意思。

十来年过去了，高中生的桑多瓦尔早已经长大，只是她的声音还是显得很小的样子，还像是高中生，甚至更小，似乎没有长开。一种稚气未脱的清纯，鼻音有点浓重的沉郁，舒缓的调子，轻松的韵律，甘甜也有些干涩的嗓子，有些感伤，也有些懒散，像是刚刚起床，就那样赤着脚、穿着睡衣，依在窗台旁或院子的树旁，随意地唱着，像是对着树上的小鸟喃喃的自语，像是对着地上的蚂蚁率真的诉说，有时也像是对着一地花儿催眠般的轻轻吟唱。有几分可笑的童话般的天真，也有几分莫名其妙的低迷，能够让你吃了迷幻药似的昏昏欲睡，也能够让你随她梦游星光璀璨的太空。

她的歌声总让我觉得像她身上穿着的亚麻布的裙子，虽然我根本不知道她穿的是什么衣服，但我觉得对于她，亚麻布一定要比其他的比如丝绸或者法兰绒都要合适。亚麻布没有丝绸或法兰绒那样厚重高贵、平滑细腻，却轻盈飘逸，还有那种独有的粗粗扎手的手感，以及本来就具有的草地里的清新和被阳光晒暖过的气息。

音乐作的极妙，配合她的歌声，就像是配她赤脚下湿漉漉的草地，配她喃喃自语时头顶蔚蓝的天空，配撩起她亚麻布裙裙摆的早晨温柔的习习轻风。木吉他单调地响着，如同寂寞无着的相思，间或的滑弦，惊鸿一瞥似的，打破水面的涟漪立刻又恢复了平静。弦乐密密雨雾一样，在远处弥漫着，细雨迷蒙，沾衣欲湿，那种黄梅天黏糊糊的感觉，恰到好处地显示了如醉如仙的优雅和浪漫，配她冷美人一样的歌声，是那样合适，一样的凄美哀绝，有点一地相思，满腔无奈的感觉。口琴声吹得让人伤感，最是一年春好处，子规声里雨如烟。突然出现的钟铃声，清脆得像是启明星升起在鱼肚白色的晨曦里——美不胜收。

桑多瓦尔应该感谢罗巴克的音乐，最大能量地发挥了她的潜质。这位来自美国80年代新迷幻音乐的先驱人物，对女性歌手有着一种天然的敏感力和创造力，他就像是一个经验丰富的养蜂人，从他蜂箱里放飞出的蜜蜂都是蜜的使者。他让她们的歌声蜜一般甜而为人所倾倒，他同时让后朋克的刚烈激愤中多了一抹阴柔的平衡。与他合作的“猫眼石”乐队的肯德拉·史密斯，“手镯”乐队（Bangles）的苏珊娜·霍夫斯（Suanna Hoffs），都是成功的女歌手。桑多瓦尔是他放飞的又一只甜美的蜜蜂，可能更精心也更用心。没有罗巴克为她度身量衣的贴身式音乐制作，也许，桑多瓦尔还只是一个矮矮个子漂亮的高中生。

我那年到台湾去的时候，发现那里喜欢“乱星”，喜欢桑多瓦尔和罗巴克的合作。因为是在去之前刚刚听了“乱星”，所以格外留意对他们的评价。在他们的第一张专辑《明月高曝悬》在台湾首发时，写着这样的一则侧标：“这是一张令人联想到雷奈电影《去年在马伦巴》的作品。”他们的《天鹅》在台湾首发时，又写着这样的一则侧标：“非主流、非另类的，且自成一格的前卫组合。”对他们极尽称赞之意。那一阵子，台湾正在“大选”，闹腾腾的，他们的音乐显得不尽协调，但还是有那么一批人喜欢他们的音乐，以此平衡着尘世的喧嚣。

回到北京，重新拾起“乱星”，又听到桑多瓦尔的歌声，又听到罗巴克的木吉他，心里总忍不住想，我们这里谁喜欢他们呢？而他们又是站在闹市哪一个街口的拐弯处，唱着朴素沉郁的歌、弹着凄美伤感的木吉他，在等着我们呢？

2001 年于北京

# 距离中的弗雷泽

一连几天一直在听 *Cocteau Twins*，确实很别致，与众多的流行歌手拉开了不小的距离。说 Cocteau Twins 开创了流行音乐的一片新天地，是并不为过的。从 80 年代初他们出道以来，在摇滚乐坛中受到他们影响的乐队有很多，比如“腹腔”乐队、“鲍迪斯海德”乐队、“大举进攻”乐队，等等，包括我们香港的王菲，和现在非常走红唱片销量已经突破 4400 万张的恩雅，都有 Cocteau Twins 明显的影子。虽然，在商业运作和收益这方面他们无法和恩雅相比，但他们在流行乐坛的地位，却是举足轻重的，恩雅无法与他们相比。

听 Cocteau Twins，用不着听懂歌词，带一副耳朵就够了。主唱伊丽莎白·弗雷泽（E·Fraser）的声音极其奇妙，她完全把歌词打碎了，就像把星星都打碎在浓重的夜色中，将歌词融化在她的透明的旋律中，唱出了一种久远而幽深的空旷，不动声色，有些冷，却雪花压枝的腊梅般那样的玉洁冰清，超尘拔俗。她那梦幻般起伏的颤音，波浪一般翻涌，从天边摇曳到地平线之外。回声荡漾，天阶滴露般清澈而悠长。她的歌声实在是动听之极，总有一种月蒙胧鸟蒙胧的感觉，像是走在寺庙香烟袅袅轻轻弥漫的山阴道上，空山不见人，有山岚缥缈，有泉声呜咽，有暮鼓声声，有鸟鸣啾啾，有雾气蒙蒙，有野花纷纷……

其实，音乐本身靠的就是声音，歌词只是皮毛，永远不可能是其血肉。

Cocteau Twins 的抢眼，主要靠的就是弗雷泽的声音，她的声音秋风扫落叶般一下子便征服了听众，她的声音确实无与伦比。有人说她的声音感情冰冷，是黑色的；我看她的声音是回归自然，一派天籁，高蹈如云，是紫色的。听她的歌，会有一种如醉如仙的感觉，如同爱丽丝梦游仙境。

Cocteau Twins 的音乐效果也不同寻常，那种弦乐般的起伏荡漾和电闪雷鸣般的跳跃激荡，仿佛他们拥有一支庞大的乐队，其实都仅仅来自一把吉他、一把贝司和一个架子鼓。这要归功于乐队另一个灵魂人物罗宾·格思里（R. Guthris）。所有的音乐都是他作的，他以他天才的作曲，和非同寻常的回声和分段鼓声效果以及电子声得心应手的处理，制造出许多乐器变形的效果，让小小的乐队一身化为身千亿，顷刻之间绽开无数奇异而芬芳夺目的花朵。格思里和弗雷泽相得益彰，真是天作之合，让 Cocteau Twins 进二十年来长盛不衰。二十年来，乐队也曾走马换将，但他们俩始终是 Cocteau Twins 的左膀右臂。

Cocteau Twins，我国有翻译为科克托孪生姊妹的，也有将这个 Cocteau 说成是法国超现实派的大导演尚·科克托（Jean Cocteau）的那个姓科克托，有点用名人的名字注册自己的商标的意思，当然也可以说是以表示对导演的尊敬和自己的艺术野心。也有翻译成双生鸟的，说 Cocteau 是美国的一种什么鸟。不管美国到底有没有这样的鸟，翻译成双生鸟更简洁，也更美一些。况且，弗雷泽和格思里这一对左膀右臂在合作了 8 年之后的

1990年结婚并生子。那时，他们正在录制他们的新专辑《天堂或拉斯维加斯》。说他们是双生鸟，也正恰如其分。这一点上，他们与我国台湾歌手张宇和他忠诚而默契的作词者十一郎相似，他们也是合作多年之后结婚，可以说是另一对双生鸟。

弗雷泽和格思里是在1982年相遇的。那一年，弗雷泽24岁，正在格兰杰默斯一家迪厅里跳舞，格思里不知怎么就看中了这个小个子的弗雷泽。我总是在猜想，跳舞又看不出一个人的嗓音，格思里怎么就看出了她的那与众不同的嗓音的呢？据说，开始是先让她取代乐队原贝司手，后来才发现她那不同寻常的歌喉的 。要说人不讲缘分是不可能的，这支Cocteau Twins乐队有了弗雷泽和格里斯的双飞翼，便这样鬼使神差的从英格兰开始走向世界。

以我外行的眼光来看，他们的唱片第一张《花环》和第二张《倒栽葱》都赶不上第三张《珍宝》。在《花环》中，他们似乎很愿意用鼓点，《月之圆缺》中鼓点实在是太清脆，而《花环》中有很大的噪音，前奏及其古怪，像是一个人在咕囔，或温开水在冒泡，依然是鼓点在不知疲倦地伴奏始终。

在1984年发行的《珍宝》中，音乐和嗓音都有了极大的变化，十分动人。在《罗累莱》中，弗雷泽的声音极尽变化之能事，音乐中多了钟声悠扬，宛转曲折，上穷碧落，下至黄泉，真有鬼魅之声之影的感觉。《Beatrix》中的前奏非常动听，男声低沉的伴唱，如烛光摇曳，如影相随，影随光动，很美。《阿米利亚》和《阿洛伊修斯》能听出异域的风情，节奏明快的韵律，与意味幽深的吟唱交叉呼应，像是此起彼伏飞起又飞落的鸟。

据说，在1991年他们离开了4AD公司投奔了Fontana之后，弗雷泽的声音有了变化，恢复了人的声音，让人听得出歌词唱的是什么，乐队也让人听得出吉他是吉他本来的声音了。人们在他们的《四季咖啡屋》后却极不认可他们了。人们的惯性实在是要命的，听惯了一种东西，稍稍变化了，就不习惯了。人们容忍了他们对4AD的忘恩负义，因为没有4AD，没有约翰·皮尔的发现并在他为BBC电台主持的摇滚节目中竭力的推出，便没有他们的今天。但是，人们不能容忍他们演唱风格的变化。没有办法，他们在1996年发行的新专辑《牛奶和吻》中有将风格转回来，走在以前人们熟悉的老路上。人们踏实了，像是又握住了花纹依旧的旧杯子，斟满了珍藏多年的陈酒，喝得津津有味而面涌酡颜。这就是流行歌坛，思维的定势和怀旧的情感，除了实在有魄力的歌手，常常只能围着歌迷转。其实，我听约翰·皮尔在BBC电台主持摇滚节目时为Cocteau Twins的录音剪辑专辑时，听到那时弗雷泽的演唱的《小牛皮的滋味》和《一半礼物》，很好听，弗雷泽的嗓音确实有了变化，变得细若游丝，很轻柔的感觉，而且融入了一些感情色彩，不像以前那样的冷。

现在人们常提起恩雅，恩雅的新专辑《雨过天晴》刚刚出版，知道恩雅的人肯定比知道弗雷泽的多。在Cocteau Twins的音乐中，有一首《Otterley》，没有歌词，只有音乐和鼻音的伴唱，浓郁的民谣风，旷远而优美，真有一种此曲只能天上闻的美妙感受，很像恩雅。但细听，弗雷泽到底是弗雷泽，她和恩雅到底是有区别有距离的，那便一个是美人的话，一个是冷美人；说俗气点儿，一个是大红灯笼高高挂中的巩俐，一个是《花样年华》里的张曼玉。

而弗雷泽和格思里从不谈论他们的私生活，不参加与音乐无关的商业

活动，拒绝在唱片封套上印他们的照片而坚持只用艺术图片，更是和我们眼下恨不得自己有点儿屁事都愿意上报纸的娱乐版、没有好歌却愿意频频在电视上卖弄风骚、更愿意到广告上亮相赚把碎银子花的那些三流歌手拉开了望尘莫及的距离。

2002 年于北京

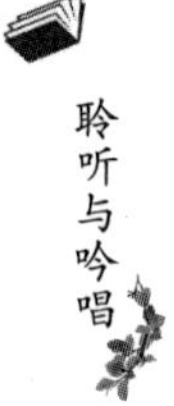

# 腹腔里的青春期

## ——听坦娅·唐利

最开始听“腹腔”（Belly）乐队的磁带给我的感觉，主唱坦娅·唐利（Tanya Donelly）就像是一个小姑娘，在上学或逃学的路上，甩着书包，蹦蹦跳跳，唱着她的欢乐和烦恼，诉说着她的爱的心绪和起伏不定的心事。不是那种听话的孩子，像班里笔管条直的小干部或三好生，或面容姣好讨人喜欢的女孩子，不是，都不是。有些调皮，但很可爱。她的嗓音显得有些稚嫩，很脆的样子，似乎像是汁水饱满而皮很薄的葡萄珠儿，稍稍一碰就会破的那种感觉。她的歌声清纯又清脆，在空中回荡和漂浮着，让人不敢伸手去碰。

当然，这只是最开始听她的感觉。这是一盘名字叫做《国王》的专辑，1995 年发行的磁带。唐利所组建的“腹腔”乐队在 1992 年在波士顿亮相，是她为乐队起“腹腔”这样一个古怪的名字。第二年出版了首张专辑《星辰》，《国王》是乐队的第二张专辑，也是最后一张专辑。“腹腔”只出版了这样两张唱片，1996 年，唐利宣布乐队解散了，就像 4 年前她在波士顿宣布成立时一样。生于腹腔，死于腹腔。

有人将“腹腔”乐队定格于艺术摇滚一类，以我主观的看法这大概更属于商业包装的需要用语。其实，在非主流音乐中，“腹腔”并不声名煊赫，它只是一支小乐队，虽然，第一张唱片使它有过暂短的辉煌，曾经在英国一度榜上有名，而且是名列第二；在美国成绩也不俗，成为当年的金唱片，并获得两项格莱美的提名。但只是流星一闪，就像一条小鱼在水中翻腾了几星耀眼的水花，终于没有成为鲤鱼跃龙门，就摇着尾巴游走了，游得我们再也看不见了。

不过，“腹腔”乐队的唱片非常值得听。在流行音乐中，无论是主流还是非主流，往往有些发行量很好唱盘出得很多的，都是因为太流行的缘故，染上过多的时尚和商业的色彩。有一些发行量不高唱盘出的也极少的乐队，很可能是因为突出的个性，又不愿意向太流行低头，也不愿意打上商业簇新而扎眼的标签。我以为“腹腔”就是属于这样的一种乐队。这乐队主要归功于唐利那非同寻常的嗓音。它的乐队所制作的音乐，我没有听出太多的新东西来，和其他摇滚中的吉他贝司和鼓老三样所做的没有太大的区别，只是多了一点钢琴。但唐利的嗓音确实不错，在众多摇滚歌手中一听就能听出来，别具一格，绝不是那种甜面酱似的嗓子或模仿秀般的嗓子能够克隆出一大批。那种率真和童趣，不像有些歌手不嫩装嫩那样的矫揉造作，而是浑然天成。

我特别喜欢听《国王》这部专辑中的两首歌，一首叫做《国王》，一首叫做《蜜蜂》，前者听来似乎有些压抑，有些内在的张力不时在躁动，像刚刚上岸的鱼嘴唇一动一动呼吸急促着的样子；后者听来似乎很舒缓，手里摇着一束野花在喷香，风吹动着花瓣和她的头发一起在轻扬，背后招惹着蜜蜂嗡嗡地飞来……

当然，“腹腔”乐队还要归功于它的歌词。有些摇滚乐队主要不靠歌词，靠的就是演唱的激情，就是乐队的疯狂，就是现场的气氛，或者就是演员的风头强劲的前卫装束……这样的一切才构成完整的摇滚，歌词只是挂角一将。唐利唱的歌词确实不错，非常值得玩味。比如《蜜蜂》中，她唱道：“我正走在迷乱的路上，现在我的后面飞着蜜蜂，正在唱着‘小心小心’，我已经被蜜蜂叮着了舌头……”唱得很有意思，在舒缓甚至有些甜蜜的音乐中，这歌词有一种反讽的味道。

如果将她的歌词和她的音乐连带一起来听，慢慢的会改变最初听她的感觉，会觉得有些沉重和痛苦的东西，压抑在她那种清纯和童趣的歌声中，就像表面平静而洁白的冰层下面有涌动着的浅流。或者说她将这些沉重和痛苦包裹在核桃壳里面，你要感知它们需要砸碎这些包裹的坚硬的壳。坚硬的核桃和脆弱的葡萄珠儿，是唐利和她的“腹腔”乐队的两个意象。便会发现她并不仅仅是蹦蹦跳跳在上学或逃学路上的小孩子，有时她也会穿过破落城市的中心，在晦暗和阴冷中走过，她只能在心中充满希望却有有些近乎绝望地唱道：“我现在非常想你，我希望你能祈祷，虽然这样做很难……”

在其他几首歌中，她唱道：“透过第三扇窗，我看见你的头发上布满了玻璃。”“这里有一个我们相遇的房间，这里有一个妇女，她用她的手走过任何地方，她却不相信她的脚可以带她走去。”“你看起来很累，你看起来比你妈妈还老。哪里是我不该触动的地方？哪里是我不该吻的东西？哪里是你疼的地方？当你睡着的时候，你看起来更年轻强壮，你的呼吸中的蜜糖，你的头顶上的天堂，哪里是你疼的地方？……”

我想这不是一般歌手能写出来的，便不是一般歌手能唱出来的。唐利

和她的“腹腔”的乐队因此而让我感动。

在这盘磁带中，还有一首名为《青春期》的歌，她这样唱道：“被糖包裹，用啤酒淋浴，当你旋转时，你的头就像一只猴子。我不会看见你，在我的耳朵里，正唱着一首很糟的爱情歌曲。我驯养了一只小鸟来照亮你住的地方，照亮你的臂膀带给你疯狂的礼物。我是妈妈的孩子，我带着恐惧在疯狂地奔跑……”我以为这首歌很能代表唐利和她的“腹腔”乐队的风格和形象，她和她的乐队就是这样一个处于青春期的孩子，她以这样的独特视角和这样年轻的形象浮现在她的音乐中，将她所有的欢乐和痛苦，恐惧和疯狂都淋漓尽致地表现在她的音乐里。

2002 年于北京

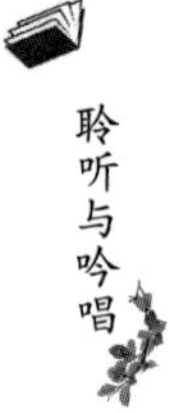

# 人体模型

## ——听 Portishead

做为 90 年代英国摇滚歌坛上幻觉音乐（Trip -Hop）的代表乐队，Portishead 和“大进攻”（Massive Atlack）齐名。他们风靡了几乎整个 90 年代的英国摇滚歌坛。他们都是在 1991 年的布里斯托尔成立，只不过“大进攻”在当年就出版了首张唱片《蓝线》，而 Portishead 是在晚了 3 年之后的 1994 出版了首张唱片《人体模型》，却出手不凡，立刻赢得了满堂彩，在整个英国大获成功，然后到美国进行巡回演出，出国之前这张唱片就已经发行了 15 万张，并且在这一年打败了包括“山羊皮”这样老牌乐队在内的许多对手，一举夺得英国有名的 Mercury 奖。这一年“大进攻”不甘示弱，出版了他们更为杰出而影响力非凡的第二张唱片《保护》。两个乐队几乎在膘着膀子干，一浪高过一浪，他们创造了一个“布里斯托尔的时代”。

这样说并不准确，因为他们和同样生在布里斯托尔并且也是在布里斯托尔成立乐队的特里基（Tricky），当时号称英国幻觉音乐的“铁三角”，应该说是他们这“铁三角”共同创造了“布里斯托尔的时代”。只是我没

有听过特里基的音乐，铁三角中缺了一角，只好还是将 Portishead 和“大进攻”进行单独的比较。

现在听他们的音乐，真是无法想象当时那些歌迷为之疯狂的情景了。但是，从逻辑上可以推断，听惯了 70 年代和 80 年代朋克和疯克摇滚的歌迷们，当然是想听听新的音乐了，于是，要么接着原来的方向走，走向极端，将摇滚变成更加疯狂和尖锐，越发注重音乐外在的形式，就像我们在 90 年代的影视中经常看到的那些劲歌锐舞或蹦迪一样，可以随之山呼海啸般呐喊起舞；要么就改弦更张，把节奏、旋律、唱法和制作方式都调整一下，放慢放轻，轻拿轻放一般，让音乐注重内心，去触动去撩拨情感深处的那一根敏感的琴弦，不必非要那样和着歌的节拍大汗淋漓地疯狂跳舞，随便坐在哪里、倚在哪里，在烛光摇曳中也好，在昏暗沉沉中也好，懒散而懈怠地听，或听着听着昏昏欲睡，或听着听着泪水盈盈，随你的便。很显然，“大进攻”和 Portishead 都是属于后者。

如果从源渊再往上数，也许能看到“大进攻”和 Portishead 明显受到了“双生鸟”（Cocteau Twine）乐队的影响，那种对音乐和人声唯美的追求是相近的。因此，将这三支乐队对照来听，是非常有意思的。

如果让我说，Portishead 和“双生鸟”更为接近，不仅形式和风格接近，就是所走的道路也一样相似。他们同样都是女主唱以女声的独特魅力而引人入胜，同样都是男人作为中坚人物作词作曲躲在幕后，而且都是这个男人在酒馆歌厅里慧眼识金发现了女歌手便一拍即合，场景和人物的出场都像是设计好的一样，巧得就像电影里演的。而且他们一样的性格羞怯，除了唱歌不愿意见人更不愿意其他的活动。只不过，“双生鸟”是格思里发现了弗雷泽，Portishead 是杰夫·巴罗（Geofff Barrow）发现了贝思·吉本思（Beth Gibbons）而已，AB 角替换罢了。

我一直不知道 Portishead 是什么意思，为什么要把乐队的名字叫 Portishead？后来我看到一本书上的介绍，知道了 Portishead 是布里斯托尔西边的一个小港的名字，乐队的核心人物杰夫·巴罗就生长在那儿。于是，杰夫·巴罗把乐队叫 Portishead，吉本思也把乐队叫 Portishead，大家都把乐队叫 Portishead。Portishead 比那个小港更有名。

从音乐本身而言，“双生鸟”似乎更迷离缥缈而神秘些，愿意把简单的电吉他和贝司制作得更为精细让其音响效果更为丰富多彩；Portishead 奏出的音乐有时很古怪，时常发出一种鸭子叫声似的声音，除了个别的曲子用了弦乐、长笛和小号之外，他们似乎更愿意用打击乐，极重视爵士鼓，只是他们让那鼓点的节奏明显却并不快，稀释了一样，很缓慢地将鼓敲打得有时像一个逛街的小姑娘那样闲散随意，有时像一个红墙紫宫内、禁门深闺里的怨妇，柔肠寸断愁思千缕那样独自幽闭苦叹，有时简直像是一个流浪汉，无主题般懒洋洋地在烈日下昏昏欲睡。

如果说“双生鸟”有些像是披着迷离曳地的纱裙，Portishead 则像是穿着磨破的牛仔服。有时候甚至会给人一种错觉，好像其 Portishead 将音乐都隐去，最后只剩下了鼓声，在远远近近四处的敲响，震荡着你的耳膜。

不过，Portishead 在《人体模型》里的《路》中的弦乐和长笛、《荣誉纸盒》中的哈蒙德琴、《支撑》中那一长串俏皮的小号间奏，还是很动听，极像是“双生鸟”。

从女声而言，与弗雷泽那飘忽不定根本听不出她唱的歌词是什么相比，吉本思的歌喉明朗，吐字清晰，有些假音，不紧不慢的样子，舒缓得

很，温火炖鱼似的。但好像没有弗雷泽更富于变化，弗雷泽那种略带沙哑的嗓子变化多端，蛇一样灵动蜿蜒游走，穿透力似乎更强些。

与弗雷泽还有一点不同的，是吉本思唱得很少激动，也很少抒情，更很少激情和激烈。她只是缓缓地唱着，将感情冷却似的压缩在她轻轻的吟唱里。弗雷泽似乎是唱给更多人听的，吉本思似乎是唱给自己听的。弗雷泽唱得有些跟做梦一样，即使听不清她到底唱的什么词，却能跟着她一起上穷碧落下黄泉般梦游，吉本思唱得有些絮叨，有时还有些怪异，让人听不大懂。弗雷泽像雪山，将一角飘露在缥缈的云端；吉本思像冰山，将大半身深藏不露地潜在水里。

如果将 Portishead 和“大进攻”相比，“大进攻”融入多种多样的男女歌星演唱，比 Portishead 热闹，却没有 Portishead 单纯。但“大进攻”似乎比 Portishead 抒情些。如果说“双生鸟”走得更前卫些，“大进攻”则稍保守些，而 Portishead 似乎走的是两者之间中庸的路。对于我这样保守的人来说，更适合“大进攻”一些。

从歌词而言，比起 Portishead 来，无论“大进攻”还是“双生鸟”似乎都要略下一筹。Portishead 的歌词有些怪而新奇，词组跳跃着，像是河水中的鹅卵石不同形状又在不同的地方闪耀着，迷乱人的眼睛，但其中联系着的一条主线即所宣泄个人的痛苦，是让人明显就能感觉得到的。而这些很适合吉本思，让她演唱得形影相随，在不动声色中，缓缓地渗透进你的心里，将那些散落的鹅卵石连缀成雨花石一样的楚楚动人的图案。

在《神秘》中，她唱道：“你的借口在里面，把罪恶打扫在一边，打扫在它们忘记的地方……拒绝投降，绳子直到扯断分离，谁敢、谁敢谴责，一切都是虚无。”然后是她一连串反复不停的反问：“难道你的真的需要吗？你真的需要吗……”

在《乖戾时刻》中，她唱道：“假装没有人可以找到，那早晨玫瑰的错误，禁果，隐藏的眼睛，我蔑视怜悯，去开车照相。因为没有人爱我，真的，不像你……”

在《荣誉纸盒》中，她唱道：“我已经很厌烦演奏这些箭和一个爱你的理由，请给我一个成为女人的理由。从现在开始不再被约束，我们都看见不同的画面，比一千朵更多的花会绽放，并给我们一些空间荡漾……”她用一系列比兴与暗喻，道出她生存状态面对欲望世界的无可名状的痛苦。

在此之前，作为非常个性化的摇滚，男人是摇滚世界的主体，女主唱摇滚的本来就为数不多，有，唱的也只是爱情，是流行的，但吉本思独道地唱出她很个人化的痛苦。她的歌便与那些甜蜜蜜分道扬镳而鹤立鸡群般显眼。她唱得又很有自己的风格，她不是那种对痛苦寻死觅活的呻吟或声嘶力竭的吼叫，也不故作姿态顾影自怜（这样的女歌手现在还在层出不绝），她唱得很平易，有点含蓄和害羞似的，只是有那么一点幽怨和哀伤，在缓缓的叙述中将声音和感情一并尽可能地压抑着，把痛苦像盐融化在水里，让你看不见却口渴地喝了进去，清润了我们的喉咙，在里面悄悄地灼伤了我们的心肺。

这样听来，似乎“双生鸟”是那种梦中缤纷的女人，“大进攻”是那种现实中快乐的女人，Portishead 是那种在精神天地里自寻烦恼与忧愁的女人了。

“大进攻”休闲色彩更浓些，听“大进攻”，适合在酒吧或聚会的场所；

“双生鸟”梦幻色彩浓郁，听“双生鸟”，适合独自一人蜷缩在闭了灯的幽暗的沙发里；

Portishead 世俗些，听 Portishead，适合和朋友一起听，不过，彼此都不要说话，因为你们要说的，吉本思都已经唱出来了。

2002 年于北京

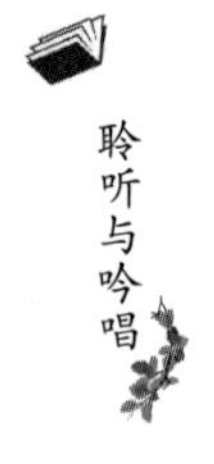


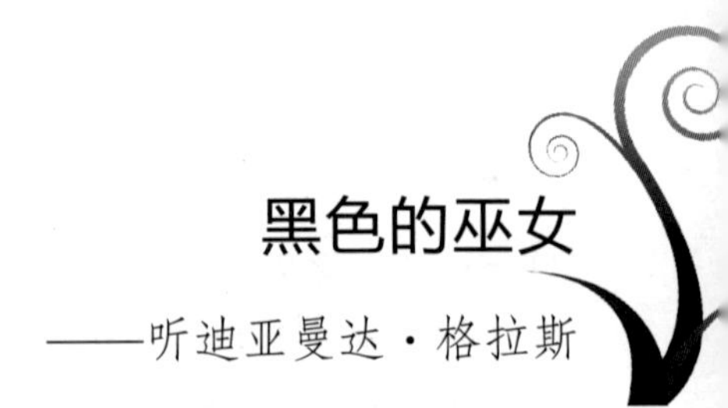

# 黑色的巫女

## ——听迪亚曼达·格拉斯

如果歌声真的有颜色的话，迪亚曼达·格拉斯（Diamanda Galas）的歌声一定是属于黑色的那种。

有的人的歌声是粉色的，比如托里·阿莫斯（Tori Amos）；有的人的歌声是褐色的，比如惠特尼·休斯敦（Whitney Houston）；有的人的歌声是紫色的，比如伊丽莎白·弗雷泽（Elizabeth Fraser）；有的人的歌声是红色的，比如莎莱·布莱曼（Sarah Brightman）；有的人的歌声是无色透明的，比如恩雅（Enya）……

我这里说的都是女歌手，因为格拉斯是一位女歌手。像她这样的嗓音和唱法的女歌手，还有尼可、帕蒂·史密斯，但她比她们的歌声都要黑。真的，我还从来没听过一个女歌手的歌声有她这样黑的，墨汁涂满的茫茫夜空没有一颗星星，连风的喘息都是黑色的。

我第一次听她的歌是在一盘叫做《歌手》的专辑里，1992年的出品。浓重的黑人灵歌、爵士和布鲁斯的音乐元素交织在一起，在她那嘶哑粗粝的嗓音调配酿制下，变得格外得阴森恐怖，仿佛痛不欲生似的走到了生命

的尽头，给她一把刀子，立马她就敢当着你的面让自己血花四溅。我敢保证任何一个正常人初次听，肯定都会难以适应。她的声音确实可怕，不仅是比男人还要粗鲁，嘶哑，低沉和放纵，还有一种醉酒后或更年期的歇斯底里的样子。怪异的嘶鸣、痛苦的呐喊、压抑的情绪，蛇一样扭曲纠缠的发泄，真像是走进了夜色沉沉的莽莽的原始森林，遍布着怪兽怪鸟和枝蔓纵横上攀附蠕动的蟒蛇，还有猫头鹰在远处眨着鬼魅逼人的眼睛。

有时，她似乎有意在压抑着自己的嗓子，像是有意放牧着自己的马，不惜抽动着鞭子，让马跑得快些，快些离开那片草坡更远些。

有时，她的嗓音极其撕裂，没来由突然间乍响的雷声似的，让那劈裂滚过的雷声久久不散，回响在雨珠纷披的天空。

有时，她又运用了地道的美声唱法，从鼻腔和胸膛里发出浑厚的共鸣，和迸溅出钢琴声一起飞珠跳玉次第飘逸而下，极其古典。

顺便说一句，她的钢琴弹得非常好，可以说是出神入化，和她的歌声此起彼伏，上下呼应似的，配合着她，就像是007和他的美女搭档。

看磁带上的介绍，知道钢琴和所有的音乐都是她自己一人的创作。

我对她格外感兴趣，想知道她的资讯。可惜，查了半天，查到的很少。只知道她的父母都是来自希腊的宗教家庭。她本人出生在圣地亚哥，父母都很有艺术修养，在她的小时候就鼓励她弹钢琴，却不鼓励她唱歌，在一般人的眼睛里，钢琴和唱歌尤其是唱摇滚，是水火难容的。她从小便弹贝多芬和勃拉姆斯，也喜欢弹希腊和阿拉伯的乐曲。她被称为“几乎从生下来就在键盘上弹奏”的天才。结果，她弹得一手好钢琴，却也唱得一嗓子好歌，最后竟然唱起了如此另类的摇滚。她只听从了父母的一半，能够听从父母一半的孩子长大后都算是不错的人了。

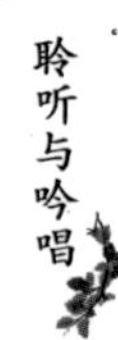



她的第一部作品发表在1982年，歌词和音乐都是她自己一个人完成，歌词里用了圣经和一位法国不知是那位思想家的哲思内容，给她的音乐带来别的歌手少有的纯文学的品质，那不是为可高贵和风雅，而是深邃，帮助她强烈地传达着她要表达的对未可知命运的理性思考，给她以后的专辑打上了一层再也无法抹去的底色。

她有一个她非常爱着的弟弟，是一个剧作家，1986年，仅仅32岁死于艾滋病。弟弟病危的时候，一直是她在病榻前照顾弟弟。弟弟的死给她沉重的打击，浓重的阴影渗入了生命里，为她的音乐发展加上了一块沉重的石头，她写了组歌《天启》，讲到艾滋病，音乐是以抒情女高音开始，到像野兽咆哮一样结束。

黑色，就是从那时候涂抹上她的音乐里？

人们说她唱歌时“眼中射出逼人的X光”。

她对生死的追问，对罪恶的声讨从未间断。

黑色，有时不是一种坏颜色。在我看来黑色和白色是最主要的两种颜色，没有这两种颜色，其他的颜色便没有的对比和存在的意义。黑色，夜色一样纯正的黑色，沥青一样灼热的黑色，有时是铺路的必备，有时是力量的显示，平坦而弹性的路面，托起盛满建设和罪恶、美好和淫秽同在的车辆在上面飞奔，也托起同样是黑色的喜鹊和乌鸦在上面飞翔。

她的歌被称之为“撒旦的新郎”，“前卫的黑玫瑰”。

黑色，确实了她的歌声的颜色。

我听她的歌，觉得不再像是孩子似的只会觉得是吓人。这个在加州大学读的本科在欧洲读的研究生，以5种语言写歌、以10种语言唱歌的格拉斯应该让我刮目相看。在摇滚女歌手中，不乏出类拔萃者，但在这方面

谁能够赶得上她格拉斯？她有意拓宽摇滚内容对人生终极意义上的追问和人类心灵与精神的哲学意义上的深究，同时她如同跳高和短跑运动员向运动高度与速度的极限挑战一样有意探索人类声音的极限所在——从内容到形式这两方面的努力，让我对她不敢小视而对她格外敬重。

特别让我奇怪并百思不解的是，她的歌里有巴洛克的内容、先锋的形式和尖锐的声音，是那样不协调地拼接在一起，在摇滚歌坛中是不多见的。但看她的照片，一身黑色皮衣敞着怀露出黑色的胸罩，那种怪异的形象又和她的黑色的歌声倒是那样的协调。据说，她现场演唱时要用7个麦克风制造声音效果的疯狂劲头，与她所崇尚的古典文学的经典又是多么的不协调。但想一想她曾经说过："我很多年一直都希望作一种杀人者的爱情歌曲。"那样极端的念头一直藏于心中，演唱时的极端的表现又有什么可奇怪的呢？该又是多么的协调。也许，她就是这样的一个矛盾体。

我听到她的第二盘专辑是她1994年出版的《挑逗的生活》。这是她和曾经非常有名的"齐柏林飞艇"乐队的贝司手约翰·保罗·琼斯（John Paul Jones）的精彩而难得的合作。据说，早在12年前的1982年琼斯在唱盘里第一次听到格拉斯的一首叫做《带着牛排刀的疯狂的女人》，就一听钟情，发誓一定得和这样与众不同的女歌手合作一次。一直到7年过后的1989年在伊丽莎白女王大厅里亲眼见到了格拉斯的演唱，更觉得和格拉斯的合作是他一辈子最大的愿望。她的歌对于琼斯竟然有着如此的魔力。如同长期的马拉松恋爱，12年执著的追寻和等待，才有了《挑逗的生活》这盘专辑。

这盘专辑的封套印的很夸张，戴着墨镜的琼斯坐在敞篷汽车里，身着红色连衣裙露出黑色胸罩带的格拉斯站在车外面怪诞地在笑，手里拿着一把带锯齿的瑞士刀，不知是不是1982年那把牛排刀？

12年过去了，什么不会变？不能变？格拉斯的音乐当然也发生了变化。原来虽然很锐利沙哑和尖叫瘆人，但总还有钢琴，在那里中合着，给你一份心理上的平衡。这一次，没有了钢琴，只剩下了鼓的节奏和低音贝司的轰鸣，敲打得格外剧烈。那一份原有隐藏在内的优雅彻底抛弃了，像是赤脚走在了尘土飞扬的闹市，嘈杂而燥热，随时都可能来一场暴风雨或沙尘暴。变了形的声音，我以为经过了处理的，有时那种像鸭子的叫唤，真是不知她是怎么想出来的。间或她自己的Rap说唱，很神经质的样子，让人实在有点匪夷所思。

有浓厚的民间音乐的元素，阿拉伯风味，街头卖艺的演唱，歌声随鼓点旋起，就像舞蛇人身上的蛇吐出的信子在风中抖动，蜿蜒柔软的蛇身在脖子上手臂上胸膛上伸缩着，滑动着。

还是能够听出她愿意用的灵歌的东西，灵歌所包含着的面对死亡这人生最绝望之际能够顽强继续活下去的勇气，那种在游丝不断呻吟不已哀号长鸣的悲戚痛苦中灵歌所表现出的生命内在的张力，还有灵歌所弥漫着在人类孤独无助茫然无着时与生俱来的宗教感，正是她所需要的，是她对生死的追问和对罪恶渊薮的责问一以贯之的追求和依托。

从嗓音的怪异上来看，女子摇滚中大概只有帕蒂·史密斯、尼可和P. J. 哈维少数几个人能够和她比肩。但如果从社会学的批判意义和宗教的皈依意义来看，谁也比不上她。

她确实与众不同。她一身黑衣黑裙黑皮靴黑胸罩，站在夜色笼罩下的黑森林中，和她的歌如此相像相配。

如果帕蒂·史密斯是才女，P. J. 哈维是魔女，尼可是妖女，那么，她——迪亚曼达·格拉斯，是巫女。

2002 年于北京

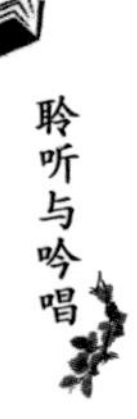


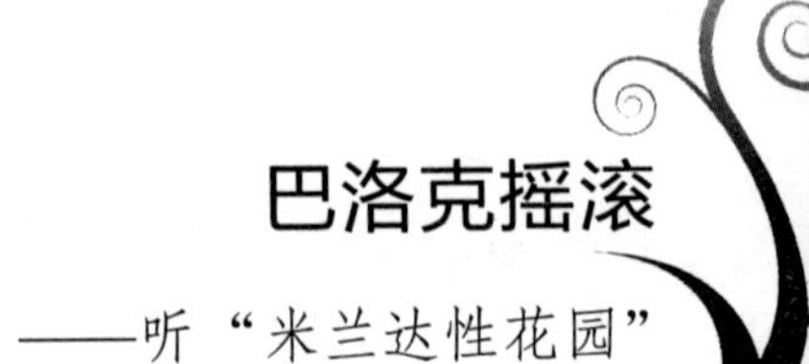

# 巴洛克摇滚

## ——听“米兰达性花园”

在80年代被称之为后朋克的时期，摇滚似乎渐渐地把自己以往对社会政治和问题的反抗兴趣稀释，而转向对摇滚自身艺术形式倾注了热情。这一时期的摇滚，或呈先锋的姿态激进向前比如重金属，或呈唯美的面貌出现比如氛围摇滚，或向民间向诗歌寻求新的营养比如老民谣比如Rap比如不插电比如帕蒂·史密斯比如P.J.哈维……总之，五花八门，门派林立，令人眼花缭乱，听也听不过来。

在这些乐队中，鱼龙混杂，打着摇滚的幌子，滥竽充数者不少，花开得快，败得也快，各领风骚一两年，自生自灭。热闹到是热闹，大多却是嗡嗡飞过来的蝗虫，而不是能够酿蜜的蜜蜂。

不过，也确实有不错的蜜蜂。尘埃落定，在琳琅满目的乐队中有一支叫做“米兰达性花园”（Miranda Sex Garden）的，虽然并不是什么大牌，多么的引人瞩目，却是与众不同，她们别出心裁，以一种退守的姿态向古典的巴洛克音乐靠拢，将完全现代的摇滚制作成一杯味道别样的鸡尾酒。她们被称为巴洛克摇滚，可谓一个现代的模特头戴假头套身穿巴洛克时期

老套服装，有点不伦不类，但也格外的有意思。在几乎所有的摇滚都在向前做激流勇进另类状，她们以保守的姿态向古典祈求庇荫，其实，也是一种另类。

“米兰达性花园”乐队是一支由J. 韦斯特、凯莉·麦克卡斯克、凯瑟琳·布莱克组成的女声三重唱。在照片上看起来三位都十分漂亮的女歌手，大大的眼睛如她们的歌声一样明亮。在制作她们的第一张唱片时，她们都是英国普塞尔音乐学院的学习古典音乐的学生。像所有喜欢唱歌的音乐学院的学生一样，到学校外面去尽情地唱唱歌，是她们最愿意做的事情；不一样的是，她们后来竟然将歌声融入了她们学习的专业巴洛克的色彩和元素。她们将她们自己拥有的所长发挥得淋漓尽致，一点都没有糟尽。

只是，她们跑了一个小小的圈儿。因为她们最初和所有年轻人一样，也只是喜欢唱唱爱情之类的情歌，还没有爱情的姑娘尤其爱唱这样的歌。她们唱的第一支单曲《泪如泉涌》就是民谣式的抒情情歌。不过，没有任何影响。唱这样歌的人可以大把地抓，她们被淹没在汪洋大海般的情歌里，并不奇怪，毕竟她们出师无名，道行太浅。她们也曾给当时鼎鼎有名的“污点”（Blur）乐队的歌迷们唱歌为其暖场，但遭到倒彩的尴尬，仅仅是年轻漂亮，并不能赢得摇滚歌迷的欲壑难平的心。

这样的遭遇，逼得她们另辟蹊径。

当然，机遇也很重要。

就在这一年，也就是1991年，她们像很多年轻人一样，在伦敦的波特贝尔街上肆无忌惮地边走边唱。这是一条古老的街道，却又不乏时髦，旁边有古玩店，也有时装店，古老和现代纠集在一起，简直就是她们未来

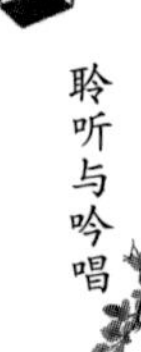



音乐生涯的象征。她们做梦都没有想到，就在她们在这条老街上尽情唱歌的时候，偶然间被一位叫做爱德蒙森的人听到。偶然，有时是那样的重要，那样的神奇，因为这个爱德蒙森是著名的MUTE唱片公司的星探，曾经是“尼克·凯夫和坏种子乐队”的贝司手，一位摇滚的地道的行家。他被她们三人那种干净纯真的声音吸引，那一天，她们的歌声因爱德蒙森的出现而变得意味深长，波特贝尔街因她们的歌声而生动起来。

爱德蒙森邀请她们为电影《稀释》演唱插曲，并由MUTE公司签约出版了她们的第一张专辑。这就是《马德拉（MADRA）》。这一年，她们整整20岁，一个多么让人羡慕的年龄。

我听的就是这张专辑《马德拉》。

这真是一张非常好听的专辑。没有伴奏，完全人声，三个人的声音起伏摇曳，错落有致，微风拂面，细雨沾衣，配合得天衣无缝，十分默契。三人的声音像是三把提琴，一把大提琴，一把中提琴，一把小提琴，弦弦相合，丝丝入扣。那声音确实是天生丽质，一派天籁，干净得如同一泓泉水般透明，伸手抓下去，只有清冽的水珠湿润晶莹，单个听来如莲叶上一颗颗露水珠一样圆润地滚动，合起来一起听如同水珠打碎成一片涟漪美艳荡漾的湖水。说她们的歌声是声音的画、声音的诗，一点不假。在摇滚音乐中，三重唱的极少，女声三重唱的更少，摇滚越来越注重的是的电吉他和电子合成器，她们便显得尤其可贵和有意思。

有意思的还有，在这盘唱片里，她们唱的全部都是17世纪英国的宗教歌曲，完全是巴洛克风格。这些歌曲，不仅我们中国人十分陌生，就连英国人自己也不那么熟悉吧？那些过于遥远的歌曲，犹如出土文物一样，被她们的声音擦拭得焕然一新。当然，她们不是用的那种教堂唱诗班的唱

法，也不是用的19世纪浪漫派音乐家在交响乐里出现的宗教合唱和歌剧里的唱法，和她们的英国老乡沃恩·威廉斯（Vaughan Williams）交响乐中那些虔诚的合唱曲和那些诸如《圣城》等专门的合唱曲，也大不一样。无疑，她们用的是摇滚的方式来诠释巴洛克，诠释她们的国家古老的牧歌传统。这实在是一件有意思的事情，因为在一般人看来巴洛克式的古典和现代的摇滚，即使不是水火难容，也是风马牛不相及。一般喜爱古典的人会对摇滚不屑一顾，一般喜欢摇滚的人又会认为古典都是老掉牙要弹弹土的玩意，两者怎么可以鱼水交欢呢？她们却唱得很有味道，既把巴洛克时期那种宗教的虔诚，又把那种巴洛克时期的色彩的丰富，都唱了出来，唱得不那么陈旧，而是充满现代的气息。那些伊丽莎白时代的悠扬而清醇的牧歌，那些永远不会消失的对爱情的向往，那些美丽而宁静的田园风光和诗性，被他们唱得格外美丽动听，而且富于感情。想象着她们唱歌的样子，总让我觉得她们不是站在烛火通明的教堂里，而是站在了浓荫茂密的林间小道或站在一望无边的海边的礁石上，有鸟的鸣叫和海浪的呼吸在为她们的歌声伴奏。拒绝了一切乐器的伴奏，让歌声纯净得没有一点杂质，云彩一样不再在教堂里飞而尽情地飞奔在无垠的天空。

有名的音乐杂志《声音》当时这样评价她们："现在我们处在犹太人的礼拜堂里，被一片和谐平静改变成另一种地方，天空变成了蓝色的天鹅绒篷帐，天空中最明亮的星就是她们米兰达性花园。"

另一家有名的音乐杂志《旋律制造者》则这样评论她们的歌声："像一个马赛克染色的玻璃窗，完全是艺术性，是让人停止心跳的美丽。"

她们用她们的声音神奇地将时间和地点一并置换，让巴洛克复活在摇滚里，让古典狂欢在流行中。她们奇妙地将巴洛克时期那种圣洁如云的圣歌同20世纪末浮华浮躁虚荣奢靡样样拥有却恰恰缺少圣洁的矛盾结合在她们起伏跌宕的歌声中了，便将跨越在迢迢距离的时间之河里的音乐，黏合在一起，达到一种貌合神离的效果。她们就是这样神奇地将面前的所有不和谐都溶解在她们和谐的歌声中，将耳边的一切喧嚣都沉淀在她们肃穆的歌声中了。

在这盘唱片中，她们几乎囊括了17世纪英国本土最有名的一批牧歌的作曲家。比如托马斯·莫利（Thoms Morey），他是英国牧歌的先驱，她们演唱了他的三首牧歌；比如O. 吉本斯（Orlande Gibbons），英国复调音乐的最后一人，英国无与伦比的管风琴、古钢琴的演奏家，她们演唱了他最负盛名的《银色天鹅》；比如英国诗琴派的歌曲的作曲家罗勃特·琼斯（Robet Jones），她们唱了他的有名的《甜蜜的凯特》；比如英国另一位牧歌作曲家托马斯·威尔克斯（Thoms Weelkes），她们唱了他的《这些可爱的百合花》；再比如托马斯·汤姆金斯（Thoms Tomkins）、约翰·威尔比（John Wilbye）、约翰·希尔顿（John Hilton）、约翰·贝内特（John Bennet）……

三个小姑娘妄想把她们的前辈一网打尽。

听这盘唱片时，我常常想起这样的问题，为什么三个小姑娘选择古典的时候非要选择17世纪？17世纪，对于我们已经十分的遥远，早长出漫长而花白的胡须。但对于历史来说，17世纪实在是一个让我们羡慕得要叹气的世纪。在17世纪，涌现出多少伟大的人物。不用细数，我们就可以数得出来，作家有现在我们仍然在读的英国的弥尔顿、法国的高乃依、拉辛、莫里哀、西班牙的塞万提斯；画家有我们至今叹为观止的荷兰的鲁本斯、意大利的贝尔尼尼；伟大的戏剧家莎士比亚就不用说了，音乐家就

更多了，蒙特威尔第、许茨……哲学家和科学家培根、笛卡儿、莱布尼兹、伽利略、牛顿、开普勒……个个都是重量级的人物，说是灿若星辰，那个时代才真正是名实相符。面对17世纪，我们只能够抬头仰望。因为即使我们现在的科技进步发达已经进入了信息化的网络时代，但我们毕竟没有涌现出这样多伟大的人物，人类被过剩的营养的怂恿中在不断地虚胖而需要一次次减肥，并没有长高多少，站在17世纪这些伟人面前，仍然显得矮小许多。看来，一个时代涌现出一批人物，有的时代是只出侏儒和咸带鱼，而在17世纪，呼啦啦铺天盖地长出一茬高大旺盛的树木来似的，在以后的岁月里依然高高地站在那里，为我们洒下浓郁的绿荫。

三个小姑娘就站在他们的绿荫下面，承受着他们的营养和庇护。或许，她们觉得现代的身影再长，也还没有走出他们悠长的影子，唱他们只是她们的一个遥不可及的梦想。当她们觉得自己拯救不了自己的时候，只好去乞求她们的前辈，不是拉大旗做虎皮，而是梦想呼吸那时清新的空气。当然，这只是我对她们的猜想。

她们在接受记者的采访时，有人问："你们这样做是否对学院派教育的一种反抗？"她们当中调皮的凯瑟琳回答："我们一部分是受的古典教育，另一部分是要创新，这之间有一个中间地带，我们要做的是把古老的歌曲放在有趣的背景下阐释。"

或许，这就是她们对巴洛克音乐的理解。并不真的是向古典靠拢和回归，更不对17世纪的怀想和仰望，而是重新构架起古典主义的理想和价值标准。但这没什么，毕竟她们唱得很好听，纯净的声音，在商业时代，到底是久违的心动。

距她们这第一张专辑，一个整整的十年过去了。据说，在这十年中，

她们换过两个主唱，只剩下细若游丝的高音凯瑟琳·布莱克做主唱，又增加了一个吉他手和一个键盘手，纯粹人声的音乐消失了。她们出过另外三张专辑：1992 年的迷你专辑《彩虹》，1993 年的《叹息》，和 1994 年的《奴隶的仙境》。只是她们已经厌烦了古典，而对意大利的恐怖电影和超现实主义的东西感兴趣，以另类电影导演大卫·林奇的特点作为自己的追求，并在贾曼《蓝》的电影音乐里作过其中一部分的实验性音乐。她们唱的主题是爱、渴望、性和纯真的丧失。

巴洛克离她们越来越远了。

巴洛克本来离她们就很遥远。

巴洛克离我们都很遥远。

# 卷三

# 崔健的意义

崔健的意义，不仅宥于中国的流行歌坛，而且波及文学乃至整个艺术界。可以说，还没有一个流行歌手能和他站在同一个等量级的位置上较量。虽然，对他的沉默、议论、批评乃至否定，一直没有停息。

30 多年了，当他第一次从胸腔中迸发出那悠悠一曲《一无所有》的时候，确实如一道醒目的闪电，哪怕后来他再也不唱什么歌，也奠定了他无可争议的地位。在我看来，他当时的地位起码是和星星画展、朦胧派诗以及刘心武《班主任》为代表的伤痕派小说等量其观。他唱出了一个时代的声音，是一个旧的时代的结束一个新的时代的来临那种交替和交织的声音。是那个几乎将我们民族葬送在濒临崩溃的边缘时代，让我们从物质到精神都一无所有；是那个百废待兴的新时代，让我们合着崔健的节拍一起在心里吟唱“我总是问个不休，你何时跟我走”，“我要抓住你的双手，你这就跟我走；这时你的手在颤抖，这时你的泪在流”。我相信，绝不是我一个人，拥有着在 30 年前的春风秋月中突然听到这首歌时荡漾在心中清澈的共鸣。

音乐史在评价约翰·列农和甲壳虫这样的摇滚音乐时说它们使人们的

脑子重新组装。崔健的音乐，一开始就有着这样强悍的力量。仅一首《一无所有》便概括了那个时代一代人的精神特征，以叛逆的精神和先锋的姿态唱出了我们心中渴望的共有。

崔健的意义，可贵在于他 30 年来一直保持着这种精神和姿态。在一个以始乱终弃为时髦和价值取向的流行中，在大多数歌星永远只会唱着别人的歌的歌坛上，崔健的音乐坚持近 30 年的固守，是一种品德良知更是艺术的操守。崔健的意义，我以为首先在于他对时代出乎一种本能的敏感和高度的艺术概括力，迄今无人可以比拟和匹敌。在他的早期音乐中除了《一无所有》的概括；“我的病就是没感觉”；“我要人人都看到我，却不知道我是谁”；“不是我不明白，是这世界变化快”……一直到近些年他所唱的“情况太复杂了，现实太残酷了”；“钱要是挣够了事情自然就会办了，不知不觉挣钱挣晕了把什么都忘了”；“快乐的标准降低，杂念开始出现，忘记了灵魂的存在，生活如此鲜艳”……无一不打上崔健音乐品格的印记，体现崔健对从政治社会到经济社会过渡时期细至末梢又深入骨髓的触动。

他不是那种故作哲学状的思考，或摆弄洋枪洋炮的舶来货唬人，而是用嘶哑的嗓子，带有几分玩世不恭的发泄，却一下子就捅到时代和我们生活的腰眼儿上。几乎每一首这样的歌都拥有一个宏大的主题，都可以演绎出一篇小说和一出戏剧。实际上，我们在不同时期都能找到这样的小说和戏剧，和他的音乐相对应，异曲同工，不谋而合，实在是文学史上和音乐史上难得的巧合。这恰恰是崔健音乐的不同凡响之处，便和他一直痛恨的败坏人胃口的“酸歌蜜曲”拉开无法逾越的距离。他是棵枝叶茂盛的大树，当然可以傲视低矮倒伏的小草。

崔健的意义，不在于他仅仅只是一种发泄，他的叛逆姿态中融有批判的同时，更有难得的追求。他在唱“一无所有”的时候，他同时在唱“你何时跟我走”；他在唱“我的病就是没感觉”的时候，同时在唱“让我在雪地上撒点儿野”；他在唱“我要人人都看到我，却不知道我是谁”的时候，同时在唱“我要从南走到北，我要从白走到黑”；在他唱着“你带我走进你的花房，我无法逃脱花的芳香”的时候，同时在唱“你要我留在老地方，你要我和他们一样，我看着你默默地说：不能这样”……这不是说他一定有多么深刻的思想，而是他有真诚，面对内心与艺术的真诚，反复诉述着人生的悖论、困惑和忧愁，挣扎与奋争，那是最让人感动的地方。

崔健再版他的歌带《新长征上的摇滚》之后（其实早在前两年他的《无能的力量》出版后），就有人开始批评崔健，说他旋律差了，说他节奏乱了，说他廉颇老矣、激情不在，说他最好的歌还是《一无所有》那些早期的作品。这些都是对崔健的误解。对于我国年轻的摇滚乐，我们确实充满太多的误解。

其实，崔健早以他的敏感，用他的音乐去努力把握这个“其实心中早就明白，你我同在90年代”这个和他共生共存已不是激情的年代，改用崔健的《一无所有》中的一句歌词，是“这时你的手已不再颤抖，这时你的泪已不再流”。而我们还顽固地渴望激情和抒情乃至爱情和温情，并要求崔健将这些统统再唱给我们听，要求崔健的手和泪依然如以前一样颤抖和流淌。

其实，是我们自己在寻找着虚脱的依靠，是我们自己在迅速地变老，得需要一根依赖的龙头拐杖。渴望回到从前，希冀保持一种恒定的状态，便和一直前行者拉开了双倍的距离，因为参照物已经大不相同。我们早已经不再是一无所有而在物质上丰富了许多，拥在怀中得到了许多，只是我们依然一无所有一事无成，却偏偏还要渴望重返一无所有的背景下从头再来的童话，实在是我们自己的一种带有浓重怀旧色彩的软弱。我们潜意识里还是无可救药地希望恢复传统规范的秩序，所以才会面对崔健那种无节奏而产生无法容忍乃至恐惧之情。崔健早看到这问题，他不是在偷偷地笑，而是在《时代的晚上》以他一贯的敏锐和自我批判唱道："我的心在疼痛，像童年的委屈，却不是那么简单也不是那么容易。请摸住我的手吧，是不是我越软弱越像你的情人儿?"他依然保持着他先锋批判的锐气，向前走了好远的路，我们却还只是留在了老地方。崔健只好用他的歌再一次轻轻地对我们说："不能这样。"

对崔健的音乐的发展，我是这样来划分阶段的，《新长征路上的摇滚》为前期，《红旗下的蛋》和《解决》为过渡，《无能的力量》为后期。无论哪一时期，崔健都是和时代和现实胶黏一起，可以说，崔健和他的音乐都是时代之子。虽然，他从来没有在我们电视晚会或 MTV 中频频亮相，混个脸儿熟和钱包鼓胀，但他却是我国流行歌坛尤其是摇滚歌坛中当之无愧的一面旗帜，从来没有淡出在潮流之外，从来和我们这个时代和我们的生活紧密相关。

在我看来，崔健的问题不是出现在激情的减退，而是他对现实的把握逐渐不如以往那样准确，表达得有些过于直白。前者，表现着他的痛苦，是面对现实和内心的带有些许神经质的茫然和矛盾的痛苦。他在不止一首歌中唱出他的这种痛苦："语言已经不够准确，生活中有各种感觉"（《九十年代》）；"天空太黑，灯光太鲜艳，我已经摸不着北"（《无能的力

量》)。在新歌《新鲜摇滚》最能代表他这种矛盾和痛苦:“你还是不敢彻底地跟她说,因为你这个人还是太软弱。你曾经迅速地得到了她,你说这就是什么摇滚Rock N Roll。可是现在你的激情已经过去,你已经不是那么单纯。”后者,也许崔健自身并不满足以前《一无所有》、《一块红布》、《花房姑娘》、《让我在雪地上撒点儿野》等那种过于比兴和暗喻的方式,觉得这样的直白是一种变化,而且正适合如今赤裸裸比直白更实际实惠实用的时代,这便是他内心也是他音乐的一种选择方式。但我总觉得艺术还是有自身的规律,像《混子》唱的“反正不愁吃,我也反正不愁穿,反正实在没地住我就和父母一起住,白天出门忙活,晚上出门转悠,碰见熟人打招呼‘怎么样?’‘咳,凑合!’”。虽然还保持着崔健对时代和生活的敏感,多的却是表象的捕捉,已经缺少了崔健以前的概括力和张力。这一点,恰恰是崔健常常皱眉头的地方。

大约几年前,忽然在中央电视台的旅游卫视频道看到崔健音乐会长达一个多小时的转播,有些意外。这大概是崔健第一次以如此规模在电视上亮相。也许,会有许多人并不怎么留意,但它的意义,在宏大叙事的晚会歌曲和各种模仿秀大赛充斥电视台的今天,不同寻常。可惜,这不过是惊鸿一瞥,好几年过去了,我再没有在电视上看到崔健的影子出现。

如今,这么多年过去了,在中国摇滚歌坛上,崔健这样的地位与意义,依然没有动摇,也没有人可以超越。

对于中国摇滚现状,崔健曾经做出他自己的一次次努力。但是,无论是丽江雪山还是宁夏贺兰山,或是在沈阳等地举办的摇滚节,可以说都是失败而归。那天,我碰见一位当年的摇滚歌手,他对我说,崔健虽然还要维持每场演出的20万元的演出费,但是,都是热爱他的人在组织他的演出，其实大多都是赔钱的。

我想这种状况，崔健一定是知道的，因为那天我参加北京一次建筑论坛，他也参加了，并发言道：如今中国有三个最弱：一是中国足球，一是中国建筑，一是中国摇滚。可见，他是极其清醒的。这多年过去了，并没有出现新的歌手超越他，他依然宝刀不老，顽强地挺立在摇滚歌坛上，足见他的寂寞，不甘和无奈。如今，真正的摇滚还是在民间，流行在场面上的，比如年轻的花儿乐队，商业色彩越来越重。

不过，以为中国摇滚不行了，大概是崔健绝对不能接受的。事实上，新的摇滚歌手如左小诅咒等，还在顽强却也艰难地生存着，并拥有着执著的歌迷。因此，当不止一次有人批评或误解他自己和中国摇滚的时候，他总是以犀利的语言给予回击。他曾经说过一段很有意思的话：“因为你本身是蹲着的，但摇滚乐已经站起来了，尽管摇摇晃晃，它已经站起来，试图站起来，你只能蹲在角落里看着跟你平行的缺点。”这是对那些对自己对中国摇滚误解乃至批评者毫不留情的回击。他说得很准确形象，一如他的歌。

尽管好几年过去了，总还会想起在电视中看到他出现的情景，那么多的观众站着，合着他音乐的节拍，和他一起吟唱，那火爆热烈的情景，让我想起大约十来年前，在北京一个叫做“火山”的酒吧里，也是那么多人站着，听他一口气演唱了十几支曲子。在唱那支熟悉的“花房姑娘”，唱到“我就要回到老地方，我就要走老路上，只是我再也离不开你，哦——”的时候，本来应该唱“哦——姑娘！”他指着周围这些可爱的大学生临时改为：“哦——学生！”当他反复再唱到“只是我再也离不开你，哦——”时，学生们一起高唱：“崔健！”那情景真是和今天一样，让人

感动而难忘。

如今，世事变迁非常大，那座“火山”酒吧已经没有了，那群大学生已经老了。但是，崔健的歌声还在，只不过多了些风霜和时光沉淀的沧桑感。

2002 年于北京

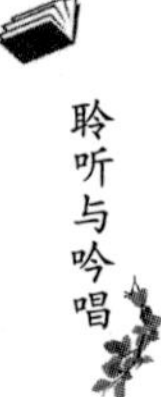

# 青春罗大佑

在华语歌坛中，罗大佑是一棵常青树，或者说是一个异数。30多年前，自从我买了他的一盘《青春舞曲》之后，我听过他的每一盘唱盘。前几年出版的《美丽岛》，是他沉默10年来出版的最新专辑。和有些如鱼甩子似的频繁出唱盘的歌手不一样，罗大佑珍惜自己的音乐，他的《恋曲2000》和《恋曲90》，也是相隔了6年。当然，同有些如嚼别人吃过的馍一样只会唱别人的歌的歌手更不一样，罗大佑音乐的原创力，永远让他们汗颜。特别是在当今流行老歌翻唱的年月里（比如刀郎和零点乐队的新唱盘《风雷动》），罗大佑更是让口味趋同的他们望尘莫及。

罗大佑最早出道的歌曲《乡愁四韵》，是1974年创作。一开始，他便没有让自己的脚跟落入脂粉和温柔乡中，而是将乡愁这一带有永恒主题尤其是台湾人心头极为敏感深刻的情结，首先带进他的音乐之中。出手不凡，一下子他便高人一筹。可能刚刚起步，他觉得自己的实力还不大够，他借助了台湾著名诗人余光中先生的诗，自己为其谱曲。那诗本来就是一唱三叹，余音袅袅，充满韵味，再让他谱上略带忧郁的曲调，确实让人冥想感怀。他在开始的时候，似乎就懂得艺术其实是应该极其朴素的，朴素

得就像我们自己的身体。而许多流行歌曲已经二八月乱穿衣、以为穿得越花哨才越好，偏偏将自己最为真实的身体遮掩干净了。或许，他们本身的身体就不那么漂亮，只好去借助外在的力量。罗大佑却用最为简单的旋律，而且四段所唱的四韵都是一样，反复重复吟唱，只是在结尾处的唱法上略作小小的处理。好的音乐，就是这样的简单，那旋律一下子能让人记住，像水渗入泥土之中，而不是做貌似耀眼的珍珠在精致的盘中只作矫揉作态的滚动状。

30 年多前，我第一次听《乡愁四韵》，一下子就记住了他的旋律，马上就会唱了。而且那么多年过去了，现在依然能记住那旋律，即使余光中的歌词忘记了，但那旋律没有忘记。这真是奇怪的事情，但说明好的音乐确实比好的诗还要让人铭记心扉。这就是音乐自己独特的魅力。如果说好诗是一杯好酒，那么好的音乐则是围绕在我们身旁好的、没有被污染的空气。空气看不见摸不着，却是时时在我们的身旁，天籁般默默地滋润着我们；而即使再好的酒，也只是制造出来的，而且不会时时出现，只能在宴会上供我们品尝，越是好酒越需要这样的场合和机会，便怎么也有些人为的痕迹。

罗大佑早期的歌曲，据说现在有些人觉得有些幼稚，开始不大喜欢了。我不知道罗大佑自己对它们取什么样的态度，是否有些悔其少作？我却很喜欢他这时期的音乐，借助一点现代的摇滚，但不那么肆意，不那么刻意，而且很随意，很自然。他后期的音乐有的有些造作，让人感到他是在有意改变自己，以显示自己是在不断前进不断创新。其实，不断变化是一种追求，固守自己坚持一种保守主义的方式，同样也是一种艺术的追求，就怕在这两者之间徘徊，像一条发情又饥饿的狗在两根骨头间奔跑。

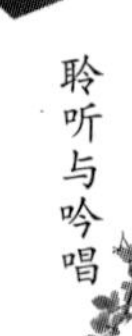



这个时期的歌曲，《童年》、《鹿港小镇》、《光阴的故事》，确实不错。《童年》的明快带有的少年心绪，《光阴的故事》的跳跃带有的青春情怀，说明着他对待生活的态度，这态度让人感到温暖而温馨。“流水它带走光阴的故事改变了我们，就在那多愁善感而初次回忆的青春。”他的歌词和他的旋律极其吻合。《鹿港小镇》唱得略有哀婉却很动情。它是一首怀乡之作，又是一首流浪之作，它有情有景，有人有物，而绝非常见的那种大而无当的音乐，那歌词可以像换衣裳一样随意更换，那旋律像卖笑女一样可以尽人可夫。“假如你先生来自鹿港小镇，请问你是否看见我的爹娘，我家就住在妈祖庙的后面，卖着香火的那家小杂货店。假如你先生来自鹿港小镇，请问你是否看见我的爱人，想当年我离家时她十八，有一颗善良的心和一卷长发……”在这几句低吟唱完之后，接着是节奏明显变快的发问般的旋律：“台北不是我的家，我的家乡没有霓虹灯……”水银泻地，一气呵成。他那种被人们称为“词曲咬合”带有说唱结合的独特的音乐风格（倾诉感极强，但多少有些絮叨），让他显得有些少年老成，似乎饱经沧桑，游历了天涯海角，看遍了春秋演义。这一点点内核，这一点点韵味，恰恰是许多年轻歌手没有也学不来的，甚至也是罗大佑后来的演唱再也找不回来的。

上面说的这三首歌不仅曲子是罗大佑自己谱的，词也都是罗大佑自己写出来的。他再不需要拐棍，即使是再大的诗人也不需要。在我听到他以后的歌曲，几乎全部都是他自己写作歌词。这在大陆包括港台的歌手之中，是绝无仅有的。这一点上，罗大佑和那些只会唱别人为其写的歌词而且许多是陈词滥调虚假空洞得要命的歌词的歌的歌手们，再一次拉开了距离。

罗大佑的歌词写得并不篇篇精彩，从诗的角度看，他的歌词大多写得比较直白。但他歌词的最大特点恰恰是用这类似大白话的词语，来诉说着他对现实尤其是现代化都市介入批判的态度，表达着一位艺术家可贵的思想和良心。这和那些浅薄的歌手实在不一样，没有良心的歌手也许只是少数，但没有思想的歌手却可以大把大把地抓，哪怕他们唱得再动听，也只是衣裳架子缺少血肉。比如罗大佑在有一首歌中这样唱道："眼看着高楼越盖越高，可是人们见面的机会却越来越少；苹果的价钱卖得比以前高，味道却不见得比以前的好；彩色电视机越来越花哨，能辨别黑白的人却越来越少……"确实写得不错，写出商业社会中人们的得到与失去、物质与精神的反差、心灵的干涸与渴求，写得平易却让人感喟，让人能面对一些东西，思索一些东西，而不只是被流行淹没或在流行之中找不着自己。

因此，罗大佑是值得期待的。一个歌手，就是这样坚韧而坚持地走过了30年。

听他的这盘新专辑《美丽岛》，第一首歌《伴侣》，以前曾经熟悉的旋律是那样亲切，以为恍惚又回到十多年前。心里暗暗地替罗大佑担心，如果都是这样的歌，罗大佑真的是有些廉颇老矣，轻车熟路地走回到老路上了。幸亏从第二首开始，发生了变化。好的歌手总是要用音乐来说话的，罗大佑的这盘《美丽岛》，首先是音乐的丰富，和许多流行歌手拉开了距离。其中《美丽岛》的摇滚色彩，《舞女》的圆舞曲调式中的爵士味道，《初恋的少年家》的民谣风格，《真的假的》的Rap的词曲咬合，《时光在慢慢地消失》则更多地借助于电声效果，以及《啊，停不住的爱人》的抒情、《网络》的调侃、《往事2000》的忧郁、《倾城之雨》的一唱三叹……都能够随手触摸到罗大佑仔细而小心的努力和变化。从心中流淌出来的音乐，和嘴里讲出来的话，是不一样的，特别是和电视秀场里矫揉造作或装腔作势的讲话更不一样。音乐最难骗人。

《美丽岛》，传承了罗大佑以往一贯的对现实世界的介入态度。他宁肯做出形而下的低姿态，而不愿意贵族化，或贴胸毛剪胸毛那样假模假式。《伴侣》对逝去不久那年春天SARS的反思，《倾城之雨》对白小燕案件的关切，《绿色恐怖分子》和《阿辉饲了一只狗》对台湾政治的抨击，表现出他一贯旺盛的政治情结；以及对网络时代所带来隐患的担忧（《网络》），对台湾岛一往情深的忧虑与乡愁（《美丽岛》），都可以看到一个音乐家入世的姿态，而不是躲在象牙塔里，或避在桃花源里，或趴在中产阶级的软椅里、文化亚官员的主席台上，拍另一张名人照去顾影自怜。

《美丽岛》的歌词，同以往一样张扬着罗大佑的风格。这是罗大佑的长项。这里有罗大佑的文学功底，更有他对人生的态度。他不是靠男欢女爱的那一口酸曲小调，也不是靠贺卡或短信上格式化的名言警句，来吸引涉世未深的年轻人，诱骗误入歧途的歌迷。罗大佑的长处就是以直白得近似大白话的方式，直率地将世相人情戳开并非花边点缀的大窟窿，让我们心有所动而恍然共鸣。

在旋转不停的人生舞台上，“舞女的难处是没人会期待你张口把话说出来”，“舞女的缘分是上台时的拥抱总不是你人生伴侣”（《舞女》），一丝苍凉的人生况味，写得真是不错。“青春年少承诺的勇气，比不上回心转意担当住的珍惜，胜利让给英雄们去轮替，真情要靠我们凡人自己努力”（《啊，停不住的爱人》），虽不深奥，却也会让我们点头称诺。“子时丑时到寅时，悲欢离合都化为流转的舞池，辰时亥时总有时，醉生梦死快变成无常的历史。”文字游戏之中，却含有无奈的感慨，让我们会想起

以前他的那首《之乎者也》。至于“风吹的 evening，久违的 2000”（《往事 2000》），那种新世纪到来之际罗大佑式的聪明；“这个世界都生病了，因为太多太多人都想当医生”（《真的假的》），那种自己当过医生的罗大佑式的讽刺；“不论能不能，心软的总是骨头硬”《往事 2000》），那种罗大佑式的大味必淡；都可以让我们听到他心的吟唱，而这种吟唱可贵之处是保持了以往的真诚。

一盘唱盘，能够给我们这么多的好处，他的短处也就让我们可以忽略不计了。只不过，在这盘《美丽岛》里，除了能够听到罗大佑对现实过于急切而直白的表达，我们能够听到罗大佑上了年纪之后倒有的矛盾和彷徨，减少了《恋曲 90》中的那种开朗与自信，以及对爱情的惘然和茫然，以致有几分宿命地唱道：“爱是一个难赦的罪行”，再没有了以前“生命中终究难舍的蓝蓝天”。在《时光在慢慢地消失》中所吟唱出的对未可知的过去与未来的茫然，《宁静温泉》中所流露出的对无常的佛旨禅意的向往，以及在《真的假的》中所表现出的对网络虚拟世界“君不君来臣不臣，鸟不语来花不香”的悲观，都道出了他的迷茫。

难得的是他没有教父一般故作超尘拔俗的深沉状，用一种防晒霜或油彩遮掩或覆盖这种迷茫，而是真诚袒露出这种迷茫。于是，他才一遍遍地自己问自己：“体力不支的盛世，该皈依巫师还是找一个牧师；流浪人海的游泳池，该忘记往事还是念一段宋词？”

这种迷茫，何尝不是我们心中的呢？我们也曾经是这样一次次地自己问自己。只不过，他再一次替我们唱了出来。

2010 年于北京

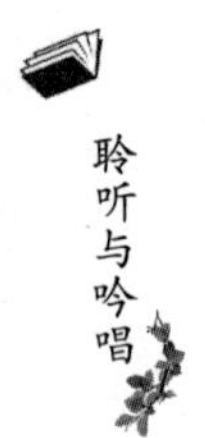

# 中年听蔡琴

柳絮飘飞、乱红摇落的流行音乐中，也有相当不错的。蔡琴是一个，她的名声比不上她的有些同行，其实她出道比他们都早，他们当中有不少已经落花流水春去也，她还在唱。谁唱到最后，谁最好；而不是谁最走红，谁最好。

蔡琴的嗓子中音最好，我说她有“三郁”（三块宝玉）：沉郁、忧郁、浓郁。这里的浓郁，不是指那种五彩斑斓，而是说她的声音里充满着感情和底气，但她不太好动声色，只是恰到好处地将声音悠扬地旋转拐一下弯儿，而且一般不向高音区上拔，把声音吹拂成袅袅的云；是往低音区拐，如同沉入深深的海底，将声音化做深藏不露却美丽动人的海底珊瑚，或岁月生锈的千年沉船。

蔡琴的歌带有浓重的怀旧情绪。她的歌让我们怀念过去的一切美好，让我们在心织如网的今天忽然回首难忘的过去，不禁抖落一些时光积下的纷纷尘埃，而让心轻松、湿润一下，当然，也会有溢出一些无可奈何的伤感和惘然。她这样唱：“心里分明是常挂念，我有话要说一遍；只怕说出来也惘然，只能把话儿咽……”这是只有经历过一些沧桑的心，才能有

的这种无奈和刻骨的惘然。蔡琴把“惘然”两个字唱得格外深情打人。“此情可待成追忆，只是当时已惘然。”她把唐诗的滋味咀嚼、体味、诠释得韵味悠长。那“惘然”便有些秦时明月汉时关的“惘然”，有点三秦旧事、六朝烟雨的意思。

怀旧是一张网，企图打捞起过去失去的岁月。其实，我们什么也不会打捞到，失去的一切早已经从网眼里流走。回忆，更是一种温柔的欺骗，因为回忆中的美好，和当时真实的样子已经不大一样，岁月和我们自己的心绪将回忆镀一层美丽自慰的光泽。

蔡琴却反复吟唱着这种怀旧感极强的温柔回忆。怀旧在音乐中化为了艺术，如同将陈年的老木制作成古朴的根雕、将坍塌的废墟开辟成历史的遗迹。蔡琴的歌有这种本事。她极善于将怀旧中转瞬即逝的感情一闪，捕捉进自己的歌声中，像是把我们常常忽略或遗忘从树上落下的黄叶，夹进书中成为一枚美丽的书签。

“我是那样的盼望，盼望有一个晚上，倾诉着我的衷肠，让你添一点惆怅。惆怅是今晚的波浪，也是情感的桥梁……”她将惆怅诉说得如此美好，将惆怅比喻成波浪，吞没了倾诉，吞没了夜色，也吞没了自己。

“你为我留下一篇春的诗，却叫我年年寂寞不成事；直到我做新娘的时候，才开始不提你的名字……”她唱得那样忧伤委婉，无情有恨、落花流水，唱得含蓄却钻入人心的深处。我是听来的歌，不知那歌词里到底是春的诗，还是唇的诗或是纯的诗，但不管是哪个的诗，都一样让人惆怅感怀。

“放开手才知天长地久多么不容易，即使我流尽一生的泪也难续。何不让回忆留些美感在心里，就算叹息也美丽……”这是一种无奈也达观的泪和心，她唱得如丝如缕，将那美丽的叹息融入美丽的旋律。

蔡琴的歌，算不上多么新鲜，更算不上深刻，她只是将一个经历了一些风霜有一些故事的女人的心情和感怀，质朴而自然地唱出来，没有搔首弄姿，卖弄风情，也没有故作姿态，打扮成青春状。

蔡琴的歌，算不上是陈年的老酒，她还没有那种老酒的醇香，但她绝不是啤酒或香槟，更不是街头灌装饮料机出售的可乐，只有瞬间涌起即刻消失的泡沫。

蔡琴的歌，最适合中年人听。中年人才懂得叹息美丽也是多么不容易；中年人才明白直到做了新娘的时候才开始不提你的名字是多么的刻骨铭心；中年人才拥有“新感情旧回忆，把我紧紧塞在夹缝里”是多么的尴尬和痛苦的人生滋味。

听蔡琴的歌，最好在夜晚，她的歌就是今晚的波浪、情感的桥梁。

听蔡琴的歌，最好一个人，不要品茶或啜饮咖啡，她的歌就是一杯略带苦味的咖啡、漂浮着绿意的清茶。

听蔡琴的歌，最好一个人驾驶着车，驰在漫漫的归途中，她的歌就是家的温暖的炊烟、爱的温馨的灯光。

# 都是月亮惹的祸

——听张宇

我第一次听张宇，是在颠簸的汽车里，录音机里放出他的歌。儿子告诉我：这是张宇。

开始听，嗓音有点像罗大佑，马上便听出来，是那一点点沙哑像，显得年龄很大，风雨沧桑一般。实际上，他比罗大佑要年轻得多，而且比罗大佑更多许多悲伤，从歌声中，更是从心底里流溢蔓延。

我对儿子说：他一定是专门唱失恋的歌手。这话说得很武断，因为这只是我第一次听张宇，而且听的这第一支歌叫什么名字都不知道，歌词唱的什么也没听清楚。但听歌的人有时就是这样的一下子被歌中的某一点所打动，就像漫天飞过了无数的蒲公英，你伸手抓住了其中的一朵，以为这一朵正是你要的那一朵。听音乐，有时就是这样带有强烈的主观性。况且，音乐最不会骗人。

我请儿子帮着找来张宇的两盘磁带，一盘是《太阳月亮》，一盘是《单恋》。两盘带子听罢证明我的判断没有错。我很高兴，为张宇，为自己，也为失恋——他将失恋唱得悲伤却很美。

“都说要忘了他，曲曲折折后各走天涯，谁都知道你割舍不了，还是苦苦地恋着他。”（《单恋一枝花》）

“最亲密的人，最大的牵绊……到底什么地方靠近天堂，一点点音乐，一点点孤单，抚慰着我心灵不再彷徨。”（《走路有风》）

“已经对坐了一夜，恐怕天色就要亮了。我开始有点明白，我们的爱也要散了。”（《一个人的地老天荒》）

“那些爱在我的心里流过，短得像一场梦，我一个人满街走，没有地方停留。”（《只想遇到一个人》）

“你怎么会是我的幸福，我竟苦苦追逐。所有和你有关的错误，我从现在开始背负。”（《回心转意》）

“整个八月，身边的人都爱流泪。好好的恋情一件一件进行着伤心的破碎，不能挽回。”（《整个八月》）……

还可以举出更多首歌作例证。在我听过的这两盘带子中，除了《缘散缘聚》等这样一首歌唱“把你的名字念上一千遍，就会念成轮回一千年的诺言，度过风吹雨打的考验。把你的容颜看上一千遍，就会看成最永恒的预言。有一天，我们终将改变，变成唯一的传说”。歌唱了爱情的成功和永恒，大多时候的张宇用他那特有沙哑的嗓子在唱着失恋，反反复复，一唱三叹。

当然，好的音乐，即使不靠明明白白的歌词，也能明明白白地听得出里面所蕴涵的情感。在音乐中最有权利发言的，并不是歌词之类的语言，而是旋律，如果是歌唱的话，还要靠歌手的演唱潜力和表现力的发挥。在音乐中，白纸黑字有时会相形见绌，甚至最苍白无力。但是，张宇的歌，大部分歌词和旋律比较贴切融和，像是乒乓球的双打选手配合得默契，用

张宇自己的歌中唱的一样："早就合二为一。"

好的歌手是可以听得出来的。在当今流行歌坛中，不少歌手涂满猩红的嘴唇，摇动性感的臀部和单薄的低胸，用一种伪装的感情将爱情唱得地动山摇，或用一种过来人的感觉将爱情唱得俗气无奈，将爱情唱得皱巴巴，或很脏。张宇大部分唱得很有真情，而且唱得非常投入，将一份伤感的感情唱得让人惘然，让人觉得一种美好的逝去从而使得人回忆起一些属于自己的东西，确实让人感动。他的嗓音也恰到好处地帮助了他，一种渗透骨髓的悲伤，总能时时撩拨起你心弦，像风吹动秋天经霜的树叶在飒飒抖动，有几缕橙红色的晚霞在叶子上面闪动着迷离的光斑。

我们的歌曲唱爱情的有许多，但不是单摆浮搁仅仅一首或几首，而是专门集中唱失恋的很少。我不知道在这个世界上，到底是热恋的多还是失恋的多，但我知道失恋从某种程度上讲，比初恋、热恋更具有复杂性和动人性。将其作为一种歌唱的选择，我猜想这是张宇的艺术特点，也许是张宇的感情深处一角的秘密。可贵的是，他把握得不错，他并不是过分渲染失恋的痛苦或无奈，总是翻开旧照片咏唱"落叶躲不开枯黄的季节"一类的大众货色，而是尽可能表现出自己感受到某一点突兀之处。他唱失恋痛彻心扉的感觉是"像自己和自己分离"（《一言难尽》）。"爱是真的，所以想起来会心疼"（《爱是真的》）。实在有一种剥骨蚀心的感觉，很让人心疼。特别是"像自己和自己分离"，我还真没有听别人唱过或说过失恋有这样的感觉，这样的感觉，很别致。同时，可贵的是在不止一首歌中，他唱道："不敢勉强你，只好为难自己。"（《一言难尽》）依然强调的是"自己"，自己去承受失恋之后的痛苦。"你要为我幸福地活着，全心全意爱爱你的人，只有你快乐，我才有我的人生。"（《永远的恋人》）

唱的是“你”，对应的依然是“自己”，自己的人生态度与价值的落点。

这是一种大度而美好的态度。虽然，有的歌他唱得花间派，有些缠绵有些酸，比如：“我宁愿看着你，睡得如此沉静，胜过你醒时决裂般的无情。”但不少歌不那么小气，而是渴望“回忆在沉淀的时候，会看见永恒”。这实在是失恋之后一种美好的境界。

张宇唱出失恋的痛苦的同时，确实更唱出了美好，就像他唱的：“将泪水凝结成冰点，开出一朵水仙。”这是张宇最富有特色的一点，也是最不容易的一点。他能捕捉到失恋中最为微妙的部分，让人感受到艺术和情感的双重细腻。

我举下面三首歌为例，在《月亮惹的祸》中，他唱道：“我承认都是月亮惹的祸，那样的月色太美太温柔，才会在刹那之间只想和你到白头。”在《情有独钟》中，他唱道：“在你的门前，我看到另一双鞋，猜测你跟谁在狂潮之后的夜，你是否流泪哭诉和我的决裂，在他面前轻易赢得安慰。”在《永恒的恋人》中，他唱道：“那双更温柔的手，你要好好地握，既然走他的路，不要再等谁回头。从今后若还能相逢，请安静地从我身边走过，你只要低着头，别叫住我，给我个背影就够。”他将在月色中火花碰撞的相恋时的冲动和心愿、失恋后的委屈和埋怨，以及冷静之后的克制和祝福，唱得那样有层次、有档次，妥帖、熨帖。而且，他将这微妙的情感不是直白平叙，而是通过温柔的月色、门前的另一双鞋、想象中的再次相逢，使得歌有了画面的感觉，情景交融，多了一点诗意的意象。

难得的是在这两盘磁带中有一首唯一和失恋和爱情无关的歌《蛋佬的棉袄》，非常动听。他唱的是一个卖鸡蛋的蛋佬，年轻时不理解母亲，靠着母亲给他的一件棉袄里藏着的金条卖蛋度日，懂事后攒钱要给母亲富

贵终老，但母亲已经去世了。“蛋佬恨自己没能回报，夜夜狂啸，成了午夜凄厉的调……他那件棉袄，四季都不肯脱掉。”唱得一往情深，让我鼻酸，让我禁不住想起小时候住过的大杂院里有一对靠卖油条为生的驼背老夫妇，有两个不争气的儿子，老夫妇前后死去，在老妇人的破棉袄已经油渍渍的棉花套子里藏着是一张张人民币的票子。世上的事就是有着这样多的巧合，听这首歌，让我想起我们大杂院里的那一对老夫妇和老妇人身上的那件油棉袄，能不感慨唏嘘？能够用一种真情关注低层普通人，让我相信张宇唱的那些失恋情感的真诚，毕竟他不是仅仅看到了曾经的女友门前的另一双鞋，也看到了蛋佬母亲的破棉袄。

同时应该说的是，后期张宇的歌有许多旋律和节奏的重复，尤其是开头的抒情柔板、中间加快速度一大段长句子的一气呵成的快板，用得太多。但客观地说，这两盘歌的作曲和配器大多作得不错，《一个人万岁》中吉他的撩拨，《写错歌了》中口哨的清亮，《回心转意》中小提琴的千曲百回的呜咽，《消息》中弦乐交响的效果……都让人感到音乐制作的精心，当然，也能看到灵气。如果说音乐是一棵树，作曲就是树根，配器则是树枝上开的花朵，根深方能叶茂，花朵的缤纷才能显示树的仪态万方。

儿子告诉我：张宇大部分的歌词是由一个叫做十一郎的女人写的，曲子则是张宇自己谱就，据说，十一郎和张宇从小青梅竹马，只是十一郎长得丑。当然，这只是传说。如果真是这样，真是天作之合。听歌时有几首我不喜欢的，比如《我没有感觉》、《爱一个人好可怕》……一查，都不是十一郎写的词。而像我最喜欢的《月亮惹的祸》、《情有独钟》、《蛋佬的棉袄》……首首出自十一郎之手。张宇的成功，融有十一郎的功劳。在流行歌曲创作中，词曲剥离的比比皆是，那曲就像一件戏装，可以穿在任何一首歌词的上面。难得如张宇的歌将词曲配合得不错，这是一种水乳交融的默契，既是艺术上的，也是情感上的。前面我说了这就像是乒乓球的双打，现在应该进一步说：这种双打是男女混合双打。

如果还将一首歌比喻成一棵树，曲是支撑树生长的枝干，词就是树上结满的郁郁葱葱的树叶，而歌手则是飞来的鸟落在枝叶间、或衔走一片沾着露水珠的叶子飞上蓝天白云间。这样机械的划分，张宇好听的歌，十一郎占了三分之一的才气，张宇占了三分之二的天分。

这么拙劣的划分，都是我听完这两盘带子之后的主观感觉。也许，完全不是这么一回事，好的音乐是上苍的赐予，对于张宇和十一郎，没准都是月亮惹的祸呢。

2002 年于北京

# 我站在原地踏步向前

## ——听何勇

何勇是一位出道比较早的摇滚歌手，但他的歌并不太多，在一代又一代风起云涌的歌手之中，他几乎被下一代的歌迷们所遗忘。1994 年，滚石公司出版了他的 CD 唱盘《垃圾场》，无疑对他是一个最好的总结。但对新一代的歌迷来说，已经有点隔膜，颇似天宝往事一般，唱的是上一代的老歌。

现在说起何勇，还得说他的《垃圾场》。他是以这首歌出的名，在 80 年代，曾经唱响过一段时辰。与其说这歌的旋律吸引人，不如说是这首歌的歌词对当时的人们有一定的刺激力。他是这样唱的："我们生活的地方，就像一个垃圾场，人们就像虫子一样，在这里你争我抢，吃的良心，拉的思想。你们能看到紫禁城闪着金光，还有一堵特别长的墙，有着绿树还能闻着花香，他们全长在这个垃圾场上。"我们现在可以说它有些过于偏颇，但摇滚本身就是以极端的姿态出现以期引人注目的，这不该是他的什么错。关键是何勇一开始出现就是着色于这样政治波普强烈直白的油彩，便命中注定他不会走得有多远。

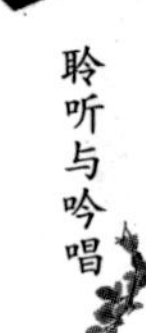



这种政治波普在当时的先锋艺术中比如美术、诗歌和戏剧，都能找到它的对应物。这是一种激情的宣泄物，注重和关心的是浅层表象浮泛的泡沫，比的是胆子和夸张的色彩与声音，一开始便与艺术拉开了距离，短命是势在必然的。初次听何勇的《垃圾场》，首先让我想起苏联在60年代刚刚解冻时期演出的一台话剧，其中有这样令当时瞠目而轰动的一个场面，剧中人故意将原本十分神圣的列宁的著作掉在了地上的灰尘中。这是一种象征，其实也是太表面化的动作了，就像现在我们在电视剧里经常看到的人物一激动，准保会把手中的茶杯“砰”的一声掉在地上摔碎。

政治波普的发展很能轻而易举地走到玩世不恭的日常生活的吟唱之中，这是政治波普的火焰燃烧后剩下的灰烬，被风一吹，飞起了与自己初衷背道而驰的黑蝴蝶。何勇走的基本上就是这样一条路。

在他日后的《姑娘，漂亮》中，他是这样唱着：“姑娘姑娘，你漂亮漂亮；警察警察，你拿着手枪。你说要汽车，你说要洋房，我不能偷，也不能抢，我只有一张吱吱嘎嘎响的床，我骑着单车带你去看夕阳……”

在《头上的包》中，他这样唱着：“头上的包，有大也有小；有的是人敲，有的是自找……”

在《聊天》中，他这样唱着：“公园里真神气，老大妈当模特，特别特别的美丽。骑着摩托车我到处走，谁也找不到。为了真理为了正义，哥们义气不能少。喝茅台抽中华，全聚德里有好吃的烤鸭，您就像我的爸爸，您说话，我回家……”

很明显，何勇显示出他的聪明，但只是些小聪明；他也显示出他捕捉生活的能力，可惜捕捉到的只是表象。何勇已经很顺利地滑入琐碎无聊的日常生活而自我咀嚼不已。当然，日常生活本来有时就是这样琐碎和无

聊，吟唱它们，就像说 Rap 一样，本来就是摇滚的一项重要内容，无可厚非。关键是能透过这些琐碎无聊的日常生活有一份自己的发现，而不只是一些日常生活流水账账单的罗列。这便是一个出色歌手和一般歌手的分水岭，同样可以柔软无比，草坪和泥塘的感觉毕竟不一样。

何勇的旋律的雷同和单调，被这些琐碎的日常生活日益加重。在政治与生活之间，他似乎还没有找到适合自己的路数。因此，旋律和思想的浅显、单薄，便水落石出一般日渐显现出来。他后来的《冬眠》、《非洲梦》，没有什么灵气和朝气了。

这样来评价何勇，也许有些低调。但是，即使这样评价何勇，也不可否定他的存在和他存在的意义。在我国历史短暂而显得势单力薄的摇滚音乐发展过程中，何勇毕竟在最开始的时候有属于他自己的声音，同时他选择了这样一条路坚持在走，只是由于才情和思想，他没有如和他最开始时一起走的有些摇滚朋友走得稳、走得好、走得远。近 20 年的光景在歌声中转瞬即逝，有的人已经走远，何勇自己却像是他在《踏步》中唱道的那样："山真高，浪真险，我站在原地踏步向前。"这歌似乎是何勇自己的谶语。

在我看来，何勇最好的一支歌应该算是《钟鼓楼》。在这支歌中，他没有采取故作高深的思考状或愤世嫉俗的发泄状，虽然是采取由浅入浅的平和姿态，咏叹着他所熟悉的日常生活，但这日常生活是经过他的提炼而非罗列，这种提炼更难得有些诗意的滋润，便使得这日常生活让我们感到既熟悉又感慨，这种感慨是我们早就意会却一直没有道出来，让何勇替我们道出来了："我的家住在二环路的里面，这里的人们有着那么多的时间。我们正在说着谁家的三长两短，他们正在看着你掏出什么牌子的烟……单车踏着我看着夕阳不见，银锭桥再也望不清望不清的西山。池中的那荷花，它的叶子已残；倒影中月亮，在和灯光谈判。说着明儿的早晨是谁生火做饭，说着明儿的早晨是吃油条饼干……”

尤其是那一句“这里的人们有着那么多的时间……”真是让我充满感慨，在我们以前的日子里，在曾经有过的一段岁月里，我们确实曾经有着那么多的时间，在那些富裕的空荡荡的时间里，我们都做了些什么？我们又都在等待着什么？这实在让我充满生命无端流逝的感慨，由这种感慨再来听何勇所唱的钟鼓楼周围的一切，会对我们自己庸常而一去不复返的生活与生命有些新的感悟。

但我不喜欢何勇在这支歌中指着钟鼓楼最后的吼唱：“你的声音我听不见，这太吵太乱。你已经看了这么长的时间，你怎么还不发言？是谁出的题这么难，到处都是正确答案！”这种歌词和唱法，和前面并不谐调，他将已经唱出的意象滑入理念的直白里，便轻而易举地又回到了《垃圾场》的轻车熟路里了。

没办法，最容易做的就是：“我还是站在原地踏步向前”。

那天，偶然翻出几盒老式的盒带，是当年众多中国摇滚歌手的集锦，这里面也有何勇。如今已经很难找到这样的老带子了。重新听来，让我想起往昔的岁月，真是过得飞快，转眼间，30 余年的岁月过去了。那些个一长串当时曾经红过一时的摇滚乐队和歌手，如今竟然再也听不到他们的歌声，甚至连他们的名字都陌生了。实在是让我感慨中国摇滚的路，最初的辉煌，竟然只是惊鸿一瞥，只能回望。何勇唱的“我还是站在原地踏步向前”，便成为了一种有些颓然的象征。

2010 年于北京

# 谁能把一支恋歌唱得依然动听

——听老狼

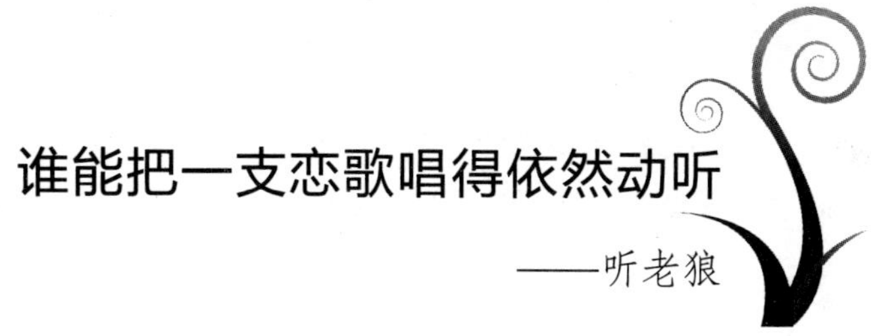

无疑，老狼唱得最好的歌，应该算是《同桌的你》和《睡在我上铺的兄弟》。在我看来，这是老狼的歌中的两个意象，听这两支歌，两个青春洋溢的形象，总会美好又有些忧郁地浮现在眼前：前者是校园中清纯的女孩子，和我们曾经同桌；后者是校园坚强的男同学，就睡在我们宿舍的上铺。这两个意象非常动人，那样对称，青春坐标上遥遥的两极。

老狼的歌唱的就是这样的女孩子和男孩子，是那种读高中或刚刚考上大学的女孩子和男孩子。女孩子个个如鲜亮的花，男孩子个个像蹦跳的球。青春的女孩子和男孩子，即使有种种的不如意甚至苦恼忧愁，让老狼唱得也分外美丽。

客观地讲，老狼的嗓音并不十分出色，是属于那种很大众化的，他不是另类的歌手，注定朴素是他参禅入定的不二法门。难能可贵的是，他有着自知之明，唱的并不像有些歌手那样造作矫情，哗众取宠，故意装扮成偶像状或刻意的反叛状，也不像有的歌手凭借着青春唱得搔首弄姿有意地卖弄。他唱得比较老实，比较安静，除了少数歌如《模范情书》唱道

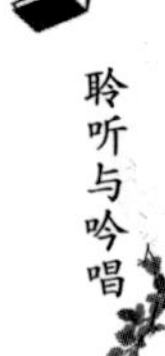


“我像每个恋爱中的孩子一样，在大街上寂寞地成长”时，有点撕破了嗓子似的在高音区里不可为而为之，绷紧了过猛的弦，大多数时候他唱得都极其平稳、平实，一般都是在中音区里自由自在地徘徊，并不有意到中流击水或九天揽月；即使偶尔飘飞到高音区，也只是意到而已，点到而已，并不真吊起嗓子去比试。这让他的歌听起来比较平易温和，符合他的歌词，像一个校园的歌手在清晨的树荫下或夜晚的月光里抱着一把吉他自弹自唱。

老狼的歌唱得倾诉感很强，这也很符合他歌中的意象，有些孤独，有些忧郁，有些少年初知愁滋味，未赋新诗强说愁。这种倾诉感使得他在歌中身兼倾诉者和倾听者两种角色，既有些躁动地站起来倾诉青春季节带来纷繁的烦恼和欢乐，恨不得“把所有的心情都摊开来体会，把所有的话都说给你听”（《蓝色理想》），又安静地坐下来倾听伙伴藏在心里对父母都不要讲的秘密，注视着你注视我的眼睛，知心地去做“你闲坐窗前的一棵小树，你初次流泪时手边的书”（《模范情书》）。倾诉如银，倾听如金，这两种角色不断转换，正是青春时节心理和生理特点心电图的显示：渴望有人来倾听自己，自己又渴望向别人倾诉；渴望和别人交往，打开自己珍藏的日记，又向往离群独处，一人咀嚼自己的秘密；幻想着把栏杆拍遍、把吴钩看了，又害怕雕弓拉满、心事太重……就是这样自我矛盾着，又自我调解着的青春谱线，在每个孩子的身上跳跃着、变化着。老狼把握得极好极有分寸，将青春这一律动唱得惟妙惟肖，细致动听。

老狼的歌得益于作词作曲都很不错，使得他唱的歌如小船有了一副轻快的双桨，插上了透明的风帆，有了一种孤帆远影碧空尽，唯见长江天际流的空明澄净的感觉。这感觉很纯净，在乱花迷眼、浅草没蹄的流行歌坛

里，实属不易，就像在一堆放有许多添加剂和染色剂的甜腻腻果子露中，找到一瓶清凉的矿泉水一样。

这些歌的曲子作得相对比较单纯，旋律并不复杂，带有民谣的风味。虽然这民谣并不完全是中国的，明显带有美洲的色彩，但化得很开很好，让曲子带有青春跳跃的节奏，像摇动半江瑟瑟半江红，是一幅美丽的画面；同时又分外明快，犹如春天的清晨迎面吹来清新的风，夹杂着刚刚开花的清香。

歌词作得更好。“任凭夜越来越深，你变得越来越真，压得我翻不过身。”（《来自我心》）“在没有镜子的地方，会不会忘记自己的模样？”（《音乐虫子》）写的或太实或有些造作，有失水准，但幸好只是个别。许多歌词写得很朴实动人，在一种平易之中寻求青春的悸动，便铅华洗尽，越发感人。“相爱的人，在黄昏像童话一样别离。”（《爱已成歌》）“在那个寒冷的季节，所有的人都逃避风霜，只有你陪我一起唱歌。”（《只有你陪我一起唱歌》）“相信爱的年纪，没能唱给你的歌曲，让我一生中常常追忆。”（《恋恋风尘》）“明天是否会想起昨天你写的日记，明天是否会惦记曾经最爱哭的你。”（《同桌的你》）……总是能从细微处入手，选择一种富有色彩和画面感的场景，让校园温情地出现在我们的面前。而且，总是从现在出发逆流航行到昨天，回忆的心情浓得有些化不开，便总有一种此情可待成追忆，只是当时已惘然的惆怅。即使像我这样青春早已逝去的人听来，也能追忆遥远的过去，和老狼一起感叹校园里“总是不断重演我们的事”（《青春无悔》）。青春当时可能杂乱无章，时过境迁之后才会水落石出，老狼沙里淘金、剥茧抽丝，将校园这些浮出水面的青春故事唱得格外清晰动人。这种站在今天的岸边眺望昨天流动河流的感伤，也许有些少不更事的脆弱，但这正是青春固有的特性，怎么能让孩子们一下子就变得像我们一样的苍老和世故？

好在老狼没有这样的苍老和世故，爱已成歌、往事凋零之后，他还天真地唱道："我只能给你一间小小的阁楼，一扇朝北的窗，让你望见星斗。"（《爱已成歌》）这就足够了，足以让人感动。这是只有青春才会具有的梦幻，阁楼可能会单薄，甚至摇摇欲坠，却是青春的宫殿。人们已经越来越重视把房间装修得豪华，宁愿用赝品的画装上精致的框，以为是最美的风景，谁还会在意望一望夜空中的星斗？

最好的歌词是《睡在我上铺的兄弟》，我非常喜欢。"睡在我上铺的兄弟，睡着我寂寞的回忆；你曾经问过我的那些问题，现在已经没人问起。分给我烟抽的兄弟，分给我快乐的往昔；你总是猜错手里的硬币，摇摇头说这太神秘……你说现在有许多的朋友，却再也不会有那写诗的忧愁。你问我几时能一起回去，看看我们的宿舍我们的过去。你刻在墙上的字依然清晰，从那时起就没有人能够擦去……"每逢听到这支歌，我总要呆呆地坐在那里，心里充满莫名的感伤和感动。岁月如流，人生如流，友谊却是那样的忠贞可靠，是那样的值得留恋……真情总是能打动人的。它不仅让我回忆起我们都曾经拥有过的校园的过去，更重要的是，老狼歌唱的那种清纯而美好逝去而难再的友谊，对于越发物化到处讲究关系和利益的现在，显得是多么可贵。它让我感叹青春和这个已经太老的世界。

老狼的歌，好在他更多唱的不是爱情，因为这爱情已经让人唱烂，而是友谊（他唱的许多朦朦胧胧似乎是爱情的歌，其实是真挚的友谊）。学生时代美好的友谊，纯净如泪，是人一生最好的回忆和营养，是人一生最动听的歌。

我们内地的校园歌曲并不多，真正全心全意专辑来歌唱校园的，老狼是最好的。虽然，他唱得浅显些，面狭窄些，也感伤些，但他毕竟唱出校园清新美好的一角，他为我们掘开一股透明洁净的清泉，淙淙地流淌在校园里。他用他的歌湿润着我们已经变得越发枯燥的日子，年轻着我们已经长出越来越多老年斑的情感。

“谁能把一支恋歌唱得依然动听?”（《爱已成歌》）

可惜，许久没听到老狼的校园新歌。真的时不时还有些惦记着同桌的你和睡在上铺的兄弟，以及那张我们这座城市孤独的地图，是否能找到现在你等我的地方。

2006 年于北京

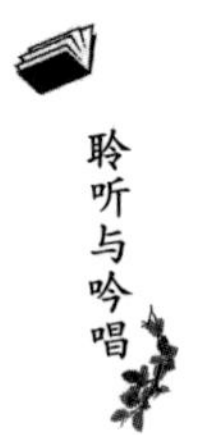

# 花儿开在粪土之上

## ——听苏阳

那天半夜，孩子在星光剧场听歌的现场给我打来电话，告诉我他回家要晚些，正在听苏阳唱歌，非常的棒。

那是我第一次听到苏阳的名字。是什么样的力量，吸引孩子大半夜的不回家？

孩子一再向我推荐苏阳。毕竟年龄大了，对于新一代的摇滚歌手，本来就陌生，这个苏阳就越发的陌生。

暑假过后，孩子回美国读书去了，发来电子邮件，还在锲而不舍地向我力荐苏阳，并将载有苏阳的歌的网站网址写上，让我链接可以直接听听。

我听了两首，果然不错。民谣的风格，典型宁夏花儿小调，浅吟低唱中，融入了摇滚的色彩，便像在一杯清凉的井水中又加上了棱角分明的冰块，越发的透心凉的感觉，清冽，而爽朗，犹如西北辽阔田野上空那一直能够连接着地平线的莽莽长天。

我们有多么美妙的民间小调呀，可是，我们现在已经不怎么能够听得

见了。我想起惯常见到了电视上、晚会上的那些歌曲，也想起刚刚结束的央视青年歌手大赛上的那些所谓民族唱法的歌曲，已经几乎找不到它们的影子了。我们似乎羞于见到它们，起码是淡忘了它们，我们想起它们，更多的时候是愿意将它们当成点缀，把它们打扮一新，描眉秀鬓一番，方才可以出门示人。我们有些嫌它们简单，嫌它们粗俗，嫌它们难登大雅之堂。化了妆的民谣小调，其实是伪民歌，只是貌似光鲜的衣裳架子，没有生命的喘息，没有弹性的皮肤，没有了汗味鼻息和心跳，可以让我们亲近地想去触摸，甚至拥抱。

苏阳的民谣，也已经不是原来土生土长的民谣，他也经过了改造，也给它们洗了洗脸，填充进一些新的材料，不再只是老牛老破车在泥土地上一个劲儿地轧悠。但是，苏阳没有伤了它们的筋骨，他握住了它们的命根子，张扬着勃勃的活力，而没有把它们阉割成不伦不类的变性人，徒剩下一脸浓重的油彩。

听《贤良》中的那鼓声，听《劳动与爱情》中那板胡，虽然只是点缀，真的听得让人心动，有种想哭的感觉。是的，这是只有西北的音乐元素，苍凉，粗放，随意，漫不经心，赤裸着脊梁，晒黑了脸庞，云一样四处流浪，风一样无遮无拦，草一样无拘无束，紫外线一样，刺青一般暗暗地刺进你的肤色之中。

我只听了这两首歌，就一下子喜欢上了。曲风是相近的，歌词却不大一样，虽然都直接借鉴了民间说唱的样式，却一为暗讽，比兴和比喻一锅烩；一为直白，调侃的意思，洒脱的自娱自乐。

《劳动与爱情》，歌名宏大，故意敞开了衣襟的样子，露出的并不是那么肌肉饱满的块儿，而是瘦筋筋排骨一样的肋巴条。这是首唱农民工的歌："太阳出来照街上，街上走着一个吊儿郎，卷起铺盖我盖起这楼，楼高十层我住在地上。东到平罗麦子香，西到银川花儿漂亮，人说那蜜蜂最勤劳，我比那蜜蜂更繁忙……"特别是那句"卷起铺盖我盖起这楼，楼高十层我住在地上"，听得让我感动，虽然只是楼和人浅显的对比，无奈的辛酸，残酷的现实，唱得朴素而真切，起码是晚会歌曲中没有听到过的，是那些唱烂了的城里人的酸文假醋一般的恋曲中没有的。

《贤良》，歌词作得更好，唱的是三娘教子一类事，却将传统的唱法反串成现实的寓言，将如今道德和价值观念的失衡与坍塌，勾勒得活灵活现。贤良，显然是指民间的那种传统美德，这里用的是反讽的意思，在不露声色中弹讥现实。

歌里唱道姨娘教女："一学那贤良的王二姐，二学那开磨坊的李三娘。王二姐月光下站街旁，李三娘开的是个红磨坊，两块布子做的是花衣裳。"很显然，这个三娘教子，再不是当年的三娘断机织布，教子学业有成才成人，而是让孩子去站街叫卖皮肉生涯。

歌里唱的姨爹教子："张二哥的本事真正的强，满院子的牵牛花上了二房，满院子的牵牛软掉了地上。李大爷的学习真正的强，上了一个大学上中专，中专里学的是蹦，擦，擦!"很显然，歌中触及的是包二奶，以及知识贬值享乐主义至上等社会现象。

每段后面都一段副歌，唱的是"你是世上的奇女（男）子呀，我就是那地上的拉拉缨。我说要给你那新鲜的花儿，你让我闻到了刺骨的香味儿"。当然，如此刺鼻刺骨，我们和他们的理解是不一样的，我们以为的"堕落"，而他们的父母却被表面的荣光所蒙蔽，误认为是好，是一种"贤良"，才去这样教育自己的子女？如此，"贤良"的歌名，便又多了一

层能指，包含了另一层辛酸。

这样的音乐，需要良知，这良知来自生活底层，其实，并不需要如何高深的望闻切问，或貌似惊人的警句，或熨烫整齐的韵律，只要鼻子没有伤风，应该用的嗅觉，就足够了。只是在我们现在的歌坛中，鼻子变成了大象的长鼻，可以舒展自如地追名逐利，邀宠取媚，却已经失去了原本灵敏一些的嗅觉了。

在北京，苏阳为我们演唱遥远西北的歌，他的歌没有油头粉面，没有花里胡哨，没有故作高深，就像他唱的花儿一样，就像西北的土地一样，质朴却真实、真诚。在他的另外我没听过的一首歌里，有这样的几句歌词："我要带你们去我的家乡，那里有很多人活着和你们一样，花儿开在粪土之上，像草一样，像草一样。"

我非常喜欢这句歌词，谈到民歌，就像"花儿开在粪土之上"一样，民间或来自底层的民歌，似乎有一种更粗野、更直露的美学，或民间逻辑，而这正是矫情乔装之后的民歌所没有的，或者说是文化精英再怎样模仿也学不到的。没有在屎一样的环境中磨砺过的人，是不会真的知道粪土里面也能长出花来的。现在我们所谓的民歌里更多的是一种城市精英假想出的事不关己式的民间。

从另一个角度来关照，民间性的利用问题，尤其是在现在这个全球化的时代里，本土性或民间性，已经越来越多地被发掘为了可利用的全球流通资本，最明显的例子是唱改装后西藏式的民歌（作曲家何训田专门给她而写）的朱哲琴，她的唱盘在国外卖得很好。在一种面向全球而把民间或地方性审美化、神秘化的运作之外，能看到民间自本源力量的重新自我利用，并把民间性（苏阳的歌表现为西北调子和传统意象）重新真的和民间现实连在一起，就像作家希望用方言习作一样，一直是真正的民间文艺工作者的一个梦想吧。在无孔不入的全球资本对弱势文化的掠夺开发背景下，这种源自民间的尝试不仅是值得尊重的，而且将会是意义深远的。

在苏阳的家乡，苏阳一直有一个梦想，他说：我一直想在西门桥头为那里的农民工唱歌。他说：那样的音乐很纯粹，没有社会角度的批判，没有音乐门类、知名度、舞台灯光的暗示……

这样的歌手，让我心怀敬意。我猜想，站在银川的西门桥头，他一定会唱《贤良》，唱《劳动与爱情》。

在北京，有许多歌手歌星和歌唱家，没听说哪一个也如苏阳一样说过，想在西直门东直门哪座桥头为那里的农民工唱歌。那里附近一定有许多建筑工地上或其他场合中的农民工的。

我们的歌手的梦想一直都集中在央视的演播大厅，最好是在春节的晚会上。于是，我们的歌像软壳蛋一样，或者精致点儿，像蛋壳上雕刻画一样了，已经孵不出新的生命来了。民谣的萎缩，乃至假民歌的流行，就已经见怪不怪了。

2013 年于北京

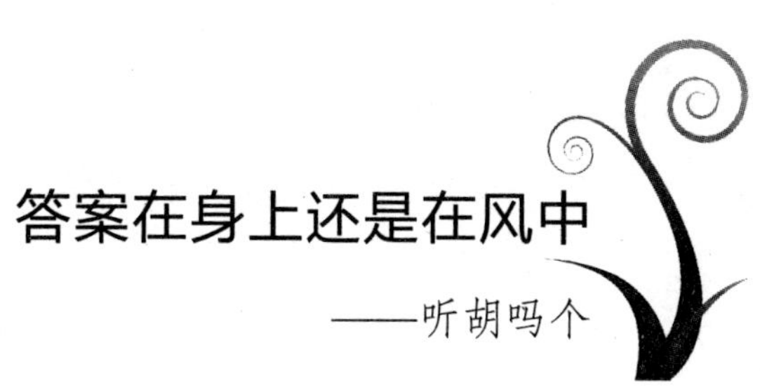

# 答案在身上还是在风中

——听胡吗个

新一代摇滚，听得很少。那天，偶然听到胡吗个的《不插腿》，觉得很有意思。这是一盘概念专辑，明显的民谣风格，却不仅和他的祖师爷鲍伯·迪伦大不一样，就是和他同辈的歌手也十分的迥异。这在鱼龙混杂的摇滚歌坛中，有着十分难得的个性。

他的音乐做得很有趣，现在的摇滚音乐中，坚持不插电的，已经绝无仅有。在这盘唱盘里，似乎有许多其他的乐器混杂在一起，从唱盘里听，会觉得电声的味道很浓，和鲍伯·迪伦上个世纪60年代的纯不插电相比，《不插腿》只是一种戏仿和谐谑。比起科特·科本和《涅槃》不插电的专辑，音乐做得更自然而充满烟火气息。

背景音乐做得特别有意思。混录着各种异质的声音，有意要和纯吉他做个对比或较量似的，颇有些偏偏在那种圆领的老头衫上系条领带一样，再不是传统的那种鸡尾酒的调制方法。

还有时候特意加上的人声，是那种说话的声音，男男女女的，在背景音乐中惊飞起的鸽子一般，此起彼伏，错错落落，大珠小珠落玉盘。还有

《黄娣的新装》中那些小孩子们嘻嘻哈哈的笑声，《很多年以后》中小孩的撒尿声，《他们在床上，床在台北》音乐戛然而止时候，最后瞅不冷子甩出一句“那女孩也爱好文学”，充满谐谑的反讽，小孩信笔涂鸦一般，让你忍俊不禁。

没有听过胡吗个以前的唱片，只知道一首《两个四川的厨子》，唱的是上海菜在北京很流行，两个四川的厨子跑到上海餐馆里点菜聊天，心情很郁闷。这盘《不插腿》与之相比，虽然还是小人物叙事的角度，所有的歌都是围绕着一个叫胡裁缝展开的故事，却从写实到虚拟，有意识的外来者的身份，融入了北京现代生活的今天摇滚景观，颇为新鲜。底层写作，是如今文学界的一种时髦，胡吗个的歌其实也属于底层写作，只不过他没有那种赤裸裸苦难浅表层的有意渲染，在他意象中虚拟的天地里驰骋得更自由而舒展，有那么点自吟自乐的放浪。

从歌唱的角度而言，其实是属于很清澈流行的那种，模仿齐秦，尤其显出本质。许多歌中，他却掩饰了唱的嗓音，用得更多的是 Rap 说唱，略带点儿南方的口音，随意的吟唱，有点像美国的柴斯纳特（V. Chesnutt）或“天堂兄弟”（Palace Brothers），但比人家更显得吊儿郎当，又不是那种嬉皮士，而有些像小痞子，在北京，叫做“胡同串子”。

比起以前窦唯演唱的时候脸上化着妆，比起以前在五道口小朋克的演唱简单粗暴的歌词，比起盘古乐队原始化音乐“利比多”的发泄，胡吗个的音乐真的有了很大的不同，或曰发展，让人们感慨一个时代有一个时代自己的音乐，而彼此无法取代。他的这些说唱，虽然还是平民的姿态，还是叙事的风格，也还有很多的文化指涉，却多了文字游戏的成分。没有了上个世纪 80 年代音乐的遗毒，那种歌词像诗，讲究对仗，讲究比附，

讲究寓意，但现在听让人觉得有些做作得可疑。胡吗个的音乐，不再相信诗，也不再拘泥现实，因此，他的音乐并不是真的要告诉我们一些什么真实发生的事情，他在有意地逃避了歌词背后的微言大义和宏大叙事，如他的前辈崔健和罗大佑那样，对现实有什么批判的思想锋芒。更多的是对现实开一下玩笑，略微有一些无关痛痒的嘲讽；再有便是对经典的解构和戏仿。

这后一点的解构和戏仿，让我对他最感兴趣。这种解构和戏仿，并不是对经典的反叛，由此揭竿而起故意装扮成新一代的英雄，而更多的是融进世俗的成分，类似赵本山演的小品、郭德纲说的相声，或周星驰的无厘头。这真的是一种非常有意思的文化现象，娱乐化的时代，大众文化中，相声、小品、影视和音乐，都有了这样以搞笑为宗旨的全方位对应，彼此遥相呼应，倒是有情还无情，诘问我们这个时代的生活与艺术为什么如此四处开花式的需要搞笑，而且是离不开这样无厘头的搞笑？

也许，胡吗个就是要以这样的搞笑的形式创作新一代的音乐，暗合了时代和生活那一根谑笑的神经。在这里，有意思取代了有意义，好玩取代了好听，粗俗取代了高雅，身上的答案取代了风中的答案，一身随意而搞笑的休闲装，取代了一身的正襟危坐。

最有代表性的，大概要属《黄娣的新装》和《答案在身上飘扬》这两首歌了。

《黄娣的新装》号称胡吗个的“情景悲剧”之一。但是，悲剧的成分，几近于无。更多的是家庭世俗的肥皂剧。不过，要是真的演起来，或许会比赵本山的小品（起码比《捐款》）更风趣，逗人发笑。

胡裁缝和老婆黄娣隔三差五在卧室里要共同演出安徒生的童话《皇

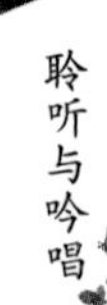



帝的新装》，老婆演皇帝，胡裁缝一人出演骗子、众大臣和那个童言无忌的小孩，每一次他都要在最后唱道："可是她下面什么也没穿啊！"特别强调的是"下面"。在这里，他有意将皇帝的他和老婆的她做了置换，不仅是皇帝到平民的位移，同时也是男女的变性。于是，同样是皇帝的新装，剪裁出的意思大不一样，安徒生的童话所要讲述的事实真相的意义，移花接木开出了性之花。

《答案在身上飘扬》，更明显是对鲍伯·迪伦的经典老歌《答案在风中飘扬》的戏仿。只不过，他把鲍伯·迪伦那样的深沉发自思想深处的天问般的歌唱，重新演绎成为了搞笑一般的无厘头。

他这样唱道："如果有五尺布的话，可以做多少件衣服，为此，我专门请教了一个裁缝，裁缝说，若是个儿大一点，超过两米三的话，就会做的少一些；若是个儿小一点，不到一米三四的话，就会做的多一些。如果有五尺布的话，可以做多少件衣服，为此，我专门请教了一个时装设计师，设计师说，若是做旗袍的话，就会做的少一些；若是做比基尼的话，就会做的多一些。究竟五尺布可以做多少衣服呢？答案咯，噢，我的朋友，答案在身上飘扬！"

而鲍伯·迪伦的《答案在风中飘扬》中是怎样唱的呢？鲍伯·迪伦是这样唱道："一个男人要走多少路，才能被称为男人；一只白鸽要飞越多少海洋，才能够在沙漠入眠；炮弹还要发多少次，才会被永远禁止……啊，答案在风中飘扬！"在上个世纪60年代，鲍伯·迪伦不止一次唱过这首歌，也不止一次感动那个时代的年轻人。

不用再多说什么，只要将这两首歌对比听一下，便会感到，时代真的是变了，一代人老去了，一代人长大了。原来所关心的一个男人真正的成

长，以及战争与和平这个关乎世界的宏观的理想追求，轻而易举地变化成关系五尺布这样和现实最为贴切实际的话题。答案在哪里飘扬？从风中一下子落在了身上，就像鸽子从白云蓝天之上一下子落到餐桌上，一代人走着一代人自己的路。

胡吗个说这首歌是向鲍伯·迪伦致敬。当然，这是新的一代致敬的一种方式。

不插电，可以是一种理想，也可以是一种形式、一种戏仿、一种与现实拉近的路数。

2013 年于北京

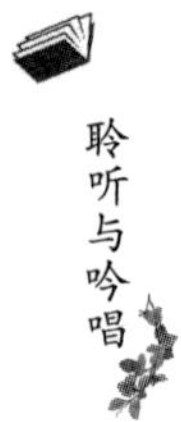

# 重听张蔷

张蔷的“80，08”个人演唱音乐会，2008年终于在北京举办了。不管现场的效果如何，我很为她高兴。如今歌星多如牛毛，对于如雨后春笋一样冒出的新一茬年轻人，知道张蔷的大概不是很多了，尽管1986年她曾经上过美国大名鼎鼎的《时代周刊》，唱片总销售量叹为观止地高达三千万张，恐怕在中国流行乐坛上是绝无仅有的奇迹。

二十多年前，我对她一无所知，只是从磁带盒的封面上看到一个圆圆脸膛的小姑娘，很可爱很清纯的样子。那时候，我的儿子还没有上小学，刚到懂得听歌的年龄。我们一起在音像店琳琅满目的磁带面前，记得很清楚，是在和平里。看得我们眼花缭乱，不知挑哪一个好，儿子指着她，问我怎么样？我问儿子：就买这盘了吗？儿子果断回答：就买这盘。于是，盲人摸象一般买下了它。拿回家放在录音机里一听，不错，我和儿子都很喜欢。

那时候，也不知道磁带里放的都是张蔷翻唱别人的歌，只是觉得好听，曲子朗朗上口，也好学，许多的歌，听了几遍，我和儿子便都学会了，一边听着录音机里她唱，我们一边也跟着她大声吼唱，满屋子里常常

荡漾着张蔷的歌。

她那略带沙哑嗓音却青春明澈的歌声，伴着孩子长大。在孩子升入小学的那几年里，我买了好几盘她的磁带。许多的歌，《野百合也有春天》、《潇洒地走》、《月亮迪斯科》、《拍手迪斯科》、《你那会心的一笑》、《轰隆隆的雷雨声》……一直到现在都还会唱，这是以后听流行歌曲从来没有过的奇迹，便谁也无法取代她的位置。

在上个世纪80年代中期，我正在写作关于中学生的长篇小说《青春梦幻曲》，忍不住让小说里的主人公也喜欢上张蔷的歌，不止一个地方，在小说里让她唱起了张蔷的歌。有意思的是，有读者读完我的小说，特意去找张蔷的磁带听。

我觉得张蔷的歌特别适合孩子听，适合孩子唱。她的歌，很清纯，很青春，很开朗向上，清澈透明如同露珠儿，沁人心脾，又有那么一点亮色，即使还有那么一点忧愁和烦恼，也是快乐的和幸福的。和后来的小虎队相比，她多了一点忧郁和厚度；和再近一些的花儿乐队相比，她多了一点自然和亲切。和那时与她年龄相仿的程琳相比，她多了一点亲近和天真，像是一个容易说出心里话的孩子。如果和电影影星相比，她比那时的山口百惠还要年轻，比现在风情的汤唯更多一份清纯，比更年轻一些的周冬雨多一点儿俏皮和可爱。

在时间的流淌当中，不是所有的歌都能够随波逐流，都能够流到今天的。有很多当时异常流行火爆的歌，都会被无情地淘汰而被人们遗忘。在走马灯一样频繁走马换将更迭着歌星名字的排行榜上，许多昙花一现的歌手，早已经让我忘记了他们的名字，但是，张蔷让我记住了。

二十多年过去了。一个曾经17岁的小姑娘，已经长大成人。前不久，她的新歌带出版了。她在唱爱情了，她希望活在爱情的旋律里。显然，她成熟多了，不再是飞翔在过去的一只单纯的快乐鸟。但是，她选择了许多人都唱滥的爱情，我以为并不是最好的选择。也许，这只是我一厢情愿，谁也改变不了谁的选择，况且，二十多年的光阴，足以改变一个人的一切。她的歌还一直沉淀在我的记忆里，我只是还不希望她走出来，我没有权利把她攥在手心里和记忆里，不让她长大变老。

重新听张蔷的歌，其实已经看山不是山，看水不是水，融入了主观的情感和印象。重新听张蔷的歌，其实是在倾听自己的记忆，只不过她歌中的青春和自己的青春叠印在了一起，她的歌声中顽固流淌着过去的那些日子的光和影，落霞与孤鹜齐飞，秋水共长天一色。

2013 年于北京

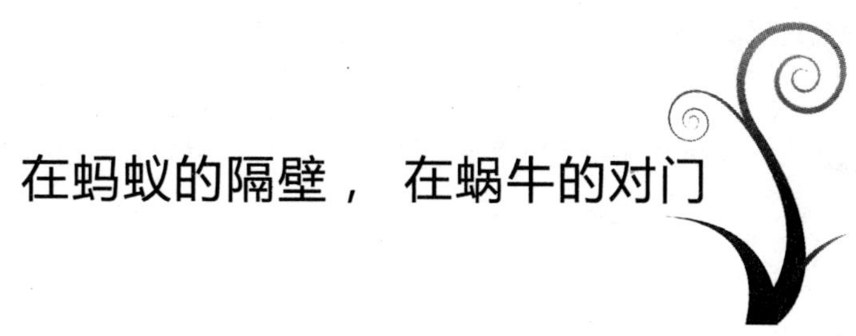

# 在蚂蚁的隔壁，在蜗牛的对门

亮相春晚之后，草根歌手“旭日阳刚”迅速走红，各种关心和议论纷至沓来，特别是汪峰收回自己《春天里》的演出权，致使“旭日阳刚”一时出现无歌可唱的窘状，其前景也跟着一起莫测纷纭。

我想起另两位草根歌手。

一位是美国的柴斯纳特，他不仅是一位草根歌手，而且还是残疾人。他一直坚持自编自唱，坐在轮椅上，云游僧一样四处游荡，从来没有大红大紫过，却从来都受到歌迷的偏爱。

十多年前，我曾经从唱盘里听到他唱的一首叫做《海绵》的歌，很动听，便记住了这个名字。他这样唱道：“快乐像巧克力一样溶化，我那带着蓝丝带的勇气也已不在。肮脏的阶梯，冰冷的混凝土，脚下虚伪的土地，街道里沉浮的气息……是的，这世界是一块海绵……在这一次丑陋的出行中，我喃喃自语我本该大吼出的东西，但我马上就会安静了，你将什么都听不见，因为这个世界是一块海绵！这个世界，这个世界，这个世界是一块海绵！”

现在想起来，最后柴斯纳特反复唱的：“这世界是一块海绵！”非常像“旭日阳刚”唱《春天里》最后反复大吼出来的“有一天我老无所依，请把我埋在这春天里”。一样的历经人生沧桑、看遍春秋演绎之后的苍凉。

不同的是，唱完《海绵》之后，这十几年里，柴斯纳特一直有新歌在唱，每一首都是他自已的创作，都给人以感动，让人能看到他生活的耐性和生命的韧劲，以及对现实和世界独特的带有哲理性的看法和态度。一般都是他坐在轮椅上唱，人们站在他的四周听，表达着对他的敬意。那情景不是电视上豪华舞台上，而像是在工地或地铁通道的感觉。

另一位草根手，是我国盲人歌手周云蓬。周云蓬出道多年，却从来没有上过春晚，甚至任何的电视，但他和柴斯纳特一样，游吟诗人一样自编自唱，背着一把吉他，云游四方，走遍大江南北，到处流浪卖唱，唱着那动人的歌谣，禽鸟皆逐性，草木自吹香，别有一番风景，且唱得年头那样久远。

前几年，我偶然听到他的一盘唱盘《中国孩子》，这是他出版的第二张唱盘。其中《中国孩子》、《煮熟的鸭子飞跑了》、《买房子》，听了之后，非常的感动，特别是《中国孩子》，真的让我非常感动，他哀恸地唱克拉玛依那场大火中“死到临头让领导先走”的大人们，唱那些“火烧伤皮肤让娘心焦”的孩子们。最后反复吟唱着“中国孩子！中国孩子!”和“旭日阳刚”唱《春天里》最后反复大吼出来的“有一天我老无所依，请把我埋在这春天里”一样，唱得我心里发热，再也忘不了这位歌手。

对于这个世界的现实，他有着自己的发言，不仅拥有一腔正义与真情，还有那样独特而敏感的艺术感觉。他的歌和我们的电视屏幕上制作了一批又一批的晚会歌曲，我们的唱片公司孵化了更多的那种千篇一律的爱情歌曲，真的大不相同。他不愿意走宏大叙事的路子邀宠媚上，不愿意吃

着别人嚼过的馍，去屈膝于市场和时尚。

后来我又听到了他的《一个人三次来北京》，同样的感动，在叙事的唱风和幽默的语调中，同样让我感受到他对于生活独特的发现和感受，和汪峰的直舒胸臆显得沧桑也显得视角大了的《北京，北京》完全不同，他将一个外乡人北京梦的艰辛、心酸和执著，爱恨交加，三次来到北京不同的遭遇和心情，以叙事风格唱出，唱得那样别致，那样辛酸，那样幽默，又那样撕心裂肺。他的音乐不是别人的，他唱的不是他人为他编织好的哪怕是再精致的花环，而是属于自己的心和情感的延伸，坚持的依然是草根。

在他出版的《中国孩子》的唱盘的前言里，我抄录过他说的这样一段话："音乐不在空中，它在泥土里，在蚂蚁的隔壁，在蜗牛的对门。当我们无路可走的时候，当我们说不出来的时候，音乐，愿你降临。"这样的话，特别适合同样作为草根歌手的"旭日阳刚"。所以，我说，电视的各种晚会或选秀或大赛，特别是春晚，是一把双刃剑，既可成也草根，亦可败也草根。有眼光有志气的草根歌手，真正的舞台不在春晚，不在商演，而在广阔的民间。用你歌唱的真心，用你创作的能力，用你对这个世界独特的音乐发言，未来的路才可以一路花开，走得长远。

没错，"音乐不在空中，它在泥土里，在蚂蚁的隔壁，在蜗牛的对门"。

2013 年于北京